国家自然科学基金重点国际（地区）合作研究项目"新兴产业全球创新
网络形成机制、演进特征及对创新绩效的影响研究"（71810107004）

Policies, Regulations and Empirical Research
on Government Procurement Promoting
Science and Technology Innovation

政府采购促进科技创新的
政策法规与实证研究

刘　云/著

科学出版社
北　京

内 容 简 介

本书系统梳理了主要国家和地区政府采购促进科技创新的政策与经验,分析了我国政府采购促进科技创新的政策法规现状及存在的问题,提出了我国政府采购促进科技创新的法规改进建议。通过对国内代表性地区政府采购促进科技创新的发展现状、政策体系及实施情况进行深入调研与分析,总结了上述地区政府采购促进科技创新的经验与不足,提出了有针对性的政策改进建议。本书的研究成果对改进我国政府采购促进科技创新的政策法规、更有效地发挥政府采购促进科技创新的功能与作用具有重要的参考价值。

本书适合政府部门、企业、高校、科研机构相关管理人员以及政府采购专业服务机构人员阅读,也可作为高等院校、科研院所相关专业研究人员和研究生的研究与教学参考书。

图书在版编目(CIP)数据

政府采购促进科技创新的政策法规与实证研究 / 刘云著. —北京:科学出版社,2021.6
ISBN 978-7-03-068889-7

Ⅰ. ①政… Ⅱ. ①刘… Ⅲ. ①政府采购制度-影响-技术革新-研究-中国 Ⅳ. ①F124.3 ②F812.2

中国版本图书馆 CIP 数据核字(2021)第 098805 号

责任编辑:杨婵娟 姚培培 / 责任校对:严 娜
责任印制:徐晓晨 / 封面设计:无极书装

科 学 出 版 社 出版
北京东黄城根北街 16 号
邮政编码:100717
http://www.sciencep.com

北京建宏印刷有限公司 印刷
科学出版社发行 各地新华书店经销
*

2021 年 6 月第 一 版 开本:720×1000 1/16
2021 年 6 月第一次印刷 印张:15 3/4
字数:318 000

定价:108.00 元
(如有印装质量问题,我社负责调换)

　　政府采购制度是规范政府采购行为、加强政府采购管理、降低政府采购成本、提高财政支出使用效率、优化公共资源配置的一项重要的公共财政支出管理制度。同时，政府采购也是支持企业科技创新、引导经济发展方向、保护和扶持国内产业、实施宏观经济调控的重要手段。我国关于政府采购对科技创新激励功能的认识经历了一个从无到有、逐步深化的过程。长期以来，政府采购工作主要围绕提高公共资金使用效率这一核心目标开展，并将资金节约率作为评价政府采购工作绩效的主要标准，而忽视了政府采购促进创新的激励功能（朱春奎，2014a，2014b）。然而，政府采购作为促进创新的政策工具，因其庞大的采购规模和导向性，对促进科技成果转化、提升产业竞争力，特别是在培育新兴产业方面有重要影响。政府采购作为从需求侧促进本国科技创新和中小企业（含微型企业，下同）发展的重要政策工具，在主要创新型国家中得到广泛应用。

　　近 10 多年来，我国越来越重视政府采购对创新的引导和促进作用。2006 年，《国家中长期科学和技术发展规划纲要（2006—2020 年）》及《国务院关于印发实施〈国家中长期科学和技术发展规划纲要（2006—2020 年）〉若干配套政策的通知》中首次提出将政府采购作为推动自主创新的重要政策工具。《国务院关于进一步促进中小企业发展的若干意见》（国发〔2009〕36 号）提出，"完善政府采购支持中小企业的有关制度"。《中华人民共和国国民经济和社会发展第十三个五年规划纲要》提出，要"统筹推行绿色标识、认证和政府绿色采购制度"。同时，各地也推出了相应的政策，如《北京市人民政府关于贯彻国务院进一步促进中小企业发展若干意见的实施意见》（京政发〔2011〕17 号）提出，"健全完善本市政府采购支持中小企业的相关制度""加大政府采购对中小企业的支持力度"；《中共北京市委　北京市人民政府关于进一步创新体制机制加快全国科技创新中心建设的意见》（京发〔2014〕17 号）提出，"充分发挥政府采购对新技术新产品应用的导向作用。积极探索建立符合国际规则和产业发展的政府采购技术标准体系。完善促进公共服务部门和国有企业采购新技术新产品的工作机制。探索建立面向全国的新技术、新产品、新服务采购平台,深化首购、订购、首台(套)重大技术装备试验和示范项目、推广应用以及远期采购合约等采购机制,带动新技术新产品在全社会的推广应用"等。

然而,政府采购作为从需求侧角度支持企业创新发展的重要政策工具,其创新激励功能尚未得到法律上的保障。1999 年颁布并于 2000 年开始施行的《中华人民共和国招标投标法》(简称《招标投标法》)和 2002 年颁布并于 2014 年进行修订的《中华人民共和国政府采购法》(简称《政府采购法》)均没有关于促进科技创新方面的相关规定。《中华人民共和国促进科技成果转化法》(简称《促进科技成果转化法》)和《中华人民共和国中小企业促进法》(简称《中小企业促进法》)虽然在法律条文中分别提到了政府采购促进科技成果转化以及政府采购促进中小企业发展,但均没有给出关于如何操作实施的具体规定。此外,我国从 2007 年底开始启动加入《政府采购协议》(Government Procurement Agreement,GPA)谈判,但谈判双方目前仍未就加入条件达成共识,谈判的主要争议就是中国政府采购政策对国内企业的保护和自主创新产品的支持。

实际上,运用政府采购促进科技创新已成为世界主要发达国家较为普遍的做法,中国有必要修订相关法律,在符合 GPA 有关规定的情况下,通过实施有效的政府采购政策来促进本国企业加大研发投入,激励企业进行科技创新,通过企业创新能力的提升来增强国家的产业竞争优势(朱春奎,2014a)。

目前,国内外学术界关于政府采购促进科技创新的政策缺乏系统性研究,关于国内相关政策及其实施效果的实证调研分析尚存在空白。为进一步改进和落实政府采购促进科技创新的政策,建立更加有效、合规的政府采购促进科技创新的法律保障,亟须开展深入的政策分析、实地调研和案例研究,为改进政府采购相关政策法规提供决策依据(朱春奎,2014b)。

本书分析了主要国家和地区政府采购促进科技创新的政策、法律及实施情况;梳理了我国政府采购促进科技创新的发展状况,分析了相关政策法规体系的现状及存在的问题,提出改进建议;从实证研究的角度,深入调研了北京市、广东省、江苏省、上海市等代表性地区政府采购促进科技创新的发展现状、政策法规体系、政策实施情况及典型案例,总结了上述地区政府采购促进科技创新的经验及存在的不足,特别是针对北京市政府采购促进科技创新的政策实施做了调研分析,提出了一系列有针对性和可操作性的政策改进建议,具有示范性的影响力。本书对改进我国政府采购促进科技创新的政策法规、更有效地发挥政府采购促进科技创新的功能与作用、支持创新驱动发展战略实施和创新型国家建设具有重要的参考价值。

刘 云

2020 年 12 月于北京

目　　录

第 1 章

国际政府采购促进科技创新的政策分析

　　政府采购是创新的重要助推器，因为当面向创新的解决方案能够提高社会服务的质量时，公共需求就有潜力通过动员各行各业的不同组织参与新技术的研发、实施和推广应用来加强工业和经济体系建设（Dalpé et al.，1992；Edler and Georghiou，2007；Porter，1998）。国外学者 Rothwell、Gardiner、Geroski 等的研究结论证明，相比于目前世界各国广泛施行的研发补贴，政府采购能够在更多领域激发更大的创新动力（Rothwell and Gardiner，1989；Geroski，1990）。在市场经济国家，政府采购已有 200 多年的历史。随着 1994 年一些世界贸易组织成员方签署世界贸易组织（WTO）GPA 和联合国国际贸易法委员会通过《货物、工程和服务采购示范法》，主要发达国家的政府采购进一步向规范化、国际化的方向发展。我国在通过制定政府采购政策及措施来促进科技创新发展的过程中，对发达国家和地区的政策措施多有借鉴。例如，在我国政府采购促进中小企业创新发展实践中具有重大意义的《政府采购促进中小企业发展暂行办法》就是参考了欧盟的相关法规制定的。本章重点针对主要国家和地区促进科技创新的政府采购政策及相关法律进行梳理和分析，以期为我国制定和完善相关政策法规提供借鉴。

1.1　主要国家和地区政府采购促进科技创新的政策措施

　　本节从促进中小企业创新发展；支持高新技术产品；支持本国/地区产业，促进本土产业创新；推进政府绿色采购以及其他政策措施等方面对主要国家和地区政府采购促进科技创新的政策措施进行梳理和分析。

1.1.1 促进中小企业创新发展

在提升经济可持续发展战略中，通过政府采购来促进中小企业发展是各国均在执行的一项重要任务。不仅新兴经济体和发展中国家制定了各种有针对性的促进中小企业发展的优惠政策，而且即便是发达国家和地区诸如美国、欧盟、英国、日本、韩国与澳大利亚等也都非常重视中小企业的发展，积极为其创造良好的环境，并推出多项鼓励和支持性政策措施（王东，2015）。

1. 美国

在利用政府采购政策促进科技创新方面，美国是最早开始，也是最成功实践的国家之一（姜爱华和王斐，2011）。统计数据显示，美国重视政府采购问题的程度比欧盟高 4 倍之多（European Commission，2007）。美国的中小企业员工占全国就业人数的 50%以上，中小企业创新的新技术数量占全国的 55%以上，人均技术创新量是大企业的 2.5 倍，中小企业占高技术企业 90%以上，中小企业在产品创新、服务创新、工艺创新和管理创新中的贡献率分别达到 32%、38%、17%和 12%（《公共财政与中小企业》编委会，2005；姜爱华和王斐，2011）。在政府采购促进中小企业创新方面，美国制定了一系列的优惠政策（黄河，2007），具体如下。

1）合同的预留和拆分

预留合同是指事先选出适合小企业的合同，留待小企业投标（杨鹏等，2011）。美国政府规定，"将不超过 1 万美元的小额政府采购合同给予小企业；2500 美元至 10 万美元的采购合同给予中小企业；50 万美元以下的采购合同视情况最大限度地给予中小企业""从专项合同中分离出一般性合同，或将单一合同分成多个小合同，使小企业有能力参与竞争并获得订单""50 万美元及以上的政府采购合同要强制分包给中小企业，大企业中标后 20%的份额要分包给中小企业；10 万美元以上采购合同由大中企业得标的，超过 50 万美元的货物，必须将合同额的 40%分包给中小企业"（姜爱华和王斐，2011）。

2）规定一定采购比例

联邦政府的采购份额中，中小企业要占 23%，小型弱势企业要占 3%～5%。美国每年的政府采购额中，有 25%留给中小企业，其中 5%必须留给妇女开办的中小企业（姜爱华和王斐，2011）。美国公共工程建设采购制度要求所有联邦资助的施工合同的 10%必须授予少数民族中小企业。

3）报价优惠

美国政府规定，小企业采购报价可比外国和本国供应商分别高出 12%和 6%。10 万美元以下的政府采购合同要优先考虑中小企业，并给予价格优惠扶持，中型企业价格优惠幅度在 6% 以下，小型企业价格优惠幅度在 12% 以下（单忠献，2012）。在美国生产的增加值达到 50% 以上的才能算本国产品，只有在美国商品高于国外商品价格 25% 的情况下才能向国外购买（王娟，2009）。

4）提供贷款担保

美国政府为在政府采购项目投标中有资质问题的中小企业提供贷款担保（如对其 15.5 万～25 万美元的贷款提供 85% 的担保）（姜爱华和王斐，2011）。《政府采购法》规定，对有发展前景的小型企业建立特别基金，每个合格小型企业可以获得高达 85 万美元的政府采购合同（王娟，2009）。

5）设立专门机构

为了鼓励和支持小企业得到更多份额的政府订单，尤其是妇女企业和少数民族企业，美国专门设立小企业管理局，专司小企业事务管理；为确保小企业获得公平分享，小企业管理局每年要和各个联邦机构洽谈采购优先目标，并检查每个机构的执行结果。贸易促进协调委员会在各驻外使馆及其他驻外机构设立商业服务办公室或商贸联络处，为中小企业提供国际政府采购信息（姜爱华和王斐，2011）。

6）派驻采购代表与专家

美国往某些大量采购商品和劳务的军事和非军事单位派驻"采购中心代表"，为小企业尽量争取更大的总承包合约份额；为帮助小企业发现采购机会和扩大分包机会，派驻专家会与总承包商保持密切接触，向他们推荐合格的小企业承担分包任务，应邀对总承包商提出的分包计划进行审查并做出评定，确保小企业参与分包的最大可能性（王丽英，2007）。

7）颁发能力证书

如果政府采购中招标方对小企业履行合同的能力或信用有怀疑而拒绝给予小企业合同，小企业可以请求小企业管理局给予帮助；小企业管理局在接受申请并派员到现场调查后，如果该小企业确实能完成合同项目，则为小企业出具胜任证书，消除联邦机构采购官员对某些小企业能力的怀疑，促成双方签订采购合同（王丽英，2007）。

8）建立电子供货系统

建立电子供货系统，并通过该系统向联邦机构采购官员或承包商提供有关的小企业名单及其具体供应能力等资料，敦促他们将部分合约承包或分包给合适的小企业（王丽英，2007）。

2. 欧盟主要成员国

欧盟一直关注创新政府采购的问题，不论是在公共政策的理论方面还是在实践过程方面，许多欧盟成员国都将公共需求视作一种创新驱动力（Edler et al.，2005）。近年来，欧盟更是加大了支持中小企业参与政府采购的政策力度。欧盟委员会通过完善立法（如将创新政府采购纳入欧盟委员会研发投资相关行动计划以增加研发支出）（Georghiou et al., 2003；Georghiou, 2007；European Commission, 2003）和公示政府采购规则，降低中小企业进入公共采购市场的障碍。在具体行动方面，欧盟创建了中小企业统计数据库并进行统计分析，建立了国别支持中小企业效果情况的比较图并进行定性调查分析，为评估中小企业参与公共采购合同的发展提出行动指南等，有效地通过政府采购促进了欧盟中小企业的发展（杨鹏等，2011）。

欧盟各成员国也纷纷响应欧盟委员会的号召，实施了行之有效的中小企业扶持举措。

1）德国

德国在实施政府采购的过程中，十分重视发挥政府采购的政策功能，以实现经济发展的调控目标；在加入 GPA 后，德国仍然想方设法地实现对国内中小企业的扶持；德国《反限制竞争法》第 97 条第 3 款就是在政府采购活动中支持和促进中小企业发展的原则和具体办法。2009 年，德国政府对该条款进行修改时，修改为"中小企业利益应优先通过专业分工或者分批方式招标而得到适当照顾"，至此支持和促进中小企业发展被确定为德国《政府采购法》的基本原则之一。立法者在借助这个模糊概念为行政与司法实践留出空间的同时，还明确了适当照顾的方式，即拆分招标。《反限制竞争法》第 97 条修订后，第 3 款还有这样的规定："中小企业利益应在公共项目招标中得到优先的照顾，项目应按数量或按专业领域拆分招标。"支持和促进中小企业发展，与保护环境、保护残疾人就业等一样，是大多数国家《政府采购法》规定的在政府采购中考虑的社会、经济政策目标。德国《政府采购法》关于拆分招标的规定并没有限制投标企业的国籍，也没有限制大企业的参与，但是中小企业在德国经济中所占的比重显著高于其他欧盟成员国经济中中小企业的比重，因此在可以从这一规定获得利益的企业中，德国企业占更大比例的可能性自然就更大（肖军，2011）。

2）法国

法国有 250 万家以上的中小企业，它们是法国经济的主要生力军，占法国工商企业总数的 73%，其国内生产总值占全法国的 60% 以上，出口总额占全国 50% 左右，在缓解失业引发的社会矛盾、拉动出口、促进科技发展方面发挥着重要作用（擎天，2013a）。

法国创新型公共采购会议在公共采购方面推出的一系列措施支持创新型中小企业发展，其中明确规定：政府部门在进行公共采购时，至少有 2% 的订单要给创新型企业（擎天，2013a）。法国通过缩小政府采购合同金额和细化政府采购类别的方式来对中小企业予以照顾，其《中小企业法》规定：政府采购要对中小企业给予倾向性的优惠支持，政府对高技术的创新采购要为中小企业预留至少 15%

的份额，并且在其他条件相同的情况下，应优先选择中小企业；政府可以将大宗采购切分为小份额合同以利于充分竞争（这实际上是让中小企业更适应竞标）（郭雯等，2011）。

在合同签署上，法国对中小企业也有两个优惠措施：一是不要求中小企业像大企业一样有合同担保，二是不收预付款（擎天，2013a）。法国的法规明确规定，不得要求投标人具有完成类似合同的经验，并将其作为其资格预选的标准，亦不得将此经验作为排除其投标的充分理由（郭雯等，2011）。法国有关部门还专门为中小企业制定特别详细的指导手册，指导中小企业参与政府采购投标（擎天，2013a）。

3）挪威

挪威是个工业发达、经济依靠贸易的小国。其工业以中小企业为主，研究开发规模较小（擎天，2013b）。但是，该国的中小企业得到了来自政府和社会多个层面的支持，这或许正是这个仅有 500 万人左右的小国能够成为发达国家的重要原因（擎天，2013b）。

为了提高中小企业的政府采购参与度，挪威政府主要从八个方面入手：一是对于政府采购小型项目来说，要求招标方提供简单便捷的审批手续，同时向投标人提供明确而具体的要求；二是鼓励自发的采购定位以及合同履约计划；三是鼓励政府广泛运用标准采购合同条款；四是鼓励采购人向中小企业开放采购信息；五是不断提高采购信息质量，方便中小企业入围政府采购项目；六是建立中小企业采购论坛，方便中小企业参与政府采购过程中的交流；七是提高中小企业参与政府采购获取信息的有效性；八是鼓励中小企业参与政府绿色采购行动（擎天，2013b）。具体措施如下。

（1）成立政府采购申诉局。政府聘请 10 位资深律师来负责不定期研究和处理有关投诉。政府采购申诉局有权对未按规定发布招标信息的招标机构处以合同金额 15% 的罚款；供应商可以直接向发标方反映存在的问题，也可提出诉讼。这使得中小企业参与政府采购有了很好的机制作保障（擎天，2013b）。

（2）成立挪威工商联合会。联合会代表广大中小企业的切身利益，为中小企业履行政府采购合同制定了很多切实可行的政策，如《挪威工商联合会整体战略规划（2004—2013 年）》《挪威工商联合会政府采购行动计划》《挪威工商联合会政府采购指导意见》；挪威工商联合会还启动了全国性的供应商发展推进项目，以此帮助中小企业提高政府采购技能、增长相关知识、把握相关政策信息（擎天，2013b）。

（3）建立中小企业信息服务体系。具体来说，是在主要大学和 26 所地方性学院中建立国家增值信息专家网络；这些大学与当地的研发机构合作，构成对中小企业的技术支持；与商务信息提供者一起构成本地服务于中小企业的信息资源，同时通过互联网寻求全国其他地区的国家增值信息专家网络的信息支持，从而形成多级、分地区的中小企业信息保障体系（擎天，2013b）。

（4）招标文件不得有歧视性技术要求。挪威规定，对于 50 万挪威克朗以上的政府采购，其招标信息须在挪威政府采购网上公布，所有参与政府采购的买方和卖方均须在挪威政府采购网上注册和发布信息；对于超过 105 万挪威克朗的政府货物采购、超过 165 万挪威克朗的政府服务采购、超过 330 万挪威克朗的工程和大于 4100 万挪威克朗的建筑服务合同，其信息不仅要在挪威国内发布，还须通过欧盟每日招投标电子信息网站在欧盟范围内发布。挪威政府采购的基本要求是透明、平等、非歧视；在招标文件和合同文件中，所有相关的技术标准不得采用对某些投标人不利的歧视性技术要求（擎天，2013b）。

4）意大利

意大利素有"中小企业王国"之称，其企业数量之多、规模之小，是其他发达国家所不可比拟的。随着服务业的日益发展，其企业规模进一步呈现小型化趋势。意大利众多中小企业除从事服务业与商业外，在制造业中也异常活跃，具有较强的国际竞争力。意大利在国际市场上享有盛名的皮革、服装、玻璃、家具、卫生陶瓷、大理石、鞋类等，绝大多数都是中小企业生产的。同时，在制造业中，大约有 40% 的中小企业采用了"下承包"方式（即为大企业生产零部件），从而使大企业与中小企业间形成一种稳定的产业链关系（余淼，2009），因此意大利的中小企业支撑了绝大部分的国民经济。

意大利在政府采购方面为中小企业营造了良好的环境，具体措施如下。

（1）划分一定比例：意大利的法律已经明确规定，5 万欧元以下的政府采购合同须授予中小企业，大额的政府采购合同须按一定比例分包给中小企业（霍强，2014）。

（2）成立中小企业联合会：该组织的重要职责之一就是帮助会员企业申请银行贷款和财政拨款。中小企业联合会协调银行给予企业贷款，银行必须降低开户费和利率；同时，该组织帮助企业申报用于企业扩展、研发与培训、国际化经营等特定的欧盟资金支持项目；另外，该组织会同商会和 7 家企业共同发起成立了担保公司，专门帮助中小企业获得贷款，担保能力可以按注册资本放大 30 倍，对企业的担保额可以占到企业贷款总额的 50%，担保费按照 0.4%～0.5% 的比例收取（霍强，2014）。

3. 英国

英国拥有 480 多万家中小企业，占企业总数的 99%，其提供的就业岗位占私营企业就业岗位数的 60%，营业额占 52%，但长期以来，英国中小企业直接获得的政府采购合同所占比例仅约 6.5%。为有效改变这一情况，英国政府设定了一个战略目标，即希望把中央层面 25% 的采购合同授予中小企业（刘军民，2012）。

英国激励中小企业技术创新的政府采购手段主要包括前商业化采购、小企业研究计划和远期采购合约方式三种模式（刘军民，2012）。

1）前商业化采购

前商业化采购（pre-commercial procurement，PCP）是指在商品尚未进入生产或大规模商业化之前，公共采购部门即与供应商签订远期合约，约定在未来的某个时间按照事先确定的绩效目标和成本条款来供应商品或服务；这种采购方式一般分为三个阶段：第一阶段是方案探索阶段，在此阶段可能会邀请6~7家供应商进入；第二阶段是产品定型和试生产阶段；第三阶段是应用测试阶段。随着阶段推进，供应商的数量可以逐步减少，但在第三阶段，至少应保留两家的供应商，以保持未来市场的竞争性（European Commission，2007；刘军民，2012）。

2）小企业研究计划

小企业研究计划（Small Business Research Initiative，SBRI）通过较大范围地动员企业来让这些企业之间相互竞争，为公共部门的某些具体研发需求提出创新解决方案，通过综合评判，最后从企业的各种设计中择优采购产品和创新解决方案。政府部门或公共机构在此过程中扮演了领先用户的角色，在产品或技术方案开发的初始阶段就与供应商紧密接洽，通过合作来共同确定创新路线和产品开发的总体方向（刘军民，2012）。

首先，英国政府在全国各地成立相应的中小企业管理咨询机构以及中小企业委员会；其次，开始小企业研究计划的两个主要步骤，即前期的方案论证研究和后期的具体产品和技术研发，在这两个阶段中，政府采购部门都对参与企业分别给予资金补偿。为了确保中小企业的参与，政府可以要求中标企业对当地的中小企业进行分包，以使政府采购与当地供应链发展相兼容。合同拆分使得小型公司可以存在于大型公司的供应链中，而大型公司也可以投资小型公司。而且，政府通过网络向中小企业提供名为"赢得合同"的免费培训课程，引导中小企业获得政府采购合同，该计划保证了中小企业创新采购至少占到政府全部研发经费的2.5%。另外，为解决中小企业在参与政府采购时需准备烦冗的资格审查文件问题，减轻准备负担，政府还规定，小于10万英镑的合同免除资格预审程序；小企业研究计划最终将形成商业化的产品和服务：通过此计划产生的创新产品和技术的知识产权由公司持有，而执行采购的政府部门也可以保留一定的使用权利（刘军民，2012）。

3）远期采购合约方式

远期采购合约（forward commitment procurement，FCP）方式（类似于我国的订购方式）为处于研发中的创新产品提供购买承诺，即约定在未来某个时间以某一成本来采购符合一定绩效要求的产品。这种方式更注重的是基于未来特定目标的产出和绩效，而非基于眼前的需要；它可以有效解决政府要采购某种市场上尚不存在或者成本过高的产品的难题。在这种方式下，实施政府采购的部门和公共机构在采购之前就要积极地与市场中的企业互动，让它们更加清晰地知道采购过程中需要满足什么样的标准和条件，以及最终合同授予的具体标准和条件。但采购过程一旦开始，每个参与者所面对的都将是一个平等的竞技场，所有投标都会依照相关标准客观地被评估，不再考虑其他的外在因素、附加条件和政治因素等（刘军民，2012）。

4. 日本

日本是一个中小企业众多的国家，在大约 700 万家企业中，中小企业占 98%以上，从业人员占总数的 90%。其中，制造业中的中小企业占 99.2%，第三产业中的中小企业高达 99.5%。中小企业在日本的经济发展、社会生活水平的提高、技术创新和解决就业问题等方面都发挥着举足轻重的作用。日本不但把发展中小企业、完善中小企业服务体系作为一项基本政策，更是将其作为国家经济安全的战略性举措。为了扶持中小企业的发展，日本在国内以法律的形式对其重点保护，在国际上，则是通过日本《政府采购法》扶持国内中小企业发展（擎天，2013c）。

1）地方政府采购给予优惠措施

为了促进本地中小企业的发展，日本地方政府发布了一系列优惠措施，鼓励中小企业积极参与到地方政府采购的竞争中（擎天，2013c）。这些地方优惠政策大致包括以下内容：一是降低政府采购的入围门槛，让中小企业获得更多的参与机会，在政府采购的投标报价、信息公告以及提供社会化服务等方面为中小企业提供方便；二是为了让中小企业有更多的参与机会，日本地方政府将政府采购合同进行拆分，让政府采购项目标的小一些，使得更多的中小企业能参与政府采购项目投标；三是出台专门面向中小企业的政府采购扶持措施，例如经过对潜在投标人进行调查，在发现有一定比例的中小企业有能力分享政府采购的份额时，就在政府次年的采购计划中专门作出规定——政府采购须给中小企业留出一定比例（擎天，2013c）。

2）协助中小企业开拓国外政府采购市场

为了帮助中小企业打开外国政府采购市场，日本政府主要采取了以下措施：一是积极和外国政府及国际组织签署有利于日本中小企业进入他国政府采购市场的国际性采购协议以及相应的贸易协议；二是日本驻外使馆和其他驻外政府机构专门设立为中小企业提供驻地政府采购信息及相关咨询服务的商业机构（擎天，2013c）。值得一提的还有，日本并不是靠法律或政策规定来强制政府购买国货的，而是在实践中鼓励和强化政府采购偏好本国产品和供应商的习惯及观念，以及通过各种排他性方式来限制外国供应商获得政府采购合同。例如，分拆合同以减少GPA 管辖范围，以便于照顾国内中小企业；鼓励国内供应商串标，以限制国外供应商中标；通过各种手段提高进入门槛，让国外供应商对日本政府采购市场望而却步等（擎天，2013c）。

5. 韩国

韩国于 1996 年设立了中小企业厅，政府通过向中小企业大量购买商品和劳务，有力地促进了韩国中小企业的发展（艾冰，2012a）。首先，韩国中小企业厅公开宣布：政府优先购买中小企业开发的产品，同时积极推进修改《中小企业产品购买促进法》。按照该项政策，如果中小企业的技术产品通过认定，中小企业厅要求所有的公共部门和政府单位优先采购这些产品。2005 年，韩国政府修正了该计划，要求该计划的采购在 2006 年达到总采购额的 5%，2010 年达到 10%。其次，韩国的政府采购和研究与发展（R&D）投入相结合。韩国中小企业厅将为中小企业新技术发展支付部分 R&D 费用，并保证一些组织（政府、国有企业或私营公司）来采购这些产品，中小企业厅为此提供高达 7.5 亿韩元的零利率、无担保的 R&D 基金，并保证大企业和公共部门直接采购这些产品。对于中小制造业公司，政府提供总花费的 75%，企业承担剩下的 25%；对于单独项目，政府提供总成本的 55%，采购组织承担 20%，企业承担 25%；对于合作项目，政府承担 50%，采购组织承担 25%，企业承担 25%。在单独或者合作项目中，政府和采购组织创立了一个联合基金用于资助采购组织（艾冰，2012a）。

此外，韩国知识产权局也大力支持小企业创新，2005 年全面实行了中小企业专利费用减免制度，中型企业、国家研究机构和大学在专利申请阶段减免费用的 50%，小企业和个人减免费用的 70%，并对其国外申请提供资助；韩国还通过建立审查员与企业的姊妹关系、扩大专利技术信息服务、举办产业咨询会、支持品牌开发、深化知识产权咨询服务、指定专利代理机构提供申请前服务等，支持中小企业知识产权创造与申请（艾冰，2012a）。

6. 澳大利亚

澳大利亚法律规定，政府在进行采购之前，要充分调查本国中小企业的实际情况，并通过培训和提供信息等方式增加中小企业获得采购合同的机会；另外，联邦一级采购合同的 10% 要预留给中小企业，并且财政部每年都要调查这项规定的落实情况；此外，联邦各州还设有专门负责小企业工作的部门，如新南威尔士州有小企业局等（姜爱华和王斐，2011）。

1.1.2　支持高新技术产品

通常来说，作为重要的市场购销活动，政府采购市场的健康发展在很大程度上能起到鼓励和扶持国内高新技术发展的作用（姜晖，2003）。对处于技术创新起步阶段的新兴产业及在航空、计算机、半导体等科技尖端领域，政府采购被认为比政府直接资助更有力度，政府采购以及相关的研究开发合同直接决定着企业技术进步的方向、速度和规模，如飞机大型化还是高速化，计算机巨型化还是小型化等。企业进行的技术创新资源配置也相应地直接取决于政府采购资金的流向（王娟，2009）。

1. 美国

美国政府对新技术新产品的采购不仅份额大，且采购价格高于市场价格，优先考虑由本国厂商供应。此外，美国还通过提高技术标准设置等技术壁垒，提高外国高技术产品的进入门槛，保护国内高技术产品市场（王娟，2009）。美国政府鼓励新兴企业参与重大战略性技术的开发，在政府采购制度中设计出较大的竞争空间：在科技创新的第一阶段，"技术供给者"之间完全引进竞争机制，政府采购基本不参与；在创新科技被市场初步认可之后，政府圈定一批较强的竞争对象，予以政府采购扶持；然后，再逐次调整政府预期要求，政府采购订单经过配比削减，逐步缩减"技术供给者"，最终政府采购政策扶持的重点限定在一定范围的"技术供给者"中。这套政府采购政策系统，不仅可以适当地规避科技创新的风险，而且还可以保存一定的技术发展路径差异，从而使政府具有一定的主动权，或者可以吸引该技术相关的"潜在创新者"，加快推动该项技术以及全社会技术创新进程（刘小川，2008）。美国政府利用优先采购政策给予新兴高科技产业第一推动力，为新兴高新技术产业创造市场。美国政府采购的首要目标不是产品价格，而是产品的卓越性能或者权威的技术标准，二者对企业技术创新活动具有强大的激励作用（宋河发，2014）。20世纪五六十年代，美国计算机、集成电路、半导体等高科技产业的发展，全部都是由政府的倾斜政策推动的。

2. 欧盟及其主要成员国

欧盟普遍重视对本土创新型产业的保护，其政府采购政策更加体现出对本地区高新技术产品的倾斜，从而达到扶持本地区高新技术产业发展的目的（任胜钢和李丽，2008）。不论是不是GPA的签约方，欧盟成员国制定一系列政策法令来限制高新技术产品的进口比例，鼓励对本国、本地区高新技术产品进行采购（任胜钢和李丽，2008）。以德国为例，德国政府部门优先采用创新性技术和解决方案，既可以有效分担研发公司和消费者的风险，又可以在公共采购的招标程序中引入创新导向的技术指标，从而鼓励使用新技术。

3. 英国

自2003年开始，英国发布了许多以创新为导向的关于政府采购的政策，英国商务部也提出将"捕获创新"作为政府采购中的一个关键因素。2007年，英国颁布了创新的指导性文件《发现和采购创新解决方案》（*Finding and Procuring Innovative Solutions*），并且在 2009 年实施《创新采购计划》，使创新作为大型设备和资本计划的关键需求（宋河发，2014）。

4. 日本

与美国不同，日本主要通过非正面的政策来扶持本国的高新技术产业，通过本土采购比例限制、国外采购的高关税限制及为本土产品支持者提供优惠等措施，来促进本国高新技术产业的发展（刘勇，2009）。在电子通信产品市场，国有垄断企业的采购规模所占比例相当大，其采购政策遵循优先使用国内产品的原则，以支持本国高新技术产品（擎天，2013c）。在振兴汽车产业时，规定政府单位100%购买国产车，驻外公司汽车零件的 30%须在日本采购；对于其他产品，外商采购的比例不得超过总金额的 20%；采购银行专用计算机时，将本国尚未生产的中央处理器和国产外部设备的进口关税分别定为 15%和 25%；购买国产计算机可享有特别折旧优惠，购买国产机器设备可享有照顾性补贴以及长期、低息、延期偿还贷款等（擎天，2013c）。

通过政府采购，日本的新兴产业、高科技产业获得了巨大的发展和进步，不但克服了发展初期所面临的资金和技术困境，而且其中还有的成为日本今天的支柱产业，成为推动国民经济发展和技术创新能力提升的重要动力。

5. 韩国

韩国政府为促进国内企业自主创新，利用政府采购政策推动高新技术产品进入市场，相继颁布了《科学技术促进法》《科技振兴法》《政府合同法实施细则》《关于特定采购的〈政府合同法〉的特殊实施规则》等。韩国法律规定，为扩大新技术产品销售，国家机关及地方政府、政府投资机构、接受政府出资和补助等财政支援的机构、其他公共团体等可采取优先采购高新技术产品的措施。韩国政府对国产高速列车和核电站等公用事业装备全部买进（王文庚，2012）。另外，政府还规定，即使本国产品价格较高，也要优先采用（张静中等，2007）。

1.1.3　支持本国/地区产业，促进本土产业创新

在支持本国/地区产业，促进本土产业创新方面，美国、日本、欧盟等主要国家和地区的政府采购政策是全世界制定创新政策的学习典范。

1. 美国

美国关于购买国货的制度有《美国产品购买法》《贸易协定法》《贝瑞修正

案》《联邦采购条例》等。美国于 1933 年颁布了《美国产品购买法》，其立法宗旨是："扶持和保护美国工业、美国人和美国投资资本"（王利丹，2009）。该法规定，联邦各政府机构除在境外使用、价格过高、对本国产品优惠不符合公共利益以及本国产品数量不够或者质量不高等特殊情况外，必须购买本国产品，工程和服务必须由国内供应商提供（黄河，2007）。对于外国企业，只有符合以下条件的才可以得到采购合同：一是最终产品必须全部在美国装配，二是超过 50%的最终产品在美国国内生产，三是外国公司与美国公司提交的竞标报价差额不超过 6%。这种优先购买本国产品的做法，在一定程度上刺激了市场需求，对新产品进入市场提供了条件和引导作用。美国制定的《联邦采购条例》还就美国产品进行了界定，对于非美国最终产品，其美国产品的标准为"在美国生产或者制造的零部件的成本要超过所有零部件成本的 50%""零部件成本包括运输费和税收"；美国预算补充法案等法律都规定了执行《美国产品购买法》的义务；《道路运输效率法》规定，各州接受联邦运输部补助用来采购包括车辆等大众运输机械时，60%以上的资金必须购买美国产品，而且车辆必须最后在美国组装；各州如果接受联邦高速道路局的补助，必须使用美国生产的钢铁等（黄河，2006）。即使在美国成为多边贸易体制 GPA 成员后，《美国贸易法》仍规定《美国产品购买法》对未纳入开放范围的采购项目以及对所有非成员方依然适用（黄河，2006）。

2. 英国、欧盟及其主要成员国

欧盟也利用政府采购政策来扶持本土产业。比如在水、能源、通信及交通四个领域的公共设施采购中，欧盟产品的比例必须达到 50%以上，价格高于 3%以内的也应优先购买（刘勇，2009）。在政府采购时，废除报价低于任一成员国 3%的非成员国（不包括与其互相开放市场的国家）企业的投标，使欧盟外产品中标的可能性降至极低（任胜钢和李丽，2008）。此外，各成员国对优先采购国内产品方面也有规定：英国（2020 年 1 月 31 日正式脱欧）的政府部门、政府实验室、国有企业必须从本国企业中采购计算机和通信器材等高新技术产品；法国要求航空、铁路、通信等部门优先购买本国产品；意大利要求 20 万美元以上的采购项目要优先购买欧盟国家的产品；德国、挪威规定，500 万欧元以上的工程、20 万欧元以上的货物和服务采购都必须在欧盟范围内进行（任胜钢和李丽，2008）。在具体的采购操作中，德国还通过另外一种方式对国内企业进行扶持，即建立企业资料库，了解企业的竞争能力，然后在制作采购文件时，针对中小企业的实际情况设定有利于这些企业的竞标条件；欧盟就曾通报，德国多次将地方政府污水处理和能源供应项目采用单向采购的方式将合同授予本国企业，而放弃在欧盟范围内进行公开招标，即使在欧盟范围内公开招标，德国政府也从技术上设置障碍，尽可能地将采购合同给本国企业，减少了其他欧盟成员企业的中标机会（擎天，2013d；王东，2015）。

同时，欧盟对所采购的产品实施本土化标准。当政府采购产品时，欧盟大都要求所采购的产品必须符合欧盟的市场标准，而这种标准往往只在欧盟内部通行，也只有欧盟内部企业可生产出相关标准的产品，外国企业很难达到其标准，因此欧盟内部企业自然成为政府采购的首选对象，从而限制了外国企业或者产品进入政府采购名单（王强，2014）。

3. 日本

针对本国产品进行扶持和采取倾斜性的政策，日本充分利用其国内及 WTO 关于政府采购法规的各种例外条款，保护本国产业发展和供应商利益。日本国内政府采购法规中的例外条款主要有三项：①以有偿转让为目的取得的货物或为转让该货物所必须直接确定的服务合同；②以防卫省经费采购的货物合同；③货物采购合同或者特定服务采购合同涉及国家秘密的。以上例外性合同不适用日本政府采购的有关法律法规（刘慧和时光，2001）。另外，对 GPA 中所明确的例外，日本采取的方法是通过谈判将相关机构列为例外，明确 GPA 第 23 条，成为 GPA 成员方共同适用的例外。这些机构实施的所有采购，都可以不履行 GPA 规定的公开招标义务（刘慧和时光，2001）。在审批的特殊法人中，日本将以下机构排除在协议适用对象之外：①主要事业以盈利为目的、在法律和实体上不属于垄断的、未得到国家全资支持和补贴的机构；②主要事业以盈利为目的、对民间出资人负有分红义务的机构；③在实体上已经实现民间法人化的机构（黄河，2006）。此外，日本还擅长利用"第三种机构"完成政府负有责任的物品和服务的采购。所谓"第三种机构"，就是政府机构与民间企业联合兴办的、其性质接近于政府机构的机构（黄河，2006）。

日本还对外国供应商进行限制，具体体现在以下三个方面：一是制定本土采购比例限制，在振兴汽车工业时，政府机关 100%购买国产车，驻外公司汽车零件的 30%须在日本采购，其他产品外商采购比例不得超过总金额的 20%；二是对国外采购进行高关税限制，日本政府规定采购银行专用计算机时，对本国尚未生产的中央处理器和外部设备的进口关税分别设定为 15% 和 25%；三是运用 GPA 和国内的例外条款以及"第三种机构"，通过严格的产品标准要求、复杂的海关文件以及严密的工业网络等排斥外国供应商，以非关税壁垒限制"洋货"（姜爱华和王斐，2011）。利用政府采购政策工具，日本对计算机产业的扶持最具典型。20 世纪六七十年代，日本的计算机产业刚刚起步，根本无法形成完整的产业链条和自我发展能力，加之来自美国制造商的挤压，可以说是举步维艰（擎天，2013c）。为了促进计算机产业的发展壮大，日本政府要求各级政府部门及教育系统优先采用国产计算机（政府部门、电信电化公社、国有铁路、政府系统有关机构以及国立大学在选购计算机时，必须优先采用国产机），并严格限制计算机进口（擎天，2013c）。到 1982 年，日本官方的计算机市场相当于国内计算机市场的 18%，国产机在市场上的份额达 90% 以上，国内四家主要的计算机生产企业对官方市场的依赖程度达到 30%。政府还规定，购买国产计算机可享有特别折旧优惠，购买国产机器设备可享有照顾性补贴以及长期、低息、延期偿还的贷款。在计算机软件方面，日本并不是软件大国，但为促使本国软件技术的产业化，日本政府也推行了大规模的政府采购政策，最终使国产软件能够占到国内市场 50% 以上的份额（姜爱华和王斐，2011）。

日本政府采购在国家支柱产业的发展中也发挥了极大的推动作用，早期的日本汽车工业也是小规模的，但在确定要振兴汽车工业后，政府在采购汽车时，买的就是国货；其电子工业刚刚启动时，政府办公自动化建设使用的是国货，通信设备采购的也是国货；在加入 GPA 之前，日本还曾公开保护电信网络设备市场；即使在现在开放的市场环境下，日本政府采购的烦琐手续和长期形成的关系网也使得外国厂商很难打入日本政府的采购市场（姜爱华和王斐，2011）。

4. 韩国

韩国政府采购坚持以国内采购为主，一般不采购国外物资。韩国重点扶持尚处于市场发展早期的本国高科技产品，在性能相近的情况下，即使这些创新产品的价格高于国外同类产品，政府也会优先采购本国产品。1997 年，韩国加入 GPA，在政府采购国际招标方面，采取额度限制、划小招标金额，从而拉高国际供应商的竞争成本；在进口农产品方面，设置苛刻的标准来限制他国产品，保护本国农民的利益；有外国供应商参与竞标时，设置条件扣掉中标企业的全部或部分保证金等主观操作性较强的条款，设置较高的竞标门槛和竞标成本（艾冰，2012a）。

1.1.4 推进政府绿色采购

1. 美国

目前，美国的政府绿色采购政策以联邦法令与总统行政命令为主。①1993 年，美国总统签发第 12873 号行政令，要求美国联邦采购机构制定绿色采购计划，建立联邦环境执行处和环境执行机构，督促绿色采购并每年提交报告；设立环境优先采购项目，并创立网上滚动式产品和服务的环境信息数据库，它包括各类不同的产品和服务。②1998 年，美国总统签发第 13101 号行政令，要求行政机关通过加大利用再生物质需求来增加和扩展这些产品的市场。③2000 年 4 月，美国总统克林顿颁布第 13148 号行政令，要求将环境管理制度贯穿于政府行政部门的日常决策和长期计划中。④2001 年，联邦环保局颁布涉及食品装置、电子设备、洗衣机、复印机、地毯等一系列产品的购买指南。⑤美国《政府采购法》第 23 章规定了采购生态型（主要指利用可再生材料生产的）产品和服务的途径和方法，明确规定使用循环材料的最低招标额度为 1 万美元。⑥2005 年以来，美国《能源政策法》明确规定，各财政年度，"联邦政府消耗电能的总量中"的可再生能源占有比例不少于 5%（唐敏，2008；郭爱芳和周建中，2003）。

联邦政府建立了若干专门的政府绿色采购机构，要求每个联邦机构都建立环境管理系统，提出量化目标；制定相当严谨并且是动态变化的绿色采购标准；发展多种绿色采购方法，如最优价值法、生命周期成本法等（王文庚，2012）。

2. 欧盟及其主要成员国

欧盟实施绿色采购已超过十几年，其制定的《可持续生产和消费行动计划》要求在公共采购合同的授予过程中落实环境保护，要求采购人在确定采购需求时，先考虑环保要求；货物采购要注重产品全生命周期，服务采购要注重执行过程中对环境的影响，工程采购有"可持续建筑"的要求；欧盟制定了《绿色采购指南》，发布了 18 种产品和服务的绿色采购标准；多数成员国被强制或自愿地实施了《绿色公共采购国家行动计划》（NAPs），制定了专门的落实措施（才凤敏，2010）。欧盟及其主要成员国的绿色政府采购相关政策如表 1-1 所示。

表 1-1　欧盟及其主要成员国的绿色政府采购相关政策汇总

国家和地区	政策名称
奥地利	绿色公共采购国家行动计划 2010 年（GPP National Action Plan 2010）
芬兰	能源效率协议计划 1997～2005 年（Energy Efficiency Agreement Scheme 1997-2005） 公共采购创新资助计划 2010 年（Funding Programme for Innovation in Ppublic Procurement 2010）
德国	能源与气候综合计划 2007 年（Integrated Energy and Climate Programme 2007）； 节能产品采购计划 2008 年（Procurement of Energy Efficient Products 2008）； 木制产品采购计划 2008 年（Procurement of Wooden Products 2008）
葡萄牙	绿色公共采购国家行动计划（2007～2010 年，2011～2013 年）[National Action Plan on Green Public Procurement（2007-2010，2011-2013）]
瑞典	医疗保健行业创新采购政策 2008 年（An Innovative Procurement Policy for the Healthcare Sector 2008）
欧盟	欧洲可持续和创新采购网络 2004 年（Procura+ Campaign 2004）； 政府公共采购在线工具包 2008 年（GPP Online Toolkit 2008）； 购买智慧计划 2012 年（Buy Smart Programme 2012）

绿色采购的方式主要有两种：①由国家政府确立政策方向，指导下一级政府进行绿色采购，如法国、日本和丹麦。②由民间组织与团体推动绿色采购活动，政府则处于辅导协助的地位，如瑞士的民间团体——联邦建筑物组织会议（KBOB）（黄河，2006）。

各国开展绿色采购的机制也有所不同，主要有集中采购（英国为代表）和独立采购（德国为代表）两种（黄河，2006）。2007年，德国六部委将创新定为采购政策的重点；2009年，德国司法部改革公共采购法，要求社会和生态领域的公共部门也要考虑采购程序；2011年8月，德国规定将能源效率作为公共采购合同的量化标准（马晓雪，2015）。德国政府每年用于绿色采购的预算为2600亿欧元。葡萄牙政府为了响应欧盟的号召，分别在2007～2010年和2011～2013年推行两个有关政府绿色采购的"国家行动计划"。奥地利、芬兰和瑞典都属于Green7（在绿色政府采购方面领先的7个欧盟成员国）。瑞典国内有82%的国家公共机构都拥有各自的政府绿色采购政策，其150万居民几乎都受益于政府采购，每年的采购量共计价值7.5亿欧元。在创新采购方面，瑞典的西约特兰于2009年投资了1600万欧元在可持续交通运输领域，主要是为了减少整个地区对化石燃料的依赖，同时实现电气化（European Commission，2017）。

3. 日本

对于环境保护问题，日本较早关注并进行政策研究及法规制定，如《资源有效利用促进法》《汽车再利用法》等；在推广过程中，政府主导性表现得很突出。日本政府制定了《绿色采购法》（2000年5月），该法案主要是从需求方面创造有利于循环型社会形成的大的环境氛围，一方面在公务采购及社团商业活动中增强环保意识；另一方面通过市场机制影响厂商，以最终构筑环保和可持续发展的社会（程永明，2013）。

1.1.5 其他政策措施

1. 美国的研发合同制

美国针对技术采购采取研发合同制，政府机关同有关科研单位签订合同，按一定的规格、数量和质量定购所需要的研究开发产品，一般采取公开招标的方法。研发合同签订后，按照三个阶段来执行：①经招标后由政府资助研究，给予一定经费，研究工作必须在半年内完成；②由政府与企业或投资人共同出资资助第一阶段中成功的项目；③由成功的项目研发承担者向政府或商业领域推销其开发的产品或服务（姜爱华和王斐，2011）。

2. 澳大利亚通过采购国外技术产品带动本国企业的创新

澳大利亚法律规定，在国际采购中，采购部门必须证明本国供应商在采购活动中得到了平等竞争的机会；国外产品中标后，中标的外国供应商要与本国企业或科研机构共同成立研究开发中心和研究计划，或者就国内欠缺的管理、运行、检测等技术，向国内企业提供培训服务，让国内企业实现技术升级，培训专业人才（姜爱华和王斐，2011）。

3. 韩国的政府采购电子化

借助计算机网络发布采购信息来进行网上交易活动，是国际上通行的现代化采购方式。韩国的政府采购电子化应用范围非常广泛，降低了 30% 的采购费用，提高了采购效益（梁玉萍等，2006）。

1.2　主要政策的分类分析

长期以来，世界各国政府为了促进科技创新而实行的政府采购政策类型存在差异性，Lember 等（2014）等学者根据公共采购的功能把创新型公共采购政策（专指以创新为导向的公共采购政策）划分为四种类型，即技术（产业）发展政策、研究与发展政策、通用的创新型政府采购政策（简称通用政策）和"无政策"政策。事实证明，政府一般会采用多种创新型政府采购政策和措施，并且经常与其他政策工具相结合。四种政策类型及其主要驱动力和实施机制如表 1-2 所示。

表 1-2　以创新为导向的公共采购的政策类型

政策类型	主要驱动力	实施机制
技术（产业）发展政策	应对社会挑战（如环境、国防）和/或产业发展	任务关键型技术（平台）的发展有时以催化采购的形式出现，可以：①技术驱动（即部门需求，例如在环境保护或国防系统中的低碳解决方案）；②产业驱动（即国家行业有潜在优势的成长环境）
研究与发展政策	科学、技术和创新中的知识创造	用以满足社会需求和增加研发投入，强调前商业化采购（拥有现成解决方案的政府合同）；建立能够阐明社会需求的公共能力中心（部分需求来自中小企业主动提出的建议）
通用政策	改善公共服务中的创新溢出效应	政策的创新目标纳入所有公共采购决策中。强调使用特定的采购措施和方法，如性能（结果）规范、竞争性对话等，都被视为是有益于创新的
"无政策"政策	通过公平竞争不进行干预（创新源于"完美"竞争）	①创新作为一个令人意想不到的"普通"公共采购的副产品；②作为创新解决方案的公共采购在组织层面上随机发起和实施，不存在明确的政策将其连接到其他创新政策领域

为了探讨不同国家和地区的环境和更广泛的体制背景下创新相关的公共采购政策的演变和发展,我们以这四种政策类型为出发点,选择具有不同国际影响力、社会经济及政策背景的 11 个国家和地区进行案例分析。这些国家和地区分为小国(瑞典)和大国(美国、中国[①]),高度发达(丹麦)和较不发达(爱沙尼亚)的国家,发达国家(澳大利亚)和新兴经济体国家(韩国)的国家,亚洲(中国香港)、美洲(巴西)和欧洲(英国、希腊)的国家和地区,加入 WTO GPA(欧盟成员国、美国)和没有加入 WTO GPA(中国、澳大利亚)的国家和地区。当然,这些国家和地区还具有更多更细的区分:如国家创新体系较强(丹麦、瑞典、美国)和国家创新体系较弱(爱沙尼亚、希腊)的国家,政府效率较高、监管质量较高、法制及控制腐败的力度较强(北欧五国、澳大利亚、中国香港)和政府的这些能力较弱(中国、希腊)的国家和地区,公共采购总值接近国内生产总值的 1/5(爱沙尼亚、瑞典、英国)和该比率较低(中国香港)的国家和地区。

表 1-3 显示了 11 个案例国家和地区的公共采购市场规模以及关于政府采购是否促进了科技创新的问卷调查结果(Audet,2002),表 1-4 对案例国家和地区的四种创新型公共采购政策进行了梳理和对比。

表 1-3　11 个案例国家和地区的公共采购调查结果

国家和地区	公共采购市场规模 [a]/%	本国/地区政府采购是否促进了科技创新? [b]
澳大利亚	12.0	3.9
巴西	7.2	3.9
中国	12.8	4.3
丹麦	16.0	4.4
爱沙尼亚	18.0	4.2
希腊	9.0	3.0
中国香港	8.7	4.2
韩国	12.0	4.1
瑞典	19.0	4.5
英国	19.0	3.9
美国	11.0	4.7

资料来源:(Audet,2002)。

注:a 政府采购总值占 GDP 的百分比;b 政府采购是否促进了科技创新标度:7 非常有效,5 有效,3 一般,1 没有。

---

① 本节指代的中国数据不含港澳台地区数据。

表 1-4　11 个案例国家和地区的四种创新型公共采购政策对比

国家和地区	技术（产业）发展政策	研究与发展政策	通用政策	"无政策"政策
澳大利亚	各种国防技术工程（自 20 世纪 70 年代）；发展高新技术产业的伙伴关系（1987 年）；国防领域重点产业能力计划（2009 年）	国防装备能力技术示范计划（1997 年）；国防装备快速成型、开发和评价方案（2004 年）；维多利亚州政府的智能中小企业市场验证计划（2009 年）	宣传采购指导方针中创新原则；建立与产业界的交流平台；有针对性的培训（2008 年）	
巴西	巴西国家石油公司供应链工程；医药行业创新计划（2008 年）；国防领域中的各种技术方案	科学研究与发展项目自助署（FINEP）支持与公共采购相关的研究与发展项目	独家和支持性的调控规定（2010 年）	
中国	政府采购创新产品目录；节能产品政府采购清单			
丹麦	社会部门中的公私创新伙伴关系；公私创新工程的实验室（2011 年）		通过基于网络的创新型公共采购指导工具进行最佳实践的分享（2012 年）	
爱沙尼亚		国防领域的小项目		常见的政策类型
希腊				常见的政策类型
中国香港		公共部门的试验计划		常见的政策类型
韩国	新技术产品方案；绿色技术产品项目；建筑领域的替代招标和设计建造（交钥匙）的招标制度	产业技术开发项目；韩国小企业创新研究计划		
瑞典	能源领域的市场改造方案；瑞典交通管理部门的技术采购战略；大瀑布电力（Vattenfall）公司与瑞典地方机构联合会联合发起的采购电动汽车计划	瑞典创新署（VINNOVA）的前商业化公共采购工程	瑞典创新署的宣传计划；负责经济和地区增长的瑞典机构"正学习创新的公共采购"	
英国	远期采购承诺；采用创新技术的采购计划	小型企业研究计划	创新采购计划（自 2011 年停止使用）；公司联合采购协议	
美国	联邦政府层面的有关项目［如建筑技术项目和美国能源局下的联邦能源管理项目，支持美国中央情报局提高信息技术和情报能力的帕琉斯（In-Q-Tel）公司支持计划等］	联邦政府层面的有关项目［如小企业创新研究（SBIR）计划，研发竞争计划等］		

1.2.1 技术（产业）发展政策

通过公共采购这一政策工具来发展和传播新技术是政府创新公共采购的目的之一，这经常与工业发展直接相关。该政策类型已广受学术界认可，它所制定的新产品目标均是基于政府公共部门的需求。通常，这些政策被称为"公共技术采购"政策，包括满足政府的直接需求（如韩国的新技术产品计划）、支持一些社会需要的技术（如瑞典和美国能源领域的市场转化项目），或推动一些战略性产业部门免于竞争（如巴西制药产业的发展、澳大利亚国防部门的重点产业能力计划）等。

一些国家已经就推出了直接的规定通过政府采购支持新技术。例如，巴西已为创新性的本地产品设定了高达 25% 的价格上调幅度，韩国要求各公共机构将购买中小企业产品总额的 10% 投向新技术产品。

值得注意的是，尽管经历了产业支持政策向比较通用的创新政策转变，但至少政策计划中支持优质产业创新的主张仍然在许多政策选择中起着核心作用，特别是在一些特定领域保持国内技术创新能力的需要被认为对解决社会问题（如澳大利亚和美国的安全保障）或经济发展（如巴西的石油供应链）是至关重要的。

旨在支持创新和提升中小企业的竞争力，以及发展环境友好型技术的公共采购项目在许多国家发挥着越来越重要的作用。一些国家（如澳大利亚、中国、韩国、瑞典、美国等）的许多中小企业公共采购项目虽然不总是直接指向创新产品，但大都体现出明显的创新元素。几乎可以肯定的是，环境友好型公共采购会涉及创新元素，并且在过去的几年里，其在许多国家中表现得越来越突出。

系统性地使用公共采购，并与其他政策手段相结合，作为一种附加或间接的创新驱动力，以引进新技术或升级技术密集型产业，是十分重要的，但现有文献对此关注不够。实际上，这种间接的促进创新的作用包括各种可能性。

（1）鼓励（有时强制）公共部门的供应商[特别是跨国公司（MNC）]与国内技术公司建立研发与创新联合体，以符合公开招标的资质。例如，澳大利亚于 1987 年推出了"发展伙伴关系计划"，其中竞标战略产业[如信息通信技术（ICT）]领域政府合同的跨国公司被鼓励签订长期协议，并与当地企业合作，以满足研发和出口目标。在巴西也可以找到类似的做法。这一最初的强制要求于 2002 年被一个更普遍的指导原则所替换。

（2）识别和了解未来公共部门的能力需求和该市场内可能的签约机会。这些趋势在诸如国防、安全和信息通信技术领域最为突出。澳大利亚、英国和美国在面向未来新技术产品的远期采购方面开展了有效的实践，韩国和中国也在做积极的尝试。然而，尽管作出了努力，各行业对这种新做法的进展和成效趋向于持怀疑的态度。

（3）使用公益创投资金，投资于能够成为公共部门供应商的科技创业公司。这种新颖的战略性举措获得了高度关注。例如，在美国，中央情报局运营的 In-Q-Tel 基金或军队的在点技术有限公司（On-Point Technology Systems, Inc）都服务于政府在安全方面的需要。一方面，这种特殊的倾向体现了烦琐的公共采购程序往往会限制创新成果的实现；另一方面，它生动地体现了公共部门作为启动创新的客户所具有的持续重要性。

（4）将公共技术采购与诸如研发补助等其他创新支持措施相匹配。

1.2.2　研究与发展政策

研究与发展导向的创新型公共采购政策已被政界和学界广泛认可。自从美国 SBIR 计划取得了良好的实践效果，澳大利亚、韩国、瑞典和英国都根据本国情况制定了各自的研发或前商业化采购计划。丹麦和爱沙尼亚则推出了规模相对较小的公共研发采购计划。类似的国家和地区还包括芬兰、日本、荷兰、俄罗斯、中国台湾等（Wessner，2008）。同时，欧盟为了复制美国 SBIR 计划的成功案例，也在紧锣密鼓地开展研发采购计划。

从理论意义上，政府以研发为导向的创新型公共采购通常需要平衡"技术推动"和"技术拉动"两者之间的关系，而且公共研发采购和最终产品的实际公共采购之间的联系并不总是那么简单（Edquist and Zabala-Iturriagagoitia，2012）。这些计划的实际驱动力到底是引导这一过程的供给或需求，还是真正了解这些计划本身是什么的公共部门，也未可知。在某些情况下，研发采购的最终落实和开发产品的使用之间的联系仍然很弱（如爱沙尼亚的防卫倡议），它为技术私人和学术行动的技术推动产生了政策工具，而不是政府的最终需求。当然，有一些研发采购是直接根据政府需求设立的（即以其政府公共部门最终将使用的产品为目标），如澳大利亚的国防计划和美国 SBIR 计划中的一部分。然而，最终的公共采购是供应商开展研发工作的间接而非直接诱因，这是研发导向的创新型公共采购政策最主要的特征之一。在类似 SBIR 计划的政策工具规定下，政府没有义务购买开发的产品，不过美国 SBIR 计划的政策指令中明确规定了"只要满足可行性要求，由 SBIR 计划中的中小企业开发出的新产品或新技术都应为政府所用"。总之，研发和 SBIR 计划中实际创新型政府采购政策之间的联系趋于被政策实践和行政惯例所决定，这些程序在各国之间皆不相同。

此外，研发采购活动深深受到政府意志和政府能力两方面的强烈影响，政府意志指的是政府是否直接而明确地表达了对研发密集型产业的需求，政府能力指的是政府能否在一个政策周期内整合公共部门的不同部分（或未来的潜在客户）。如果需求的表达不够精确，那么潜在的公共部门客户便很难参与到采购活动中，政府采购作为创新政策的需求工具的作用就会薄弱。相反，如果需求在公共采购活动中得到了清楚的表达，那么公共采购部门或其他未来的潜在客户必将紧密地参与采购活动，研发产品的最终购买率也将很高。在这种情况下，研发导向的创新型公共采购政策就可以发挥它在一个国家整体创新政策中的重要作用。

当然，同样是政策类型研究与发展政策，在不同国家的具体实践中会有所不同。首先，技术发展具有一种天然的不确定性，其未来的发展轨迹、可能遇到的障碍、相关的成本及价值、公共采购部门对专业知识的熟悉程度，都影响政府表达其明确的需求。其次，依靠供应方的创新政策措施是一个强大的传统，这意味着政策制定者可能倾向于使用供应方支持的政策工具，而不是从需求方出发的政策工具。最后，如果政府的行政能力较弱，那么新出台的研发导向的创新型公共采购政策可能很容易就被利益相关者（如学术界或商业界）利用，造成政策无法实现其目的（如爱沙尼亚国防研发采购，或韩国中小型企业联合会的承包项目）。

然而，国际证据表明，创新型政府采购政策将制度化和公共需求驱动的研发与实际的公共采购联系起来，这使得公共和私营部门紧密合作。这已经被证明是传统开放式竞标的一个瓶颈，它限制了旨在带来创新效应的招标程序。这样一来，调整后的公共研发采购计划在发挥公共采购促进创新潜力方面，已被证明是有用和有效的。

1.2.3　通用政策

通用政策试图运用公共（政府）采购解决国家创新体系中的系统问题，旨在确立在政府公共部门采购决策中以创新为核心部分，是用公共采购来解决国家创新体系系统性问题的一种新型的尝试。尽管通用的方法并不完全是政府的新举措，但各国政府在过去几年中越来越多地提到这个问题，并出台了新的政策措施以面对创新的挑战（郭成龙，2015）。

一般情况下，通用政策主要用于改变现行政府采购的具体操作和价值观；案例研究证明，公共采购一般是风险规避，倾向于过程导向；一般认为，公共采购是将创新持中立态度的行为方式融入公共采购文化中（郭成龙，2015）。

目前，通用政策还未归纳出系统性的成果。然而，根据该领域的各种案例研究判断，即使直接的法律支持机制是到位的，公共机构实际上也不太愿意使用这样一种强大的政策。例如，巴西就有这样一种特别规定存在：允许区别对待创新产品和非创新产品。但是这一规定并没有被公共机构使用。英国可能是采用一般性创新公共采购政策最先进的欧洲国家之一，但是国家的采购实践仍落后于其政策构想；有些国家即使实施了初步方案，也会存在刻意回避提供创新型政府采购政策指导的情况。但是，中国政府采取了积极的态度来推行通用政策，但政策效果还不明显（郭成龙，2015）。

1.2.4　"无政策"政策

基于最低的价格标准竞标，仍然是政府采购现有产品和服务的问题。据此我们认为，"无政策"政策的本质是所有国家制定其他类型创新型公共采购政策的出发点。各个国家不同的是各政府如何将"无政策"政策转变成其他类型的政策，且其转变的理由以及政策类型会随时间的变化而变化；也有国家喜欢通过采购行为来使用"无政策"政策（郭成龙，2015）。

尽管"无政策"政策对政府采购在促进科技创新方面没有任何具体规定，但这并不意味着政府不追求创新驱动的公共采购，这只是政府不制定明确的创新型公共采购政策的选择。在总体经济政策中，政府更倾向于效率驱动的采购政策，因为采购活动还应促进经济领域的竞争，进而应该为私营部门带来更多的创新活动（郭成龙，2015）。

"无政策"政策的缺点包括：创新的潜力和实际影响被忽视，使得学习和最佳实践的扩散难以发生；"无政策"政策的做法对实现创新不一定有效。图 1-1 总结了四种创新型公共采购政策的一般发展轨迹。

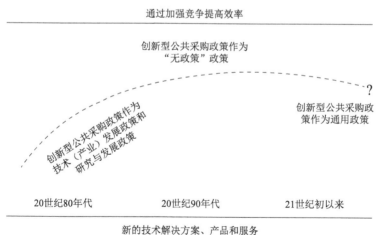

图 1-1　创新型公共采购政策的发展轨迹

资料来源：（郭成龙和萨楚拉，2015）

各国政府采购在鼓励创新政策上都遵循一般轨迹：20 世纪 80 年代时，主要受技术及研发活动支配；20 世纪 90 年代时，通过加强竞争提高效率；自 21 世纪起，再次强调创新在相关实践中的作用（郭成龙和萨楚拉，2015）。

1.3 典型案例分析

1.3.1 英国创新政府采购案例

英国的政府采购制度经过两个多世纪的发展，逐步形成了一套较为完善的体系和规则。近年来，公共支出占英国国内生产总值的比例从 2000 年的 35% 到 2007 年的 39%，再到 2010 年的 45%，上升迅速（HM Treasury，2010）。表明了历届政府对创新的重视，积极促进、提高了公共部门的采购效率，其相关举措包括建立"公平交易机构"（National Audit Office，2010）、将外包和公共服务委托给私人部门等。卫生、交通和社会服务等部门公共需求的主导地位意味着，在这些领域实行政府采购对激励科技创新有着显著的促进作用。因此，英国政府一直尝试通过调整政策措施来发挥政府采购的职能从而促进科技创新。尽管某些政策存在远离创新方向等一系列现实问题，但其率先推出的强制性竞争招标通过私人主动融资模式（PFI）和公共私营合作制（PPP）等方式提供公共服务的模式已作为国际典范被广泛认可。针对英国政府的创新采购现状进行以下的简要介绍，重点分析其远期采购合约的具体做法，总结相关经验。

1.3.1.1 英国政府采购概况

近 20 年来，英国政府采购快速增长。英国公共采购分为一般采购和资本采购。其中，一般采购对应经常性消费的商品和服务，在提供公共服务过程中有所消耗；资本采购是指购买固定资产，如建筑和大型信息技术项目。表 1-5 是 2006 年 7 月至 2010 年 11 月英国政府一般采购和资本采购中的公共支出。2010 年 11 月，英国公共采购总额就达 2380.89 亿英镑（HM Treasury，2012）。公共采购总额占公共部门服务总支出的 36%，大约占 GDP 的 16%。2006～2011 年的公共财政支出增加明显，主要是诸如健康等领域公共支出增长、政府外包服务和公私合作所致（Dey-Chowdhury and Tily，2007）。2006 年 7 月至 2010 年 11 月，英国政府一般采购已超过公共采购总额的 80%。

表 1-5　2006 年 7 月至 2010 年 11 月英国政府一般采购和资本采购中的公共支出

项目	2006 年 7 月	2007 年 8 月	2008 年 9 月	2009 年 10 月	2010 年 11 月
一般采购总值/百万英镑	164 584	174 505	187 751	195 916	191 633
资本采购总值/百万英镑	34 205	39 134	42 267	44 739	46 456
公共采购总额/百万英镑	198 789	213 639	230 018	240 655	238 089
公共部门服务总支出/百万英镑	523 062	555 210	603 354	642 210	665 287
公共采购总额占公共部门服务总支出的比重/%	38	38	38	37	36

　　图 1-2 显示了英国由中央政府部门和地方政府等承担的公共采购份额。其中，地方政府占 33%；中央政府部门和国家卫生系统（National Health System，NHS）、非内阁部分及非政府公共部门占 67%。

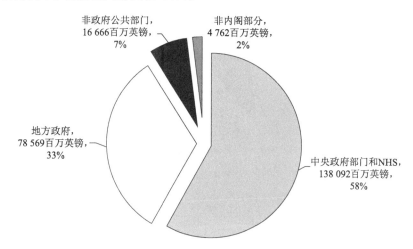

图 1-2　英国由中央政府部门和地方政府等承担的公共采购份额

　　图 1-3 显示了 2007～2008 年和 2010～2011 年各部门的采购预算情况，健康和国防两个部门的采购预算一直在公共采购支出中占据主导地位；2010～2011 年，这两部门采购总额相当于中央政府采购总额的 58% 和公共采购总额的 37%（HM Treasury，2012）。

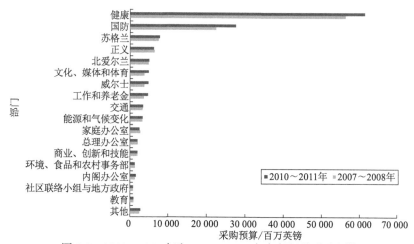

图 1-3　2007～2008 年和 2010～2011 年各部门的采购预算

　　图 1-4 显示了英国政府支出更详细的分类。公共部门的采购支出调查（PSPES）主要由政府商务办公室（OGC）负责，根据不同公共部门供给的不同市场领域将

政府支出进行分类。2011 年的调查结果显示，英国中央政府部门和地方政府（不包括 NHS）的支出总额达到了 868 亿英镑，社会关怀、建筑和其他专业服务是政府支出最大的领域。

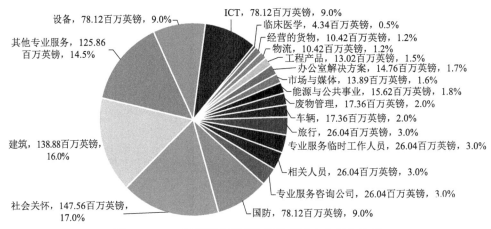

图 1-4　2011 年英国政府采购各类项目支出所占比例

2008 年，英国公共服务行业（PSI）曾就公共采购对英国经济的重要性进行了研究。结果发现，2007/2008 财年政府部门收入达到 790 亿英镑，附加价值新增 450 亿英镑，从业人员超过 120 万人；NHS 构成 PSI 开支最大的子行业，共计 242 亿英镑，其次是社会保障（179 亿英镑）、国防（101 亿英镑）和教育（73 亿英镑）；该研究强调，增长最快的部门包括教育、环境保护和健康，在 1995/1996 财年~2007/2008 财年行业增速达到 130%（Julius，2008）。

1.3.1.2　远期采购合约

远期采购合约的方法规定：政府采购部门向市场发布未来需求，与响应的单位事先沟通协商，在响应单位提交的创新解决方案基础上，双方签订创新采购合同；当创新产品性能在合同约定的框架内满足采购需求时，政府部门须按约定的规模和价格采购创新产品（廖晓东，2015）。经过 9 年的实践，英国政府已取得了一定的成效和经验（何悦和苏瑞波，2017）。

1. 产生背景

英国环境创新咨询小组（EIAG）调研发现，许多英国企业总是先专注于创意和发明，然后根据市场提出商业化方案，而这个过程在实证统计上失败率较高；EIAG 认为，单凭传统的供给政策工具，并不能充分推动创新产品的市场化（王文涛等，2013）。2006 年，英国"可持续采购行动计划"采用了 EIAG 提出的远期采购合约模式；2008 年，英国启动了"创新促进可持续竞争"计划，推动了远期采购合约的应用发展（何悦和苏瑞波，2017）。

2．主要做法

1）规范远期采购合约流程，提升创新的市场价值

英国远期采购合约分为需求识别、市场参与和招标采购三个阶段（图 1-5）。

图 1-5　英国远期采购合约流程图

（1）需求识别阶段。政府采购部门识别一些未满足的需求；邀请采购专家、业务人员、政策领导和关键利益相关者共同参与，评估可通过远期采购合约实现的真实需求，在需求确立后以技术中立的方式表述（何悦和苏瑞波，2017）。以技术中立的方式表述是指描述为"成果导向规格"而不进行具体的技术细节描述。例如，对于"电动汽车"，其以技术中立的方式表述更可能是"低碳零排放汽车"。

（2）市场参与阶段。政府公共采购部门在与供应商沟通中获得对市场整体创新能力的认识，并细化和精炼需求。本阶段又包括市场探测和市场咨询两个环节。市场探测是指政府采购部门向市场明确提出需求信息并评估市场反应，从成熟度、可行性、竞争性、整体产能、协作性和传统认知六个方面考察所有响应供应商的整体实力，并公布响应企业的名录，促进供应商之间的内部联系。市场咨询是指政府采购小组与供应商及利益相关者商讨更多细节（王文涛等，2013）。

（3）招标采购阶段。英国商务办公室采用竞争性谈判招标方法，促进供应商、公共机构等利益相关者参与谈判，优化解决方案。对长期效益和环境收益表现良好的创新解决方案，以产品生命周期成本核算，统筹考虑价格、质量、艺术性和功能特性等。验收标准是公共部门所描述的"成果导向规格"，强调创新产品实现的功能（王文涛等，2013）。

2）推动创新链、产业链与供应链融合发展，提升公共财政效益

英国政府采购部门充分遵循资源和创新要素的流动规律，积极搭建创新主体和创新需求的连接桥梁，推动供应链、创新链、产业链中各要素连接，从而实现

创新的经济社会价值，如图 1-6 所示。一是推动创新链要素连接。政府部门不是经营实体，没有经济驱动力，不仅对创新的需求不明确，而且更倾向于规避风险，从而造成传统政府采购与企业创新过程脱节。在英国远期采购合约中，在基础研究和创意设计阶段，政府就识别市场的创新需求，从市场中获取未来需求信息，寻找潜在基础研究者、创意设计者、产品研发者和创新需求者等参与主体，一起制定创新采购约定。同时，把孵化器、公共研发平台和风险投资政策工具组合，共同推动企业技术创新，实现"基础研究—创意设计—产品研发—成果示范—成果应用"。二是推动产业链要素连接。英国各级政府采购部门按照欧盟采购指令和欧盟采购协议公正、公平对待和透明性原则，不排斥其他成员国企业提供创新解决方案，并将项目产业链上所有参与企业视为一个整体，以加强产业链上各主体连接，实现对需求的有效反馈。三是推动供应链要素连接。英国采购部门通过建立与潜在供应商的双向沟通机制，减少沟通过程中的信息不对称，并向市场表明政府采购创新产品的决心和意愿。通过预先告知需求的方式，实现政府采购从传统的购买市场现有产品的方式转向预订创新过程。在远期政府采购中，政府作为供应链管理者，把供应商、制造商、分销商、零售商，直到最终用户组织成一个系统网，实现系统效益的最大化和成本的最小化（王文涛等，2013；何悦和苏瑞波，2017）。

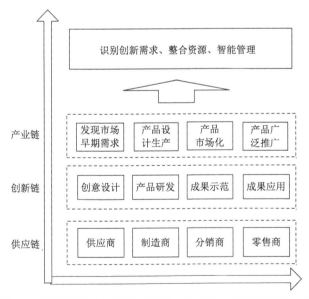

图 1-6　远期采购合约实现创新链、产业链、供应链的融合图

3）开展远期政府采购示范，不断扩大政策的效益和影响

英国远期采购合约采用项目示范的模式，解决如废弃物管理、能源利用效

率等急切的环境创新方面的问题。比较有代表性的示范项目有国家卫生系统"未来病房"超高效照明系统，2011 年 3 月，该示范病房建成并接受临床检验和设施评估。该解决方案以不变的成本支出取得了突出效果，在经济方面，预计在产品寿命周期内节省能源消耗 30%，节省维护费用 88%，减少了建设和拆除成本；在环保和用户体验方面，实现了绿色灯源长寿命、低耗能及发光组件的可回收利用，大幅度提升了患者和医护人员的舒适和健康程度。远期采购合约示范项目也成功应用于其他领域的创新方案采购，如可持续发展、医疗卫生健康和可持续建筑等方面，促进了基础成果向创新产品、服务的转化（何悦和苏瑞波，2017）。

1.3.1.3　小结

从英国远期采购合约政策试点的情况来看，远期采购合约政策取得了一定的成效，体现了远期采购合约政策的优势。当然，远期采购合约政策也有其不足之处（何悦和苏瑞波，2017）。

1. 取得成效

（1）丰富政府采购促进科技创新的方式。远期采购合约政策属于事后激励，主要作用于创新链条的销售环节，实现通过市场需求政策工具拉动创新（何悦和苏瑞波，2017）。

（2）提升公共财政效益，减少财政资金风险。远期采购合约政策激励了自主创新和对经济社会进步的引导；同时，降低了财政支持创新的风险，公共部门只需继续购买已存在或现成的产品或服务即可（何悦和苏瑞波，2017）。

（3）降低企业创新风险，激发创新活力。实行远期采购合约政策，政府无须投入额外资金，且让企业对其研发产品和服务有一个稳定的市场预期，可以有效降低创新产品和服务的市场化风险（何悦和苏瑞波，2017）。

（4）为中小企业提供创新机会。远期采购合约注重向中小企业分配公共采购份额，将重大的需求分解为个体化、具体化要求；鼓励大供应商与中小企业合作（何悦和苏瑞波，2017）。

2. 不足之处

（1）采购需求不能得到及时满足。远期采购合约政策的实施周期比较长，产品和服务在研发成功后才能实现供给，而且存在研发失败的风险。

（2）衍生交易成本。远期采购合约过程需要花费相当的时间和人力，还需要中介机构、专家等相关方的参与支撑（王文涛等，2013）。

（3）管理能力要求高。远期采购合约政策要求科学甄别未来需求、科学制定未来需求的标准，而且要求采购人员必须有专业化采购水平和项目管理经验，如此才能降低创新采购失败产生的机会成本（何悦和苏瑞波，2017）。

1.3.2 意大利伦巴第地区的 A3T 项目

意大利伦巴第地区政府为了促进科技创新而实施的公共采购应用领域和技术分析（Analysis of Application Areas and Technologies，A3T）项目开始于 2009 年。该项目的主要目的是为当地居民和企业提供先进的产品和服务，同时增强当地企业的技术竞争力。A3T 项目共包括 4 个阶段（图 1-7）。①应用领域的探索：地区政府识别新产品和新服务的应用领域（基于当地居民和企业在社会经济方面的相关需求）。②应用领域的选择：应用领域的评价及最相关领域的确定。③R&D试点项目的设计：设计 R&D 试点项目，发展该应用领域所需的全部技术。④采购需求：R&D 试点项目的实施（Vecchiato and Roveda，2014）。

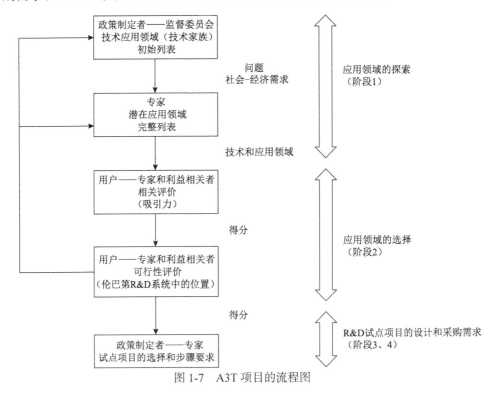

图 1-7　A3T 项目的流程图

从组织的角度来看，首先，由伦巴第地区的政府官员成立一个监督委员会来监督 A3T 项目的整个过程并且对中期及最终结果作出评价。然后，监督委员会任命一个由伦巴第地方政府研究所创新研究与评价研究专家及米兰理工大学的研究人员组成的执行团队，负责设计和实施整个项目，包括制定计划、协调活动、整理资料、编写中期报告和最终报告。同时，监督委员会还将任命了一组专家（60人左右）帮助识别相关应用领域。这些专家是从当地的学术界和产业界里以名望、知识、视野、自主为标准挑选出来的，覆盖社会、科技、经济等多个学科领域，主要在食品、农业、环境、能源及医疗保健领域。

1. 阶段 1：应用领域的探索

第一阶段的主要任务是探索应对当地居民和企业日益增长的社会和经济需求的创新产品和服务的所在领域，如保健、食品、农业等伦巴第地区政府主管的宏观领域。首先，项目组咨询该地区保健、能源、环境、食品、农业等部门的负责人，收集这些部门的主要方针政策并分析这些政策在中长期操作过程中存在的主要问题。地区的普通民众通过参加选民会议及圆桌讨论（比如商会、行业协会）与政府保持紧密联系，政府在直接参与公共事件的过程中及时获知不断变化的社会和经济需求的反馈。当然，它们也会将这种反馈和项目组分享，为其提出一系列伦巴第地区亟待改善的科技应用领域。然后，由监督委员会指派的专家对这些应用领域新技术的可行性进行粗略评估。当然，专家们还可以补充个人认为需要重点发展的其他新兴应用领域。专家评估主要基于与项目组成员进行的一系列研讨会和个人访谈。

初期的分析主要基于以下两条准则：①识别满足以下两个要求的应用领域，一是能够在未来的中长期时间内得到当地居民和企业不断增长的需求认可和关注度，二是高投入的研发能够确保相关技术的可获得性且在 3～5 年内实现第一次试验；②已选中的应用领域将有利于发展新兴技术。按照伦巴第地区政府 2000 年制定的 RDTI（research, development, technology and innovation，研究、发展、技术和创新）政策，新兴技术主要涉及先进材料、信息通信技术、生物技术三大领域。相关技术的粒度设定在其技术家族的水平上。以先进材料领域为例，其相关技术包括超导体、半导体和金属复合材料，陶瓷结构和陶瓷复合材料，聚合物与聚合物复合材料，光子与磁性材料，模化、材料工程及物料回收等。

在整个过程中，专家们应该和地区政府官员保持紧密联系，项目组选定的所有应用领域（和相关技术解决方案）都能够得到适当的评价。而且，全套方法应当与区域性技术预测方法的传统特征保持一致，如专家的核心作用、定性和定量数据的整合、协商过程的迭代性质（Gavigan and Scapolo，2001）。最终将识别出伦巴第地区有潜力的社会-经济和产业体系的应用领域和相关技术。

2. 阶段 2：应用领域的选择

第二阶段是对第一阶段输出列表的评价和选择，其中关键的（最有前景的）

应用领域将会被地区政府通过特设的 R&D 项目所接受，判断的标准是应用领域的相关性和发展它们所需新技术的可行性。

相关性指的是应用领域对促进社会福利、地区经济发展，特别是工业部门发展的影响程度，如目标产品可以输出到国际（欧盟和全球）市场。相关性主要从以下两个维度衡量：①国际市场上的应用前景；②与当地政策和需求的一致性（表 1-6）。

表 1-6　评价应用领域和相关技术的相关性指标

一级指标	二级指标	指标含义	评价标准
1. 国际市场上的应用前景	1.1 规模	应用领域在地区、国家和全球三个层面的市场规模	采用专家提供的平均价值（百万欧元）计算
	1.2 动力	应用领域在欧盟和全球市场上的增长潜力，主要考虑新的趋势、使用模式、监管的变化、其他国家和地区的政策	1～5 分，1 分最低，5 分最高
	1.3 技术基础	应用领域需要的主要技术是什么？以当前应用领域为基础，预测未来新兴技术发展后对该领域的需求程度	专家定性描述
	1.4 技术阶段	技术在生命周期中的哪个阶段：萌芽技术、成长技术、成熟技术	专家对技术所处阶段进行选择
	1.5 普适性	普适性是衡量技术在未来可能达到的发展程度，且这种技术的应用领域可以使其他应用领域和技术得以发展	1～5 分，1 分最低，5 分最高
2. 与当地政策和需求的一致性	2.1 应用能力	该领域在地方一级（区域或次区域）上受到什么程度的管理	1～5 分，1 分最低，5 分最高
	2.2 投入能力	什么程度的研究和创新投入是开发该领域新产品和新服务所需要的，同时要与区域和次区域的可利用资源相匹配	1～5 分，1 分最低，5 分最高
	2.3 一致性	该领域与当地居民的需求和当地政府的政策在多大程度上保持一致？与当地需求水平一致吗？创新和地区政府政策一致会使情况得到改善吗	1～5 分，1 分最低，5 分最高
	2.4 公共采购	当地公共管理部门有多少可能成为这些领域的客户？地区政府和其他地方政府机构（省、市级工商行政管理局）是否能够表达对该领域的需求，从而在其处于技术萌芽阶段，通过拉动私人投资发展相关技术	1～5 分，1 分最低，5 分最高
	2.5 合作关系	该领域在多大程度上需要协调合作网络中公私合作伙伴（区域、国家和国际三个层面）关系？公共研究中心和产业成员在多大程度上同属一个集体	1～5 分，1 分最低，5 分最高

可行性指的是应用领域是否能够促进地区科技和生产制造体系的发展。如果某个应用领域或是某种新技术能够在某地区的科技和工业界成功开发并且利用，那么就认为它是可行的。因此，可行性分析就是将其他国家和地区的技术资源和政治策略作为案例与伦巴第地区进行对比。更具体地说，可行性指标可

以用两个特征来界定：①该领域的科技知识目前已知，或者短时间内即可构建其知识体系；②当地工业系统具有将实验室层面的原型成功转化为 R&D 成果的能力，并且实现其产业化，输出到当地市场或国际市场。表 1-7 为可行性评价的全部指标。

表 1-7　评价应用领域和相关技术的可行性指标

一级指标	二级指标	指标含义	评价标准
3. 应用和科技知识	3.1　知识	评价地区能力和该领域专有技术的可行性，与国际上其他国家和地区相比较	1～5 分，1 分最低，5 分最高
	3.2　人力资源	统计目前该领域（和相关技术基础）中参与 R&D 活动的相关研究人员数量。统计的是地区 R&D 系统在该领域达到国际先进水平时研究人员数量	专家提供研究人员近似数
	3.3　教育	该教育系统在质量和数量两方面有助于发展所需能力的可行性	
	3.4　基础设施	当地发展该领域所需的基础设施的可行性	1～5 分，1 分最低，5 分最高
4. 工业系统的当地需求和可行性	4.1　获得领先市场	这个指标和该领域的领先市场相关。测量该领域拥有领先客户的可行性，即具有国际水准的需求和应用知识的客户	1～5 分，1 分最低，5 分最高
	4.2　竞争力	当地产业系统竞争力。当地产业中的成员企业在相关领域开发的产品和服务在国际上的竞争力如何	1～5 分，1 分最低，5 分最高
	4.3　可转换性	其他领域和市场的产业成员企业可以在应用领域发展吗？其他领域的竞争力可以转换吗？有没有进入壁垒？如果有，进入壁垒有多大	1～5 分，1 分最低，5 分最高
	4.4　启动	建立发展该领域产品和服务的新企业的潜力	1～5 分，1 分最低，5 分最高
	4.5　覆盖率	发展相关应用领域不同产业竞争力的可行性。考虑地区产业系统的结构体系、互补技术和产业资源的可获得性	1～5 分，1 分最低，5 分最高

　　应用领域的评价和相关技术创新的过程不断重复并持续至少一年时间。这是由于应用领域的技术宽度和大量利益相关者的需要。这些利益相关者在应用领域的评价和后续的实施中都具有突出的作用。通过相互提名（来自原始专家组），这些自发的过程从公共研究部门（大学、科研机构等）、产业界（大企业、商会）和次区域公共机构（地方公共部门、发展机构等）中选拔出来。每个利益相关者都会收到一个描述应用领域和相关技术创新的报告，方便他们利用相关性和可行性的各个指标对备选应用领域进行评价。

　　大多数指标的分值来自专家打分的平均值。所有的评价都是由专家和利益相关者提供的，还计算了均值和方差。为避免某个指标出现重大偏差，项目组对偏差的范围拟定了一个标准值。少数指标（如"1.3 技术基础"）则是需要专家评价的开放问题。当然，其中一部分指标是特别相关的："4.1 获得领先市场"衡量的是一个应用领域拥有领先客户的可行性；"1.1 规模"衡量的是应用领域在地区、国家和国际三个层面的市场规模；"1.2 动力"衡量的是应用领域在欧盟和全球市场上的增长潜力。这三个指标的组合可以识别出该地区最有发展前景的应用领域。例如，伦巴第传统食品行业的发展（功能化和营养丰富）：因伦巴第传统食品具有美味的口感，伦巴第传统食品行业是国际认可的烹饪技术市场领先者，逐渐拥有越来越多的目标客户，其中包括全欧和其他国家的老年客户，目标输出市场增长迅速。显然，这个应用领域非常具有发展前景。

3. 阶段 3：R&D 试点项目的设计

通过评估，每个应用领域就会选出一些具体的 R&D 试点项目。R&D 试点项目会详细地说明该应用领域具体的产品和服务以及可测的目标（技术特征、技术发展、活动、时机掌控和可能的实施成本）。R&D 试点项目由项目组和专家组选出。通过一系列的专题研讨会和个人访谈，专家会给出有用的定性和定量（统计数据）信息，帮助项目组为每一个 R&D 试点项目制定初始工作方案。这些初始工作方案在后期将得到专家进一步的修订和补充。表 1-8 列出了部分试点项目。

表 1-8　A3T 项目中在医疗保健、能源环境和食品农业三个领域的 R&D 试点项目

领域		试点项目	技术领域		
			通信技术	生物技术	先进材料
医疗保健	老年人	远程协助和诊断服务	√		
		家具和室内环境改造	√		√
	残疾和慢性病患者	基于信息通信技术的远程控制、监测和家庭援助系统	√		
	卫生健康基础设施	提高管理效率：健康基础设施的控制和监控	√		√
		牵引床和担架的自动设备	√		√
		血液采样的自动机器人系统	√		√
	诊断和治疗的创新方案	假体新材料			√
		纳米诊断工具	√	√	√
		纳米药物	√	√	√
		残疾患者的治疗与复健：神经系统的病理治疗	√	√	√

续表

领域	试点项目	技术领域		
		通信 技术	生物 技术	先进 材料
能源 环境	现代物流与流动性	信息流动网：自组车辆网络和交通控制、安全和信息 流动网络的传递服务	√		
		联合运输	√		
	新（再生）能源资源	太阳能电池（超越硅）			√
		制氢和存储材料			√
	环境网络	环境保护的传感网	√		√
	节能	家用自动节能	√		√
食品 农业	伦巴第传统食物产品 的提高（功能化和营养 丰富）	来自传统功能：日常种植创新		√	
		边缘领域的功能性食物		√	
		伦巴第的葡萄酒：法定产区葡萄酒（ appellation d'origine controlee，AOC）级别		√	
		适合老年人的功能性食物		√	
	自然原材料的提高	农业生物技术和种植：转基因食品		√	
	提高产量和分销流程	食品包装用活性膜	√		√
		可追踪性和安全性：分子诊断	√		√

　　在前两个阶段，技术粒度被设定在技术家族的水平上，是因为在这个粒度上，技术范式和社会需求更容易匹配。在 R&D 试点项目的设计阶段，原来的应用领域将具体到试点项目上，以明确新产品和新服务的主要应用特征，需要将宽泛的技术领域转化成具体的技术基础。因此，重新缩小技术预见活动的粒度水平，这些具体的技术需求就会很明显地反映在 R&D 试点项目中。

　　这些 R&D 试点项目指的是能够在区域范围内开展实施的，而更大更复杂的需要在整个国家范围内开展或多国合作的项目不在其列。

　　以食品农业领域的"适合老年人的功能性食物"项目为例，该项目旨在增强伦巴第地区传统食品的功能性和增加其营养。首先是蔬菜，通过运用基因组学和蛋白质组学技术对其改良，老年人在食用该蔬菜后，可以有效地减少老年人慢性疾病的发病。通常情况下，社会对老年人的饮食关注度不够，因此缺少来满足典型疾病治疗和预防所需特殊营养的特殊产品，或者仅仅为了改善健康和生活条件的特殊产品。伦巴第地区的食品行业有很大一部分在这个方向上具有发展潜力，因此那些具有健康认证的产品价值就有希望提高。在这种背景下，功能产品不会仅局限于市场定位，实际上还解决了欧洲国家人口老龄化和老年疾病扩散的问题。通过特殊饮食和功能性产品来预防这些疾病是所有卫生政策的基础。通过减少老年病治疗的支出，可以改善社会民众的生活质量。另外，一些心理疾病使得患者需要大量的食物，从而造成了食品的持续消费；更普遍的是，老伦巴第人坚持按照他们当地的传统和习惯烹饪食物，尽管这些食物并不符合他们的新陈代谢需要。所有这些例子表明，功能性食品的开发可以满足当地居民的需要并且提高他们的生活质量。

4. 阶段 4：采购需求

第四个阶段是汇总 R&D 试点项目的技术和经济需求并实施采购。至 2011 年底，地区政府选择了三个医疗保健领域的 R&D 试点项目：①牵引床和担架的自动设备；②基于信息通信技术的远程控制、监测和家庭援助系统；③血液采样的自动机器人系统。2012 年 3 月，地区政府针对试点项目组织专题讨论会，向当地的公共和私人利益相关者（企业、研究中心、贸易组织、大学、市政机构等）展示项目内容；有超过 50 家企业和研究中心参与了研讨会。产学研之间的共识和兴趣推动了地区政府将试点项目的具体特征（如目标、活动、时机、产品和服务的技术特征）转化成 R&D 项目需求，而且地区政府将提供全额资金。每个采购需求要求申请人（可能是一个财团企业和研究组织）提供他们准备为项目投入的资源清单，地区政府会依此选择兼具制造、商业和技术能力的申请人。采购需求也促使地区政府核查竞标企业和研究机构成功执行 R&D 试点项目的能力。每个需求的预算金额可达到 75 万欧元。

这个阶段最主要的目的是，在 R&D 原型阶段获得所选领域的更新更好的解决方案，并培育当地企业的技术竞争力。所以，采购需求规定候选企业要么隶属于伦巴第，要么至少在当地有一个制造基地，而其科研基地可以在本地之外（这样可以为发展试点项目获取区域外的知识和竞争力）。采购需求的截止日期是 2012 年底。同时，地区管理者开始选择新的试点项目，为他们的报告组织新的研讨会，发起相关的采购需求。整个过程中，试点项目的逐步进行是因为地区有限的金融资源和需要试验的新产品与新服务。当然，地区政府已经为这些项目从研发原型到最终产品和服务的产业化和商业化预备了一笔额外的预算。事实上，地区政府的主要目的是为当地居民和企业提供新产品和新服务，R&D 试点项目作为公共采购过程的中介，或者说是一种工具，并不是最终产出。购买新产品和新服务才是 A3T 项目的最重要的目的。

总之，A3T 项目能够帮助政府在创新型公共采购过程中识别出具有长期社会需求的应用领域，提高当地公民和企业的参与度，加强政府采购对创新的协调性、透明度和公正性。当然，专家们在评估阶段对特定技术和应用领域的专注可能造成对协同效应和规模经济的忽略。

1.4　小　　结

　　通过以上对美国、欧盟、英国、日本等主要发达国家和地区政府采购促进科技创新具体政策、措施及案例的梳理与分析，我们做出以下总结。

　　（1）制定了促进中小企业创新发展的政府采购措施。这些政府采购措施有许多共性经验，主要包括：成立专门管理机构，设置专项目录名录；简化资格预审程序，清除苛刻歧视限制；支持企业联合投标，拆分合同，鼓励分包；减免费用，扶助企业，参与项目价格扣除；主动预留采购份额，小额采购专项倾斜；积极提供培训引导，搭建平台帮助融资；等等。这些政策措施都具有较好可操作性，有明确政策意图、金额限制以及比例规定等（王铁山和冯宗宪，2008）。

　　（2）制定国货优先原则，扶持本土企业科技创新。通过政府采购促进本国自主创新是国际社会的通行做法，包括美国和德国等 GPA 的缔约方（李建军和朱春奎，2015）。在符合法律法规各个层面上的要求下，美国通过优先购买国货来保护本国政府采购市场；德国的绿色政府采购实质上是利用技术壁垒来保护本国政府采购市场。购买本国货和绿色政府采购都得到了 GPA 的支持，美德各州及地方政府也制定了更为具体的相应细则（艾冰，2012b）。

　　（3）注重促进新兴产业成长与高新技术产品发展。对处于起步阶段的新兴技术及高科技尖端产业，政府采购支持比政府直接资助更有力度，国际社会都非常注重政府采购对其支持作用，从而发展成为本国的支柱产业，它们快速地推动着整个国家的创新。政府采购承担了创新的风险，能够为这些行业提供稳定的市场，有力地促进了新兴高科技的发展（王淑云，2007）。

　　（4）政府采购促进科技创新立法实现可操作性。法律是行为的基础和指南，完善的政府采购法律体系能够为科技创新提供必要的、强有力的支持。主要发达国家和地区积极推进政府采购的立法建设，通过立法，明确对科技创新的具体支持方式、为政府采购促进科技创新作用的发挥提供法律保障（姜爱华和王斐，2011）。

　　（5）创新型政府采购政策非单一形式，而是重视购买者的内在需求和采用多种形式的政策组合。当前的创新型政府采购政策仍在探索过程中，政府希望通过反复试验能够带来具有创新效果的采购政策。英国的经验表明，仅靠税收减免或研发补助等供给方式不一定能有效促进科研成果的市场转化，还应配合运用需求政策工具来拉动创新；其远期采购合约政策将创新过程和创新产品绑定，充分发挥了政府资金对创新的拉动作用，同时组合孵化器、公共研发平台和风险投资等多种政策工具，共同推动企业技术创新（王文涛等，2013）。另外，典型国家案例反映在绿色技术或健康解决方案方面的政府采购活动的主要推动力是部门和公共组织的内在需求而并非创新政策（王淑云，2007），企业则通常将得到公共采购合同的机会当作获得额外的创新激励（Lember et al., 2014）。意大利伦巴第的 A3T 项目中，地区政府也是基于当地居民和企业在社会经济方面的相关需求，选择新产品和新服务的技术领域，开展 R&D 试点项目并最终实施采购的。因此，生产商、机构购买者和私人购买者的需求都是政府在制定采购政策时所不容忽视的重点。

第 2 章 ————

我国政府采购促进科技创新的现状与政策分析

本章通过梳理我国政府采购促进科技创新的政策，并对政策实施过程存在的问题进行分析，以把握我国政府采购促进科技创新的政策及发展现状。

2.1 我国政府采购发展现状

2.1.1 总体现状

据财政部 2019 年发布的全国政府采购统计数据（图 2-1），2018 年全国政府

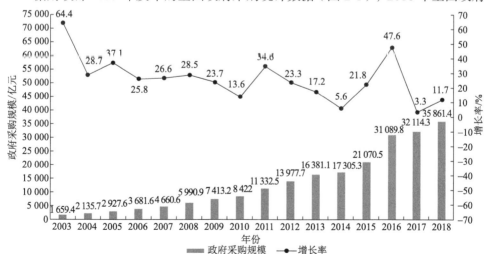

图 2-1 2003～2018 年全国政府采购规模及增长情况

资料来源：历年《中国政府采购年鉴》

采购规模为 35 861.4 亿元，较上一年增长 11.7%。其中，分散采购规模占全国政府采购规模的 41.5%，服务类采购规模增幅为 35.7%，强制和优先采购环保产品占同类产品采购规模的 90.1%，强制和优先采购节能产品占同类产品采购规模的 90.2%，中小企业合同额占比达 76.7%。全国政府采购规模占全国财政支出和 GDP 的比重分别为 10.5% 和 4.0%（昝妍，2019；财政部，2019a）。

《政府采购法》实施 10 多年以来，全国政府采购规模增长趋势明显，除 2014 年和 2017 年外，其增长率每年都高于全国财政支出和 GDP 增长率。这说明政府采购的范围在逐渐扩大；政府采购在我国财政管理中的地位越来越突出，在发挥政策功能方面的作用也越来越明显；同时，政府采购规模越大，其对财政透明的贡献也越大（闫继斌，2015；贾璐，2014）。但仅就增速来说，近几年增速与往年相比有所放缓。一个原因是，从客观方面来讲，初期政府采购规模较小，底子比较薄，所以增速相对较高；现在经过十多年的发展，不可能持续保持较高的增长速度。另一个原因是，从主观方面来说，在现有的制度、法规层面上，政府采购规模增长的空间已经很有限，可以说，政府采购已进入规模高速增长的瓶颈期。

1. 政府采购结构

政府采购规模呈稳步增长态势，但政府采购结构随着国民经济结构的调整，正在发生明显变化（陈昶彧，2013）。2018 年，货物类、工程类、服务类采购规模分别为 8065.3 亿元、15 714.2 亿元和 12 081.9 亿元，占全国政府采购规模的 22.5%、43.8% 和 33.7%，较上年同期增幅分别为 0.8%、3.3% 和 35.7%，其中以服务类采购规模增长最为明显。保障政府自身需要的服务和政府向社会公众提供的公共服务分别为 5705.5 亿元和 6376.4 亿元，占服务类采购规模的 47.2% 和 52.8%（冯君，2019；财政部，2019a）。

从历史数据看，政府采购规模的主导结构发生了巨大变化，从货物类采购占主导地位（2003 年）发展到工程类采购占绝对优势（2013 年），再到 2018 年的服务类采购所占比例显著提升（王少玲，2014），如图 2-2 所示。

此外，服务类采购也呈现出快速增长的态势，其增幅远高于全国政府采购规模增幅（王少玲，2014）。这主要得益于：①党的十八大强调，要加强和创新社会管理，改进政府提供公共服务方式，要求加大政府购买服务力度，各级管理部门制定和实施了相关配套推动的政策，政府采购服务类项目快速向新型的商业服务和公共服务领域扩展。②各级财政部门围绕当地经济社会发展目标，多方拓展政府采购服务范围①（王少玲，2014）。

---

① 2013 年全国政采规模达 16381.1 亿元 服务类采购增长 26.4%. http://www.bidcenter.com.cn/Statute-234587-8.html [2014-07-15].

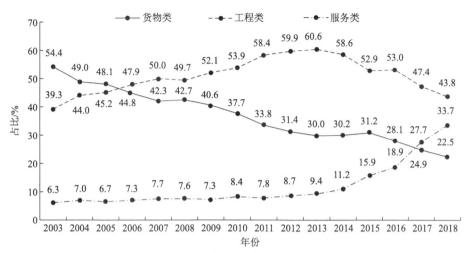

图 2-2　2003～2018 年政府采购内部结构比重变化
资料来源：历年《中国政府采购年鉴》

2. 政府采购组织形式

2018 年，我国政府集中采购、部门集中采购、分散采购的规模分别为 15 767.8 亿元、5211.1 亿元和 14 882.5 亿元，分别占全国政府采购规模的 43.97%、14.53% 和 41.50%（乐佳超，2019），如图 2-3 所示。

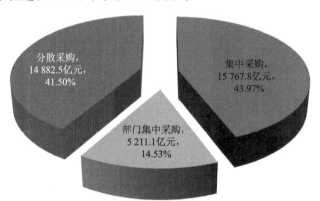

图 2-3　2018 年政府采购各组织方式占比
资料来源：（乐佳超，2019）

集中采购的规模优势明显的原因在于，各地财政部门和集中采购机构通过进一步优化集中采购模式，完善了各类集中采购政策措施和管理办法，规范了集中采购行为，提高了集中采购效率[①]（王少玲，2014）。

[①] 2013 年全国政采规模达 16381.1 亿元　服务类采购增长 26.4%. http://www.bidcenter.com.cn/Statute-234587-8.html[2014-07-15].

3. 政府采购方式

总体上，公开招标仍占主导地位，且单一来源采购规模逐渐下降，如图 2-4 所示。在政府采购方式选择上，2018 年公开招标、邀请招标、竞争性谈判、竞争性磋商、询价采购、单一来源采购分别占全国政府采购规模的 70.5%、1.1%、3.6%、8.3%、2.3% 和 11.8%。各级财政部门采取多项措施来规范单一来源采购，有效控制了单一来源采购的数量和规模，从而单一来源采购规模占比较 2017 年下降了 5.4 个百分点（乐佳超，2019）。之前，部分政府采购管理部门在审批除公开招标外的其他采购方式时控制过严，导致其比例较低。随着电子商务的发展，尤其是根据《中华人民共和国政府采购法实施条例》（简称《政府采购法实施条例》）的要求，各类电商大举进入政府采购市场，竞争性谈判、询价采购的份额在未来会有较大增长。

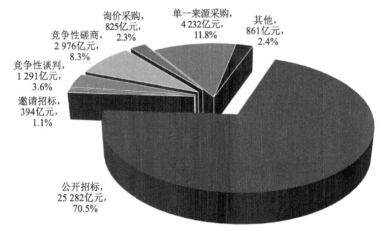

图 2-4　2018 年政府采购方式占比

资料来源:（乐佳超，2019）

4. 各地方政府采购规模

从 2003~2013 年地方政府采购规模变化来看（图 2-5），2013 年地方政府采购规模为 15 497.7 亿元，比 2012 年的 13 193.6 亿元增长 17.5%，地方政府采购规模增长幅度较 2012 年下降了 6.4 个百分点，部分地方政府采购规模增幅明显放缓，主要原因是：少数地方政府受经济增长速度放缓的影响，主动压缩政府采购规模；许多部门或单位的当年财力增长部分无法用于政府采购（贾璐，2014）。2013 年，地方政府采购规模增幅超过 30% 的有广东、河南和天津等 6 个省（自治区、直辖市）；增幅低于 10% 的有河北、甘肃和四川等 6 个省（自治区、直辖市）；安徽和云南两省出现了下降趋势（王少玲，2014）。地方政府采购规模超过 500 亿元的省（自治区、直辖市）达到 10 个，相比上年增加 2 个；上述 10 个地区政府采购规模占总地方政府采购规模的 62%，达 9690.2 亿元（王少玲，2014）（图 2-6）。

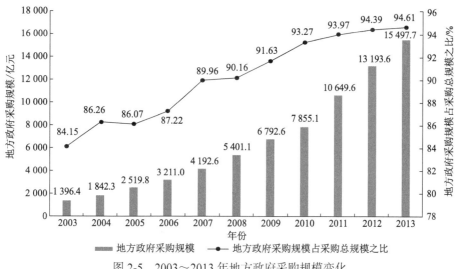

图 2-5　2003～2013 年地方政府采购规模变化

资料来源:（王少玲，2014）

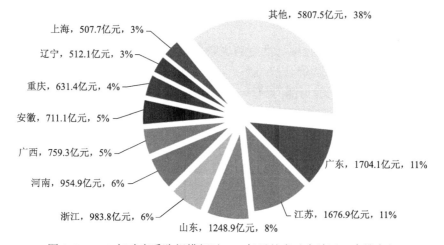

图 2-6　2013 年政府采购规模超过 500 亿元的省（自治区、直辖市）

资料来源:（王少玲，2014）

总体来看，政府采购规模的增长得益于经济发展和财政收支规模的增长（王少玲，2014）。

5. 政府采购投诉处理

2012 年，各级财政部门收到供应商投诉共 876 起，较上年增加 26 起，如图 2-7 所示。其中，受理 771 起，转送有管辖权的部门 8 起，不予受理 97 起。各级管理部门在供应商投诉处理制度建设和机制规范化上做了很多工作，对供应商的投诉十分重视，并取得了一定成效（王少玲，2014）。

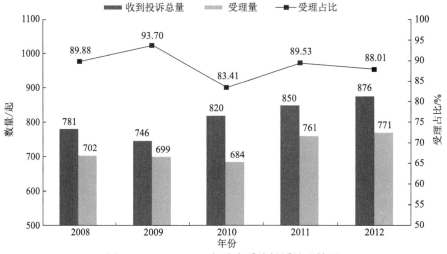

图 2-7   2008～2012 年政府采购投诉处理情况

资料来源：历年《中国政府采购年鉴》

6. 资金节约率

每年，政府采购合同金额与批复的政府采购预算相比，都有相当的节约资金。2003～2013 年，政府采购资金节约率一直保持在 11% 左右，如图 2-8 所示。各级财政部门逐步将政府采购与部门预算、国库集中支付相衔接，以有效提高财政资金的使用效益（陈昶彧，2013）。

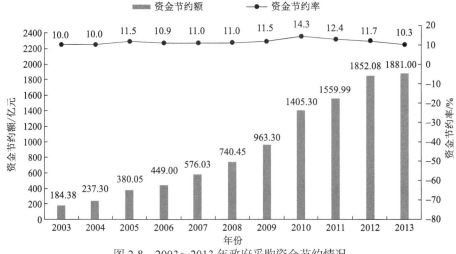

图 2-8   2003～2013 年政府采购资金节约情况

资料来源：历年《中国政府采购年鉴》

2.1.2　政府采购促进科技创新发展现状

经过多年的制度建设,我国政府采购促进科技创新政策功能体系已基本形成,覆盖了保护国内产品、支持节能环保产品及中小企业发展等功能(陈昶彧,2013)。

1. 政府采购支持本国产品初显成效

2012 年,政府采购进口产品 326.2 亿元,采购国内产品 13 561.5 亿元,分别占采购总规模的 2.35%和 97.65%(陈昶彧,2013),本国产品在政府采购份额上处于绝对优势,这受益于中央和各级财政部门对进口产品政府采购开展的比较严格的控制(陈昶彧,2013)。

2. 支持中小企业发展效果明显

自 2011 年颁发《政府采购促进中小企业发展暂行办法》并于 2012 年 1 月 1 日正式实施以来,各年政府采购授予中小企业的数据统计如图 2-9 所示。

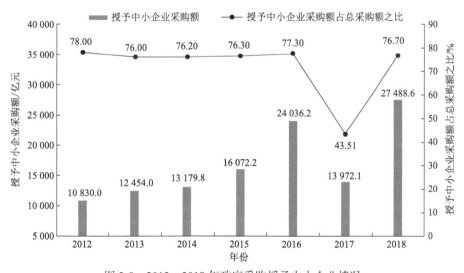

图 2-9　2012～2018 年政府采购授予中小企业情况

2018 年,政府采购授予中小企业合同金额为 27 488.6 亿元,占全国政府采购规模的 76.70%。其中,授予小微企业合同金额为 11 941.0 亿元,占授予中小企业合同金额的 43.40%。支持中小企业发展效果明显,在于各级财政部门通过鼓励中小企业积极参与政府采购市场竞争、实施评审优惠等多项措施,进一步调动了中小企业参与政府采购市场竞争的主动性;同时,通过向供应商提供投标担保、履约担保和融资担保,有效解决了试点地区供应商遇到的各种难题(陈昶彧,2013)。图 2-10 为 2012 年以来,政府采购授予小微企业情况。

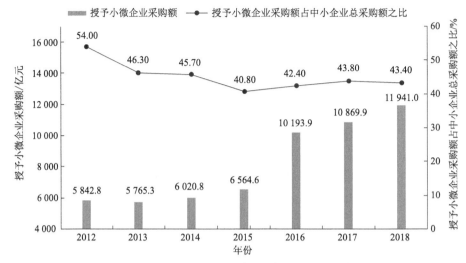

图 2-10　2012～2018 年政府采购授予小微企业情况

资料来源：中国政府采购相关新闻

　　截至 2016 年，中国企业总数为 22 579 475 家，中小企业占比约 99%。授予中小企业的总采购额逐年增加，且占比一直保持较高水平，符合客观需求。小微企业得到的采购份额有所下降，在一定程度上说明各地政府更加理性，在充分考虑物有所值的前提下，尽可能支持中小企业，而非盲目支持（陈昶昃，2013）。

　　3. 节能、环保产品采购进一步加强

　　政府采购对节能、环保产品的倾斜是国家的大政方针，财政部逐步建立了强制采购节能产品制度，不断优化节能环保清单（陈昶昃，2013）。目前，国家在节能环保产品采购上的力度很大，在中国政府采购网站搜索节能清单产品，其中 2015 年节能产品记录 329 315 条、节水产品记录 2083 条、环境标志清单产品记录 94 197 条。节能清单产品品目众多，有计算机设备、显示设备、打印设备等 36 个品目。环保清单产品品目也很多，有服务器、厢式专用汽车、医疗车、其他专用汽车、室内照明器具等 29 个品目。2015 年，财政部、环境保护部公布了第十八期节能产品政府采购清单（财政部，2015a）和第十六期环境标志产品政府采购清单（财政部，2015b）。服务器、商用开水器、扫描仪、照明光源、水泥等 5 种节能环保产品被正式新增为优先采购类产品。

　　2018 年，我国强制和优先采购环保产品金额为 1647.4 亿元，占同类产品采购规模的 90.1%，强制和优先采购节能产品金额为 1653.8 亿元，占同类产品采购规模的 90.2%（昝妍，2019），如图 2-11 所示。

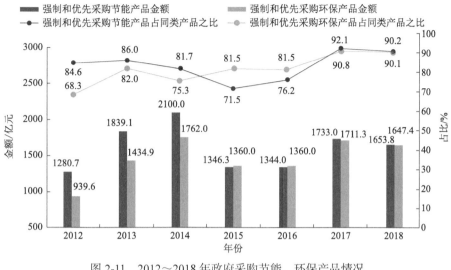

图 2-11　2012～2018 年政府采购节能、环保产品情况

资料来源：（昝妍，2019）

2.2　我国政府采购促进科技创新政策体系

2.2.1　政策体系

　　我国政府采购适用的法律主要是 1999 年发布的《招标投标法》和 2002 年发布的《政府采购法》。2004 年以后，国务院及有关部委针对政府采购促进科技创新、节能产品、首台套重大装备、中小企业发展等出台了一系列政策，特别是 2006 年国务院发布的《国家中长期科学和技术发展规划纲要（2006—2020 年）》若干配套政策首次设置了政府采购促进自主创新的政策。同年，财政部出台了《关于实施促进自主创新政府采购政策的若干意见》。随后，至 2017 年，财政部、科学技术部（简称科技部）、国家发展和改革委员会（简称国家发改委）发布了一系列关于支持自主创新产品的政策文件，初步形成了政府采购支持自主创新政策体系。我国政府采购促进科技创新的相关政策如表 2-1 所示。

表 2-1　我国政府采购促进科技创新的相关政策汇总

序号	政策名称	发文单位	发布时间	备注
1	《中华人民共和国招标投标法》（中华人民共和国主席令九届第 21 号）	全国人民代表大会常务委员会（简称全国人大常委会）	1999 年 8 月	纲领型政策
2	《中华人民共和国政府采购法》（中华人民共和国主席令第 68 号）	全国人大常委会	2002 年 6 月	纲领型政策

续表

序号	政策名称	发文单位	发布时间	备注
3	《节能产品政府采购实施意见》（财库〔2004〕185 号）	财政部、国家发改委	2004 年 12 月	
4	《关于印发〈无线局域网产品政府采购实施意见〉的通知》（财库〔2005〕366 号）	财政部、国家发改委、信息产业部	2005 年 12 月	
5	《关于实施科技规划纲要增强自主创新能力的决定》（中发〔2006〕4 号）	中共中央、国务院	2006 年 1 月	纲领型政策
6	《国务院关于印发实施〈国家中长期科学和技术发展规划纲要（2006—2020 年）〉若干配套政策的通知》（国发〔2006〕6 号）	国务院	2006 年 2 月	纲领型政策
7	《关于实施促进自主创新政府采购政策的若干意见》（财库〔2006〕47 号）	财政部	2006 年 6 月	
8	《关于环境标志产品政府采购实施的意见》（财库〔2006〕90 号）	财政部、国家环保总局	2006 年 10 月	
9	《国家自主创新产品认定管理办法（试行）》（国科发计字〔2006〕539 号）	科技部、国家发改委、财政部	2006 年 12 月	2011 年 7 月停止执行
10	《自主创新产品政府采购合同管理办法》（财库〔2007〕31 号）	财政部	2007 年 4 月	2011 年 7 月停止执行
11	《自主创新产品政府采购评审办法》（财库〔2007〕30 号）	财政部	2007 年 4 月	2011 年 7 月停止执行
12	《自主创新产品政府采购预算管理办法》（财库〔2007〕29 号）	财政部	2007 年 4 月	2011 年 7 月停止执行
13	《关于建立政府强制采购节能产品制度的通知》（国办发〔2007〕51 号）	国务院办公厅	2007 年 7 月	
14	《关于贯彻落实政府强制采购节能产品座谈会精神的通知》（财办库〔2007〕345 号）	财政部办公厅	2007 年 12 月	
15	《政府采购进口产品管理办法》（财库〔2007〕119 号）	财政部	2007 年 12 月	
16	《自主创新产品政府首购和订购管理办法》（财库〔2007〕120 号）	财政部	2007 年 12 月	
17	《首台（套）重大技术装备试验、示范项目管理办法》（发改工业〔2008〕224 号）	国家发改委、科技部、财政部、国防科学技术工业委员会	2008 年 1 月	
18	《关于政府采购进口产品管理有关问题的通知》（财办库〔2008〕248 号）	财政部办公厅	2008 年 7 月	
19	《关于进一步促进中小企业发展的若干意见》（国发〔2009〕36 号）	国务院	2009 年 9 月	纲领型政策
20	《关于〈政府采购本国产品管理办法（征求意见稿）〉公开征求意见的公告》	财政部、商务部、国家发改委、海关总署	2010 年 5 月	

序号	政策名称	发文单位	发布时间	备注
21	《关于印发中小企业划型标准规定的通知》（工信部联企业〔2011〕300号）	工业和信息化部（简称工信部）、统计局、国家发改委、财政部	2011年6月	支撑性文件
22	《关于停止执行〈自主创新产品政府采购预算管理办法〉等三个文件的通知》（财库〔2011〕85号）	财政部	2011年6月	
23	《关于开展政府采购信用担保试点工作的通知》（财库〔2011〕124号）	财政部	2011年9月	
24	《关于深入开展创新政策与提供政府采购优惠挂钩相关文件清理工作的通知》（国办发明电〔2011〕41号）	国务院办公厅	2011年11月	
25	《中华人民共和国招标投标法实施条例》（国务院令第613号）	国务院	2011年12月	纲领型政策
26	《关于印发〈政府采购促进中小企业发展暂行办法〉的通知》（财库〔2011〕181号）	财政部、工信部	2011年12月	
27	《关于进一步支持小型微型企业健康发展的意见》（国发〔2012〕14号）	国务院	2012年4月	纲领型政策
28	《关于加快发展节能环保产业的意见》（国发〔2013〕30号）	国务院	2013年8月	纲领型政策
29	《关于继续开展新能源汽车推广应用工作的通知》（财建〔2013〕551号）	财政部、科技部、工信部、国家发改委	2013年9月	纲领型政策
30	《关于加快新能源汽车推广应用的指导意见》（国办发〔2014〕35号）	国务院办公厅	2014年7月	纲领型政策
31	《中华人民共和国政府采购法实施条例》（国务院令第658号）	国务院	2015年1月	纲领型政策
32	《关于开展首台（套）重大技术装备保险补偿机制试点工作的通知》（财建〔2015〕19号）	财政部、工信部、中国保险监督管理委员会（简称保监会）	2015年2月	
33	《关于深化体制机制改革加快实施创新驱动发展战略的若干意见》（中发〔2015〕8号）	中共中央、国务院	2015年3月	纲领型政策
34	《"创业中国"中关村引领工程（2015—2020年）》（国科火字〔2015〕51号）	科技部	2015年9月	纲领型政策

2.2.2　具体措施

我国政府采购促进科技创新的政策措施主要体现在五个方面：①促进新技术新产品（服务）推广应用；②促进科技型中小企业发展；③建立支持国货与采购进口产品管理制度；④促进节能环保产业发展；⑤建立"首购首用"风险补偿机制。具体措施见表2-2。

表 2-2 我国政府采购促进科技创新具体措施汇总

支持维度	支持措施	支持范围	支持方式	适用年限	适用地区	发布时间
促进新技术新产品（服务）推广应用	首台(套)重大技术装备认定	①集机、电、自动控制技术为一体的，运用原始创新、集成创新或引进技术消化吸收再创新的，拥有自主知识产权的核心技术和自主品牌，具有显著节能和低（零）排放的特征，尚未取得市场业绩的成套装备或单机设备（周夫荣，2010）。②首台（套）重大技术装备中的成套装备总价值≥1000万元，单台设备价值≥500万元，总成或核心部件价值≥100万元（中国纺织机械器材工业协会，2011）	专家组进行首台（套）重大技术装备的认定时，应明确提出首台（套）重大技术装备的具体范围，即属于成套装备、单台设备、核心部件或总成，作为政策支持的依据	—	全国	2008 年 1 月
	中小企业认定	①结合行业特点，将中小企业划分为中型、小型、微型三种类型。②以工业企业为例：从业人员≥300 人，且营业收入≥2000 万元的为中型企业；从业人员≥20 人，且营业收入≥300 万元的为小型企业；从业人员<20 人或营业收入<300 万元的为微型企业（国家统计局，2017）	—	—	全国	2011 年 6 月
促进科技型中小企业发展	政府采购信用担保	中小企业	①试点专业担保机构应当平等对待所有参与供应商，对符合申请条件的供应商，不得以任何理由设置障碍，试点期间担保费率由双方自行商定，但融资担保综合年费率最高不得超过中国人民银行公布的同期金融机构人民币贷款基准利率的 50%；②要对政府采购中小企业供应商融资需求给予费率优惠，对同时采用投标、履约和融资担保的中小企业供应商要免收投标担保费或进一步给予费率优惠，试点期间对于小型和微型企业的政府采购项目，担保费率应当适度下调（王志福，2012）	2012～2013 年	中央和京、黑、粤等8省市	2011 年 9 月
			鼓励在政府采购活动中引入信用担保手段，为中小企业在融资、投标保证、履约保证等方面提供专业化的担保服务	—	全国	2011 年 12 月

支持维度	支持措施	支持范围	支持方式	适用年限	适用地区	发布时间
促进科技型中小企业发展	平等对待	中小企业	任何单位和个人不得阻挠和限制中小企业自由进入本地区和本行业的政府采购市场,政府采购活动不得以注册资本金、资产总额、营业收入、从业人员、利润、纳税额等供应商的规模条件对中小企业实行差别待遇或者歧视待遇(俞崇武,2012)	—	全国	2011 年 12 月
	预留份额	中小企业	①预算部门加强政府采购计划的编制工作,制定向中小企业采购的具体方案,统筹确定本部门面向中小企业采购的项目;②在满足基本需求的前提下,应当预留本部门年度政府采购项目预算总额的30%以上,专门面向中小企业采购,其中,预留给小型和微型企业的比例不低于60%(冯君,2012)	—	全国	2011 年 12 月
		小微企业	各部门应当安排不低于年度政府采购项目预算总额18%的份额专门面向小型微型企业采购(王中山,2013)	—	全国	2012 年 4 月
	评审优惠	中小企业	对非专门面向中小企业的项目,应在招标、谈判、询价文件中作出规定,对小型和微型企业产品的价格给予6%～10%的扣除,用扣除后的价格参与评审,具体扣除比例由采购人或者采购代理机构确定(财政部和工业和信息化部,2011)	—	全国	2011 年 12 月
		小微企业	政府采购评审中,对小型微型企业产品可视不同行业情况给予6%～10%价格扣除(财政部和工业和信息化部,2011)	—	全国	2012 年 4 月
	鼓励联合体采购	中小企业	①鼓励大中企业和其他自然人、法人或者其他组织与小微企业组成联合体,共同参加非专门面向中小企业的政府采购活动;②小微企业的协议合同金额占到联合体协议合同总金额≥30%,给予联合体2%～3%价格扣除;③组成联合体的成员之间不得存在投资关系(财政部和工业和信息化部,2011)	—	全国	2011 年 12 月

续表

支持维度	支持措施	支持范围	支持方式	适用年限	适用地区	发布时间
促进科技型中小企业发展	鼓励分包	中小企业	鼓励采购人允许获得政府采购合同的大型企业依法向中小企业分包,大型企业向中小企业分包的金额,计入面向中小企业采购的统计数额(财政部和工业和信息化部,2012)	—	全国	2011年12月
	款项支持	中小企业	鼓励采购人在与中小企业签订政府采购合同时,在履约保证金、付款期限、付款方式等方面给予中小企业适当支持。采购人应当按照合同约定,按时足额支付采购资金(财政部和工业和信息化部,2011)	—	全国	2011年12月
	中小企业培训	中小企业	各级财政部门和有关部门应当加大对中小企业参与政府采购的培训指导及专业化咨询服务力度,提高中小企业参与政府采购活动的能力(财政部和工业和信息化部,2011)	—	全国	2011年12月
建立支持国货与采购进口产品管理制度	无线局域网产品政府采购	无线局域网产品和含有无线局域网功能的计算机、通信设备、打印机、复印机、投影仪等产品	①应当优先采购符合国家无线局域网安全标准并通过国家产品认证的产品,其中国家有特殊信息安全要求的项目必须采购通过国家产品认证的产品;②财政部等部门从国家指定的认证机构认证的生产厂商和产品型号中确定优先采购的产品,以"无线局域网认证产品政府采购清单"形式公布;③在政府采购评审方法中,应当考虑信息安全认证因素,优先采购清单中的产品;④采用最低评标价法的采购项目,清单中的产品不是最低报价但不高于排序第一的一般产品报价一定比例的,应当将采购合同授予通过国家产品认证的投标人;⑤采用综合评标法的采购项目,应当在评审总分基础上对清单中的产品合理加分(财政部和工业和信息化部,2011)	—	全国	2005年12月

支持维度	支持措施	支持范围	支持方式	适用年限	适用地区	发布时间
	自主创新产品认定（试行）	①产品符合国家法律法规，符合国家产业技术政策和其他相关产业政策；②产品具有自主知识产权，且权益状况明确；③产品具有自主品牌；④产品创新程度高；⑤产品技术先进，在同类产品中处于国际领先水平；⑥产品质量可靠；⑦产品具有潜在的经济效益和较大的市场前景或能替代进口（科学技术部等，2006）	—	2011 年停止执行	全国	2006 年12 月
建立支持国货与采购进口产品管理制度	自主创新产品政府采购评审	纳入财政部公布的《政府采购自主创新产品目录》（以下简称《目录》）的货物和服务	①采用最低评标价法评标的项目，对自主创新产品可以在评审时对其投标价格给予5%～10%幅度不等的价格扣除。②采用综合评分法评标的项目，对自主创新产品应当增加自主创新评审因素，并给予一定幅度的加分：在价格评标项中，可以对自主创新产品给予价格评标总分值的 4%～8%幅度不等的加分；在技术评标项中，可以对自主创新产品给予技术评标总分值的 4%～8%幅度不等的加分。③采用性价比法评标的项目，对自主创新产品可增加自主创新评分因素和给予一定幅度的价格扣除，在技术评标项中增加自主创新产品评分因素；给予自主创新产品投标报价4%～8%幅度不等的价格扣除。④在满足采购需求、质量和服务相等的情况下，自主创新产品报价不高于一般产品当次报价的最低报价5%～10%的，应当确定自主创新产品供应商为成交供应商（山东省财政厅政府采购监督管理处，2010）	2011 年停止执行	全国	2006 年4 月

续表

支持维度	支持措施	支持范围	支持方式	适用年限	适用地区	发布时间
建立支持国货与采购进口产品管理制度	自主创新产品首购	①属于国家认定的自主创新产品；②符合国民经济发展要求，代表先进技术发展方向；③生产和制造供应商为在中国境内具有中国法人资格的企业、事业单位；④首次投向市场，尚未具备市场竞争力，但具有较大的市场潜力，需要重点扶持；⑤具有潜在生产能力并质量可靠；⑥符合国家法律、行政法规和政策规定（山东省财政厅政府采购监督管理处，2010）	采购人采购的产品属于首购产品类别的，采购人应当购买《目录》中列明的首购产品，将政府采购合同授予提供首购产品的供应商（山东省财政厅政府采购监督管理处，2010）	2011年停止执行	全国	2007年12月
		①属于国家需要研究开发的重大创新产品或技术，但目前尚未投入生产和使用；②产品权益状况明确，开发完成后具有自主知识产权；③创新程度高，涉及产品生产的核心技术和关键工艺，或者应用新技术原理、新设计构思，在结构、材质、工艺等方面对原有产品有根本性改进，能显著提高产品性能；或者能在国内外率先提出技术标准；④具有潜在的经济效益和较大的市场前景或能替代进口产品（山东省财政厅政府采购监督管理处，2010）	①采购人应当通过政府采购方式，面向全社会确定订购产品供应商，签订订购产品政府采购合同，确保充分竞争；②政府订购活动应当以公开招标为主要采购方式，因特殊情况需要采用公开招标以外的采购方式的，按照政府采购有关规定执行；③采购人及其委托的采购代理机构应当根据项目需求合理设定订购产品供应商资格，包括技术水平、规模、业绩、资格和资信等，不得以不合理的要求排斥和限制任何潜在的本国供应商（山东省财政厅政府采购监督管理处，2010）	2011年停止执行	全国	2007年12月
	本国货物认定	—	在国家和地方政府投资的重点工程中，国产设备采购比例一般不得低于总价值的60%，采购人应优先购买本国产品（山东省财政厅政府采购监督管理处，2010）	—	—	—

支持维度	支持措施	支持范围	支持方式	适用年限	适用地区	发布时间
建立支持国货与采购进口产品管理制度	采购进口产品管理	通过中国海关报关验放进入中国境内且产自关境外的产品	①政府采购应当采购本国产品，确需采购进口产品的，实行审核管理；②采购人采购进口产品时，必须在采购活动开始前向财政部门提出申请并获得财政部门审核同意后，才能开展采购活动；③采购人采购进口产品时，应当坚持有利于本国企业自主创新或消化吸收核心技术的原则，优先购买向我方转让技术、提供培训服务及其他补偿贸易措施的产品；④政府采购进口产品应当以公开招标为主要方式，因特殊情况需要采用公开招标以外的采购方式的，按照政府采购有关规定执行；⑤评审专家组应当由五人以上的单数组成，其中，必须包括一名法律专家，产品技术专家应当为非本单位并熟悉该产品的专家，采购人代表不得作为专家组成员参与论证。参与论证的专家不得作为同一项目的采购评审专家，原则上由采购人自行组织论证专家，专家与采购人或采购代理机构没有经济和行政隶属等关系（山东省财政厅政府采购监督管理处，2010）	—	全国	2007 年 12 月 /2008 年 7 月
促进节能环保产业发展	节能产品认定	①产品属于国家采信的节能产品认证机构认证的节能产品，节能效果明显；②产品生产批量较大，技术成熟，质量可靠；③产品具有比较健全的供应体系和良好的售后服务能力；④产品供应商符合政府采购法对政府采购供应商的条件要求（全国人民代表大会，2003）	—	—	全国	2007 年 7 月

续表

支持维度	支持措施	支持范围	支持方式	适用年限	适用地区	发布时间
促进节能环保产业发展	优先采购节能产品	节能产品政府采购清单中产品	各级国家机关、事业单位和团体组织用财政性资金进行采购的,应当优先采购节能产品,逐步淘汰低能效产品。采购属于节能清单中产品时,在技术、服务等指标同等条件下,应当优先采购节能清单所列的节能产品(全国人民代表大会, 2003)	—	全国	2004年12月
			采购单位应在政府采购招标文件(含谈判文件、询价文件)中载明对产品的节能要求、对节能产品的优惠幅度,以及评审标准和方法等,以体现优先采购的导向(全国人民代表大会, 2003)	—	全国	2007年7月
	强制采购节能产品	在优先采购的节能产品中,实行强制采购的按照以下原则:①产品具有通用性,适合集中采购,有较好的规模效益;②产品节能效果突出,效益比较显著;③产品供应商数量充足,一般不少于5家,确保产品具有充分的竞争性,采购人具有较大的选择空间(全国人民代表大会, 2003)	①对部分节能效果、性能等达到要求的产品,实行强制采购;②属于必须强制采购的,应在招标文件中明确,并在评审标准中予以充分体现;③采购招标文件不得指定特定的节能产品或供应商,不得含有倾向性或者排斥潜在供应商的内容,以达到充分竞争、择优采购的目的(全国人民代表大会, 2003)	—	全国	2007年7月
	加强组织领导和督促检查	—	加强对节能产品政府采购工作的指导,积极开展调查研究,多方听取意见,及时发现问题,研究提出对策。要督促进入优先采购和强制采购产品范围的生产企业建立健全质量保证体系,认真落实国家有关产品质量、标准、检验等要求。质检总局要加强对节能产品认证机构的监管(全国人民代表大会, 2003)	—	全国	2007年7月
	环境标志产品认定	综合考虑政府采购改革进展和环境标志产品技术及市场成熟等情况,从国家认可的环境标志产品认证机构认证的环境标志产品中,以环境标志产品政府采购清单的形式,按类别确定优先采购的范围(全国人民代表大会, 2003)	—	—	全国	2006年10月

支持维度	支持措施	支持范围	支持方式	适用年限	适用地区	发布时间
促进节能环保产业发展	优先采购环境标志产品	环境标志产品政府采购清单	各级国家机关、事业单位和团体组织用财政性资金进行采购的，要优先采购环境标志产品，不得采购危害环境及人体健康的产品。采购的产品属于清单中品目的，在同等条件下，应当优先采购清单中的产品（全国人民代表大会，2003）	—	全国	2006 年 10 月
	政府采购新能源汽车	—	政府机关、公共机构等领域车辆采购要向新能源汽车倾斜，新增或更新的公交、公务、物流、环卫车辆中新能源汽车比例不低于 30%（国务院办公厅，2014）	2013～2015 年	试点实施	2013 年 9 月
	扩大新能源汽车应用规模	—	要在城市客运以及环卫、物流、机场通勤、公安巡逻等领域加大新能源汽车推广应用力度，制定机动车更新计划，不断提高新能源汽车运营比重；新能源汽车推广应用城市新增或更新车辆中的新能源汽车比例≥30%（国务院办公厅，2014）	—	全国	2014 年 7 月
	推进使用新能源汽车	—	中央国家机关以及新能源汽车推广应用城市的政府机关及公共机构购买的新能源汽车占当年配备更新车辆总量的比例不低于 30%，以后逐年扩大应用规模（国务院办公厅，2014）	—	全国	2014 年 7 月
建立"首购首用"风险补偿机制	首台（套）重大技术装备风险补助	首台（套）重大技术装备	对首台（套）重大技术装备的成套装备、单台设备、核心部件研制或总成过程中可能出现的风险，实施单位可申请国家给予必要的风险补助，但补助数额应不高于设备平均价格的 10%（不含国防军工项目）；同时鼓励项目业主、装备制造企业联合或各自承保方式建立首台（套）重大技术装备试验、示范项目的保险机制（财政部等，2015）	—	全国	2008 年 1 月

续表

支持维度	支持措施	支持范围	支持方式	适用年限	适用地区	发布时间
建立"首购首用"风险补偿机制	首台(套)重大技术装备保险补偿	列入《首台(套)重大技术装备推广应用指导目录》的装备产品	保险公司针对重大技术装备特殊风险提供定制化的首台(套)重大技术装备综合险,承保质量和责任风险。装备制造企业投保,装备使用方受益,中央财政对符合条件的投保企业按投保费率3%的费率上限及投保年度保费的80%给予补贴,补贴时间原则上不超过3年(财政部等,2015)	—	全国	2015年2月

注:"—"表示无相关规定。

2.3 我国加入 GPA 面临的机遇与挑战

自 2007 年 12 月我国正式递交了加入 GPA 的申请书,启动加入 WTO GPA 谈判以来,已多次对出价进行修改并提交了七份出价清单(2019 年 10 月 20 日,第七次),然而谈判始终没有达成共识(赵勇和史丁莎,2014)。众所周知,加入 GPA 有利于我国公共采购法律制度的完善及公共采购市场一体化进程的推进,同时也将为我国经济社会发展带来机遇与挑战。

2.3.1 GPA 及其历史发展

1979 年 4 月,关税及贸易总协定(GATT)东京回合谈判的成果是 GPA 的前身,其宗旨是:开放政府采购市场,消除歧视进口产品和外国供应商的现象;历经多次修改,国际性的政府采购贸易的权利与义务框架最终形成并逐渐成熟(赵勇和史丁莎,2014)。GPA 的发展历程主要分为三个阶段:①1979 年 4 月,GATT 东京回合谈判成功,形成《政府采购守则》;②1987 年 2 月修订《政府采购守则》,形成了 GPA 文本(1994 年版 GPA);③2012 年 3 月发布了新文本(2012 年版 GPA)和各方新一轮出价。

2012 年版 GPA 的修改地方如下:①增加市场准入协议价值(每年 800 亿~1000 亿美元)及中小企业和可持续性等议题的一揽子工作计划等;②增加了鼓励政府采购电子手段应用有关规定;③把 GPA 职能从经济领域扩展到社会管理领域,包括新增实质性条款要求参加方政府以避免利益冲突和防止腐败的方式从事 GPA 涵盖采购活动,引入程序保障;④完善了针对加入 GPA 的发展中国家的过渡性措施（"特殊和差别待遇"）；⑤修改了附件结构，附件增加为 7 个，将货物单独作为附件 4，并将总注释纳入附件 7；⑥2012 年版 GPA 出价增加的内容包括超过 500 个新实体（包括所有参加方），超过 50 个的服务部门的货物和服务，其中包括 8 个参加方就电信服务作出承诺，3 个参加方就建设-运营-转让（BOT）合同/公共工程作出新承诺，所有参加方出价已完全纳入建筑服务类别，日本、美国等参加方降低了适用的门槛金额等（赵勇和史丁莎，2014）。

截至 2014 年，GPA 有美国、欧盟等 14 个参加方，共 41 个国家和地区签署了协议。GPA 在规范国际政府采购活动，促进政府采购电子化发展，推动公平、透明和非歧视的政府采购市场环境形成等方面发挥基础作用（赵勇和史丁莎，2014）。

2.3.2　我国 GPA 谈判面临的问题

中国在 2001 年加入 WTO 时，就对 GPA 表明了立场原则，即将以透明的方式从事采购，并按照最惠国待遇的原则，向所有外国供应商提供参与采购的平等机会，并且承诺：中国将自加入起成为 GPA 的观察员，并将尽快提交附录 1 的出价，开始加入该协议的谈判。与加入 WTO 谈判方式相同，中国加入 GPA 谈判需要与各缔约方谈判，最终以出价清单的方式商定（张堂云，2019）。表 2-3 为我国加入 GPA 的谈判历程。

表 2-3　我国加入 GPA 的谈判历程

时间	重要事项
2001 年 12 月	我国在《中国加入工作组报告书》中承诺，尽快加入 GPA
2002 年 2 月	我国提出了成为 GPA 观察员的申请，这是我国政府采购国际化进程的开端
2003 年 1 月	发布《中华人民共和国政府采购法》，我国加入 GPA 的准备工作开始
2007 年 12 月	我国首次将申请书和初步出价提交 WTO 秘书处，标志着我国加入 GPA 谈判正式启动
2010 年 7 月	我国向 WTO 提交了修改出价，即第二份出价，其中按照我国向 WTO 提交的修改思路充分考虑参加方要价，对初步出价做出实质性改进
2011 年 11 月	我国提交了加入 GPA 的第三份出价，首次开放了包括北京等 5 个省（直辖市）的地方政府采购
2012 年 11 月	我国提交第四份出价。综合性改进之处如下：①增加了货物附件，与参加方新一轮出价形式保持一致；②增列了福建、山东、广东等 3 个省，扩大了地方实体开放范围；③再次降低了工程项目门槛价，中央实体起始门槛价调到 5000 万元特别提款权，地方实体起始门槛调到 1 亿元特别提款权，以及其他调整；④删减和调整了有关例外情形
2013 年 12 月	我国向 WTO 提交了第五份出价，这一次在第四次清单的基础上作出了更多的开放和承诺，具体可以通过开放更多的省（自治区、直辖市）、更多的服务和工程项目，以及更少的例外情形等来体现

时间	重要事项
2014 年 12 月	我国向 WTO 提交了第六份出价,该次出价清单首次列入大学、医院和国有企业等实体,出价范围已与参加方的一般出价水平大体相当
2019 年 10 月	我国提交第七份出价。综合性改进之处如下:①列入军事部门,涵盖了部分国务院序列机构;地方出价由 19 个省(直辖市)增加到了 26 个省(直辖市);②新增了 2 家中央管理国有企业、14 家地方管理国有企业;③新增了 36 所地方高校;④增列了服务项目,调整了例外情形

从已提交的七份出价清单表明,我国政府为加入 GPA 作出了很大的让步:①第四次修正出价中删除与公用事业相关采购的一般性例外;②第五次修正出价中相应门槛价已接近其他 GPA 参加方,在附表二中列入 9 个省(自治区、直辖市)(2013 年度全国前十位排名之中);③第六次修正出价中列入附表三中的采购实体从之前的 8 家增加到 22 家并首次将 3 家国有企业纳入其中(王平,2015)。

然而,GPA 参加方仍不满足于我国目前的出价,谈判面临的主要问题是:①国企采购覆盖范围依然狭窄;②以 GPA 目前的出价方式,很难涵盖大型基础设施新建项目;③地方政府采购出价未覆盖所有省(自治区、直辖市),并仅限于省级政府部门而不包括下辖地、市;④政府采购推动政策目标的例外仍比较宽泛,缺乏确定性与针对性;⑤GPA 附表七中对适用期和过渡期的表述过于笼统;⑥公对公采购,即列入附表的采购实体间采购,其中的例外对开放市场影响较大;⑦服务、工程涵盖范围以及与 GPA 中附表二、附表三相对应的门槛价是否有调整空间仍值得探讨;⑧第五次修正出价的附表二附注中新增加了有关附表二地方政府实体使用中央专项资金采购工程不适用 GPA 的例外,其实际影响不明确。

2.3.3 我国加入 GPA 面临的机遇

GPA 覆盖的采购市场规模约 1.6 万亿美元。据欧盟在 2012 年的估算,欧盟采购市场价值约为 2370 亿欧元,美国为 1780 亿欧元,日本为 270 亿欧元。当然,这些数据仅代表 GPA 所能提供的采购市场机会,参加方实际获得的采购合同数值还需要进一步确定。2011 年,欧盟曾就 2007~2009 年跨国界采购占欧盟跨国经济活动比例进行过统计。若从合同价值来衡量,欧盟直接跨国采购占合同总额的 3.5%,非直接跨国采购占合同总额的 25.6%(其中 13.4%通过本地代表机构采购,0.2%通过分包采购,0.1%通过联合体竞标采购,11.9%通过经销商采购)。在直接跨国采购中,欧盟将 88%的合同授予了其他欧盟成员国公司,12%的合同授予了非欧盟国家,其中美国、加拿大、中国采购合同各占 1%左右;

在非直接跨国采购中，欧盟将 40%的合同授予了非欧盟国家（王平，2015）。而且，目前我国政府采购在未对外国供应商开放的情况下已取得了 10%左右的资金节约率，GPA 带来的额外竞争预计能进一步节省财政预算开支。同时，鉴于欧盟采购市场相对开放，预计我国加入 GPA 后，在欧盟采购市场份额中会有进一步提升的潜力（王平，2015）。

加入 GPA 将促进我国政府与社会资本合作改革。国内出台的一系列 PPP 措施及办法并不排斥境外供应商。对于此类长期合同来说，前期的物有所值评估与货比三家显得尤为重要。英国 PPP 合同通常以竞争性谈判或竞争性磋商方式确定供应商，经常遇到参与者不足的情况；有的 GPA 参加方，如韩国已经在附表中列入了交钥匙工程（PPP 的一种）。无论从现实还是从长远需要看，允许更多 GPA 参加方企业进入本土市场将有利于更好地运用市场竞争机制（黎娴，2015）。

防止腐败也将是 GPA 带来的好处之一。目前，我国对国企采购的规范缺乏确定性与有效性。在这种情况下，将一部分符合条件的国企列入 GPA 将有助于规范国企采购行为，尽管外国供应商对行贿也并非完全"免疫"，但毕竟会受到更严格的法律规管，外国供应商在参与国企采购的过程中，尤其通过供应商投诉机制可协助有关机构尽早发现腐败的蛛丝马迹（黎娴，2015）。

此外，GPA 要求统一及可预见的供应商投诉机制，目前我国规范供应商投诉机制的国家采购法律法规适用范围存在重叠。其中，《招标投标法》规定，各主管部门自行处理其相关领域内的采购投诉，那么受理供应商投诉的行政机关间的管辖权冲突很难避免，而加入 GPA 将有助于我国供应商投诉受理机制的合理化（王平，2015）。

2.3.4　我国加入 GPA 面临的挑战

尽管 GPA 给我国带来了新机遇，但由于 GPA 的游戏规则由发达国家制定，加入 GPA 将给我国政府采购法律制度、市场建设、国内企业等方面带来巨大的挑战。目前，提高国内企业的竞争力、鼓励国内企业参与国际竞争、保护国内中小企业、促进落后地区发展等依然是我国推进政府采购领域能力建设的重中之重（黎娴，2015）。

1. 完善政府采购法律体系

我国政府采购法律制度中有两部基础法律，即 2000 年 1 月 1 日生效的《招标投标法》和 2003 年 1 月 1 日生效的《政府采购法》。尽管国家部委和地方政府已颁布了不少与"两法"配套的法律法规，但与 GPA 相比，我国政府采购法律制度仍存在适用主体不明晰、客体界定不全面、涵盖范围不明确、采购程序和方式与 GPA 存在差异等问题，进而导致了市场上采购机构规避采购制度、监管机构自由裁量权过大及政策执行的可操作性不强等问题的发生。近年来，我国政府通过鼓励民间资本参与提供公共服务，利用市场竞争机制提高了公共服务的质量、效率和透明度，政府采购改革进入了一个崭新阶段。然而，限于各项政策措施各自为政，我国政府采购法律总体框架合理性仍有待加强（王平，2015）。

从欧盟采购制度改革来看，尽管其初期对政府机构和公共机构的货物采购、服务采购和工程采购逐步单独立法，欧盟很快将这些法规整合到单一的公共机构采购指引中以求简单明了、易于遵循并避免潜在的冲突。相较于欧盟，中国更需要对现行采购法律进行整合（黎娴，2015）。

此外，我国在加入 WTO 时曾承诺国企采购将只考虑商业因素，但这项承诺并未在国内法律中得以体现（王平，2015），这意味着国企采购对外国供应商开放与否，以及利用外国供应商通过采购推动国家政策目标实现这两个方面并未在国内法律中加以明确（黎娴，2015）。

2. 统一政府采购市场

我国《招标投标法》适用于建设工程项目采购，并由国家发改委总体协调，各行业主管部门负责监管。《政府采购法》适用于其他由财政拨款的（非工程）采购，由财政部总体协调，各级财政部门进行监管。同时，"两法"不适用于部分国有企业的货物和服务采购以及大多数军事采购，采购实体有很大的自由裁量权，因此我国的政府采购市场存在地区和行业分割问题。如何将分割的国内政府采购市场整合进 GPA，对我国政府来说是一个棘手的难题（王平，2015）。

3. 克服国际政府采购市场中的贸易壁垒

以往，国内企业为规避贸易壁垒，通常积极配合采购国的补偿交易要求，如在国外设厂、雇工，使用国外生产的零配件，转移技术等。加入 GPA 后，中国企业将可以在相当程度上与国外对手平等竞争，通过质量与真实价格夺标，而非以投资承诺、本地生产或转移技术等牺牲来拿到个别项目，这在一定程度上会规避主要贸易国家就政府采购市场设置的贸易壁垒。尤其是欧盟的"第三国政府采购市场准入"措施在我国加入 GPA 后，将不会对我国拓展欧盟政府采购市场产生重大影响。但美国市场的情况则不同，这主要是因为相当一部分美国政府采购市场的壁垒，如联邦资助的地方交通项目采购并未纳入 GPA 框架。我国加入 GPA 能在多大程度上改变美国政府与国会以国家安全的名义对中国公司对美出口与投资行为的限制还难以确定（黎娴，2015）。

另外，相当一部分项目还未在 GPA 的涵盖范围内，如波士顿地铁、墨西哥高铁、阿根廷核反应堆、巴基斯坦水电项目等。从这一角度来看,中国作为世界主要出口国,应尽快加入 GPA 并致力于拓宽 GPA 覆盖范围,减少排除和例外,并吸引更多参加方加入(王平,2015)。

4. 以非歧视方式在政府采购中支持国货、推动绿色采购及扶植中小企业

我国《政府采购法》包含要求政府机关和事业单位购买本国产品和服务、优先采购环保产品、强制采购节能产品、扶持中小企业等条款,这些均与 GPA 的非歧视原则相悖。而且,中国在提交的 GPA 出价清单中提出了开放采购会影响国家重大政策目标的采购个案不适用 GPA 的例外,这些例外无疑增加了谈判的难度。事实上,GPA 已就如何以非歧视的方式在政府采购中扶植中小企业制定了未来工作计划,通过适当措施促进中小企业参与政府采购,但不能采取带有歧视性(针对国外中小企业和本国大企业)的预留或加分政策,这些规则是包括欧盟在内的GPA 参加方接受范围之内的(王平,2015)。

从目前强制和优先采购节能、环保产品的措施看,相关产品采购分别占同类产品的 86%和 82%(王平,2015),政府采购节能产品清单和环境标志产品清单范围也进一步扩大了。但这种"拉清单"的方式并不符合 GPA 第十条关于采购标的技术标准应接受符合"同等"要求产品的规定。因此,我国需要将公布认定节能、环保产品的标准和颁发相应标志/名录并行,以符合 GPA 的要求(黎娴,2015)。

另外,国内保护政策将随着我国加入 GPA 后政府采购市场的开放而逐步减弱,国内企业的受扶持力度也会随之削弱。对于产业基础薄弱、整体竞争力较低、企业管理水平不高、技术创新能力不足且缺乏国际竞争经验的国内企业而言,这无疑是个巨大的挑战(黎娴,2015)。

2.4 政府采购促进科技创新的政策作用机制

2.4.1 相关研究现状

政府采购制度是规范政府采购行为、加强政府采购管理、降低政府采购成本、提高财政支出使用效率、优化公共资源配置的一项重要的公共财政支出管理制度。在科学技术和战略性新兴产业迅猛发展的新形势下,政府采购也成为世界主要国家促进科技创新的有效手段(Dalpé et al., 1992; Edler and Georghiou, 2007)。对于中国来说,政府采购对科技创新的促进作用已得到了广泛认可和普遍重视,是一项重要的科技政策(Porter, 1998)。为了进入国外政府采购市场,也为了促

进国内政府采购市场竞争和推动相关法律法规的完善（Rothwell and Gardiner，1989），我国自 2007 年 12 月开始启动加入世界贸易组织 GPA 谈判，迄今已提交七份出价清单，但谈判双方仍未就加入条件达成共识，并呈现短期内难以突破、将演变成一场旷日持久谈判的迹象。谈判面临的最主要问题是 GPA 缔约方国家对中国政府采购政策保护国内企业和支持自主创新方式的不认可。因此，研究如何改进现有政策，从而能够在遵循 GPA 的规则下，更有效地通过政府采购促进科技创新，具有重要的现实意义。

通过文献调研发现，目前关于政府采购促进科技创新的研究主要集中在以下几个方面：①政策绩效评价研究，Kestenbaum 和 Straight（1995）、艾冰和陈晓红（2008）、田仪顺（2009）与孙磊超（2014）分别从政府采购效率、灰色关联矩阵模型、绩效评价模型与协整分析的角度对政府采购促进科技创新的绩效评价进行了研究；②作用机理研究，Aschhoff 和 Sofka（2009）、Correia 等（2013）、胡卫（2004）与黄河（2007）分别从促进中小企业发展、低碳政府采购、案例分析与政策功能分析等角度对政府采购促进科技创新的作用机理进行了研究；③问题与建议研究，Siemiatycki（2006）、Lember 等（2014）、Uyarra 等（2014）、宋河发等（2011）与郭宝等（2014）分别从引入市场竞争、地方政府缺乏认识、加强信息流通、明确产品认证标准与全过程监控等角度对政府采购促进科技创新存在的问题和改进建议进行了研究；④国内外比较研究，该部分研究主要由国内学者进行，常超等（2008）、郭雯等（2011）与艾冰（2012a，2012b）均在国内外政策比较基础上总结出了对中国的启示。

综上所述，虽然国内外学者从多个角度对政府采购促进科技创新开展了研究，但关于政府采购促进科技创新的政策作用机制尚缺少系统的研究和总结，关于目前国内相关政策举措及实施效果的调研分析尚存在空白。

2.4.2 政策作用机制

典型国家政府采购促进科技创新的政策作用机制可分为以下四个方面。

（1）促进对高新技术产品的政府采购，主要通过对所认定的高新技术产品进行强制采购或在招标时引入创新指标等方式。各国主要基于自身优势产业和重点发展产业制定高新技术产品认定标准，此外往往在标准中对国内产品有所照顾，从而扶持本国相关产业发展。

（2）推动科技型中小企业的发展，主要包括预留采购份额、合同拆分、报价优惠或资金补偿、提供贷款担保或免担保等措施。如表 2-4 所示，各国在不同方式上有所侧重。

表 2-4　国外政府促进科技型中小企业发展的政府采购措施对比

具体措施	美国	英国	德国	法国	挪威	意大利	日本	韩国	澳大利亚
预留采购份额	●	●	●	●		●	●		●
合同拆分	●	●	●	●		●	●		
报价优惠或资金补偿	●								●
提供贷款担保或免担保	●								
设立专门管理机构	●	●		●		●		●	●
派驻专家或免费培训	●	●		●					
颁发能力证书	●								
建立中小企业信息系统	●	●							●
简化资格预审程序		●		●					
知识产权管理								●	
搭建信息交流平台				●		●		●	●
鼓励参与绿色采购行动	●	●	●			●	●	●	●
协助中小企业开拓国外市场							●		

资料来源：根据研究文献（黄河，2007；刘小川，2008；European Commission，2014a、2014b、2014c、2014d）和欧盟创新型政府采购平台网（https://www.innovation-procurement.org）材料整理。

（3）推动政府绿色采购，促进节能环保产业的发展，主要包括制定绿色产品清单、设置最低绿色采购份额、建立专门的绿色政府采购机构、制定国家级的绿色采购行动计划等方式。

（4）促进政府采购国货，对政府采购进口产品进行管理。其中，前者包括设置国货最低采购份额、制定国货强制采购规定等方式，张静中等（2007）分析发现，GPA 缔约方也会对未纳入开放范围的采购项目以及对非 GPA 成员采取上述方式，同时还采取限制开放政府采购实体、在 GPA 附件中设置例外条款等方式来支持国货采购；后者主要包括对进口产品供应商进行限制（包括设置较高的竞标门槛和竞标成本、提高关税等）、对政府采购进口产品进行审核等方法。

通过对国家层面及典型地区的政府采购政策及举措进行梳理发现，我国对上述政策作用机制多有借鉴，四个方面措施均有所采用。此外，为了解决因认定的首台（套）重大技术装备或新技术新产品（服务）存在使用风险导致采购意愿不强的问题，我国还创造性地提出了"首购首用"风险补偿机制，即对采购首台（套）重大技术装备或新技术新产品（服务）的政府采购部门进行风险补贴和保险费资助。

对应我国政府采购促进科技创新政策的五个方面，我们进一步分析政府采购促进科技创新的五个维度的作用机制，各维度又包含多项具体支持措施，整体政策作用机制如图 2-12 所示。

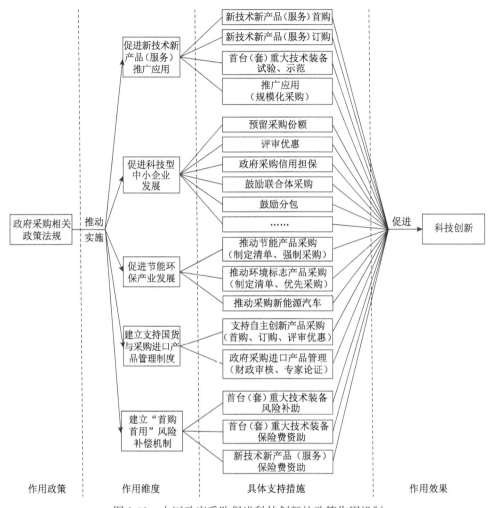

图 2-12 中国政府采购促进科技创新的政策作用机制

　　为推动实施"提高自主创新能力,建设创新型国家"的发展战略,贯彻落实国务院配套政策,从 2006 年底至 2007 年,科技部、国家发改委和财政部牵头发布了一系列关于支持自主创新产品的政策文件,初步形成了政府采购支持自主创新政策体系,引起了欧美等国政府的广泛关注。2009 年 10 月,《科技部 国家发展改革委 财政部关于开展 2009 年国家自主创新产品认定工作的通知》的发布标志着国家层面政府采购支持自主创新产品政策的正式实施,随后该部分措施因具有明显的自我保护倾向而遭到外国政府及在华跨国企业以 GPA 为由的指责与打压(黄河,2006)。我国政府为了平衡各方关系,营造良好的国际环境,同时迫于 GPA 谈判的压力,于 2011 年 7 月起停止执行国家层面有关支持自主创新产品政府采购政策文件,并于 2011 年 11 月和 2016 年 11 月要求各省市对自主创新产品政府采购扶持政策进行全面清理。这种"一刀切"地取消自主创新产品政府采购扶持政策的做法是在特定环境下的无奈之举，但这并不意味着我国政府采购不能支持国货和创新产品（Edler and Georghiou，2007）。实际上，世界各国家和地区包括 GPA 缔约方均采取了多项措施来支持政府采购本国货物。通过对国外做法的借鉴以及对 GPA 条款认真细致的分析，我们认为，今后我国仍可以出台符合 GPA 规定的政策举措以促进政府采购国货和创新产品，服务创新驱动发展战略。

第 3 章

我国政府采购促进科技创新的法规现状与改进建议

针对政府采购促进科技创新相关法律法规，本章主要从国家层面分析相关法律、行政法规和部门规章，兼顾若干代表性的地方法律、规章以及非法律性质的规范性文件。

3.1 我国政府采购促进科技创新的法律体系

政府采购促进科技创新的各类法律法规制定主体是全国人民代表大会、地方人民代表大会、国务院，部门规章和地方政府规章的制定主体分别是国务院各部委及各地方政府。法律法规和规章均属于《中华人民共和国立法法》规制的范畴。

3.1.1 相关法律

自 2003 年 1 月 1 日《政府采购法》施行后，我国政府采购相关法律不断完善，逐步发展成为以《政府采购法》及其实施条例为指导、若干部门规章为配套的法律体系。

在政府采购促进科技创新方面，也同样分为上位法、下位法和同位法。在政府采购促进科技创新方面，涉及上位法的法律主要是《招标投标法》和《政府采购法》。

3.1.1.1　相关上位法

我国在政府采购方面的第一部规章是《政府采购管理暂行办法》，由财政部于 1999 年 4 月通过。1999 年，全国人大常委会通过了《招标投标法》。2002年 6 月，《政府采购法》正式发布。此法案通过借鉴国外政府采购的相关经验以及结合我国的实际情况而制定，为政府采购提供了支持和依据，同时也是我国第一部具有全国意义的政府采购法律法规。该法案自 2003 年 1 月 1 日起生效，第十二届全国人大常委会于 2014 年 8 月 31 日对其进行了修订。《招标投标法》和《政府采购法》共同构成了国家在政府采购促进科技创新方面的上位法，如表 3-1 所示。

表 3-1　政府采购促进科技创新相关上位法

序号	法律名称	发文单位	发布时间	法效位阶
1	《中华人民共和国招标投标法》（中华人民共和国主席令第 86 号）	第九届全国人民代表大会常务委员会	1999 年 8 月发布；2017 年 12 月修订	上位法
2	《中华人民共和国政府采购法》（中华人民共和国主席令第 68 号）	第九届全国人民代表大会常务委员会	2002 年 6 月发布；2014 年 8 月修订	上位法

3.1.1.2　相关同位法

1. 相关同位法汇总

相关同位法中与政府采购相关的条款在执行过程中，对促进科技创新也起到了一定的作用，如《中华人民共和国节约能源法》（简称《节约能源法》）、《中小企业促进法》等，它们共同构成了国家在政府采购促进科技创新方面的同位法，如表 3-2 所示。

表 3-2　政府采购促进科技创新相关同位法

序号	法律名称	发文单位	发布时间	法效位阶
1	《中华人民共和国中小企业促进法》（中华人民共和国主席令第 69 号）	全国人大常委会	2002 年 6 月	同位法
2	《中华人民共和国节约能源法》（中华人民共和国主席令第 48 号）	全国人大常委会	1997 年 11 月发布；2016 年 7 月修订	同位法
3	《中华人民共和国预算法》（中华人民共和国主席令第 21 号，简称《预算法》）	全国人大常委会	1994 年 3 月发布；2014 年 8 月修订	同位法
4	《中华人民共和国环境保护法》（中华人民共和国主席令第 22 号，简称《环境保护法》）	全国人大常委会	1989 年 12 月发布；2014 年 4 月修订	同位法

续表

序号	法律名称	发文单位	发布时间	法效位阶
5	《中华人民共和国促进科技成果转化法》 （中华人民共和国主席令第 32 号）	全国人大常委会	1996 年 5 月发布； 2015 年 8 月修订	同位法
6	《中华人民共和国科学技术进步法》 （中华人民共和国主席令第 82 号，简称 《科技进步法》）	全国人大常委会	1993 年 7 月发布； 2007 年 12 月修订	同位法

2. 相关同位法与政府采购法条款对应关系分析

1）《预算法》

《政府采购法》第二十七条规定，"采购人采购货物或者服务应当采用公开招标方式的，其具体数额标准，属于中央预算的政府采购项目，由国务院规定；属于地方预算的政府采购项目，由省、自治区、直辖市人民政府规定；因特殊情况需要采用公开招标以外的采购方式的，应当在采购活动开始前获得设区的市、自治州以上人民政府采购监督管理部门的批准"；《政府采购法》第三十三条规定，"负有编制部门预算职责的部门在编制下一财政年度部门预算时，应当将该财政年度政府采购的项目及资金预算列出，报本级财政部门汇总。部门预算的审批，按预算管理权限和程序进行"。由此可见，政府采购活动受《预算法》的约束。

《预算法》第十四条规定，"各级政府、各部门、各单位应当将政府采购的情况及时向社会公开"。《预算法》第三十二条对编制预算的出发点，即需要，进行了界定："各级预算应当根据年度经济社会发展目标、国家宏观调控总体要求和跨年度预算平衡的需要……"促进科技创新的发展需要是国家战略，包含于"经济社会发展目标"；同时，《预算法》也提到了政府采购活动中的一个环节，即跨年度预算。现实工作中，存在政府采购项目的实施不能在一个核算年度内完成，需要跨年度，有时还会跨多个年度的情况。在编制预算时，跨年度预算是比较困难的。《预算法》提出了明确的支持，虽然对跨年度预算编制并未给出明确的原则和操作方法，但可以在具体的实施细则中得到进一步的体现。

使用财政性资金来参与政府采购的单位组织需要按照《预算法》编制预算。《预算法》第十三条规定，"经人民代表大会批准的预算，非经法定程序，不得调整。各级政府、各部门、各单位的支出必须以经批准的预算为依据，未列入预算的不得支出"。如果在政府采购的预算执行过程中，《预算法》应该对有突出表现或绩效考核优异的单位或组织予以明确支持及激励，一种常见的财政手段就是支持增加来年的预算额度、灵活支持调增预算等。对执行财政预算及促进科技创新法律法规与政策的政府采购组织执行正常的预算调整手续，可以制定灵活的执行程序规定。

2)《中小企业促进法》及相关部门规章

《中小企业促进法》第十五条规定，"各金融机构应当对中小企业提供金融支持，努力改进金融服务，转变服务作风，增强服务意识，提高服务质量"。基于本规定，中小企业在参与政府采购活动中，可以享受一定的金融优惠或服务。《国务院关于进一步促进中小企业发展的若干意见》（国发〔2009〕36 号）也针对性地提出"切实缓解中小企业融资困难"的具体条款要求。2017 年 5 月，笔者赴深圳市调研，发现深圳市在实施一项有效的新政策：政府采购活动中，中小企业如果中标，可以依据订单向选定的金融机构申请低息贷款，订单完成之后按期还款。这有效解决了中小企业融资难的问题，实现中小企业、银行、采购方三赢的局面。

《中小企业促进法》第三十四条规定，"政府采购应当优先安排向中小企业购买商品或者服务"，但对中小企业的优惠扶持方式并未明确规定。财政部制定的《政府采购促进中小企业发展暂行办法》、国家发改委制定的《国务院关于进一步促进中小企业发展的若干意见》（国发〔2009〕36 号）对《中小企业促进法》第三十四条进行了补充完善。

《国务院关于进一步促进中小企业发展的若干意见》（国发〔2009〕36 号）第一条明确提出"一、进一步营造有利于中小企业发展的良好环境"的第二款规定："制定政府采购扶持中小企业发展的具体办法，提高采购中小企业货物、工程和服务的比例"；《政府采购促进中小企业发展暂行办法》中第三条至第十一条分别对参与政府采购活动中的中小企业的准入门槛、预留份额、投标价格优惠、联合竞标价格扣除、转包、信用担保、服务支持等政策要求做了细致而明确的规定。

总体上，政府采购促进中小企业科技创新方面的法律法规政策在执行方面的效果是最好的，社会各界的好评也最高。

3)《节约能源法》

《节约能源法》于 1997 年 11 月 1 日第八届全国人民代表大会常务委员会第二十八次会议上通过，2016 年 7 月进行了修订。其第五十一条规定，"公共机构采购用能产品、设备，应当优先采购列入节能产品、设备政府采购名录中的产品、设备。禁止采购国家明令淘汰的用能产品、设备。节能产品、设备政府采购名录由省级以上人民政府的政府采购监督管理部门会同同级有关部门制定并公布"；第六十四条规定，"政府采购监督管理部门会同有关部门制定节能产品、设备政府采购名录，应当优先列入取得节能产品认证证书的产品、设备"。

《节约能源法》第八十一条规定，"公共机构采购用能产品、设备，未优先采购列入节能产品、设备政府采购名录中的产品、设备，或者采购国家明令淘汰的用能产品、设备的，由政府采购监督管理部门给予警告，可以并处罚款；对直接负责的主管人员和其他直接责任人员依法给予处分，并予通报"，明确提出不切实执行《节约能源法》的处罚等级及方式。

4）《环境保护法》

1989 年 12 月制定、2014 年 4 月修订的《环境保护法》也作出了一些规定，如第二十一条规定，"国家采取财政、税收、价格、政府采购等方面的政策和措施，鼓励和支持环境保护技术装备、资源综合利用和环境服务等环境保护产业的发展"；第二十二条规定，"企业事业单位和其他生产经营者，在污染物排放符合法定要求的基础上，进一步减少污染物排放的，人民政府应当依法采取财政、税收、价格、政府采购等方面的政策和措施予以鼓励和支持"；第三十六条规定，"国家机关和使用财政资金的其他组织应当优先采购和使用节能、节水、节材等有利于保护环境的产品、设备和设施"，明确鼓励支持政府采购节能减排、环保、资源节约的产品。

5）《促进科技成果转化法》

1996 年 5 月 15 日发布的《促进科技成果转化法》，于 2015 年 8 月 29 日被修订并重新发布，其中第五条规定，"国务院和地方各级人民政府应当加强科技、财政、投资、税收、人才、产业、金融、政府采购、军民融合等政策协同，为科技成果转化创造良好环境"，提出政府采购是促进科技成果转化的实施途径之一。

《促进科技成果转化法》第十二条提出，对六大类科技成果转化项目，国家通过政府采购等方式予以支持，涉及新兴产业、安全领域、节能环保、公共民生、促进农村和落后地区发展等。

6）《科技进步法》

《科技进步法》第九条规定，"国家加大财政性资金投入，并制定产业、税收、金融、政府采购等政策，鼓励、引导社会资金投入，推动全社会科学技术研究开发经费持续稳定增长"，即明确提出，运用政府采购政策促进科技创新；第二十二条规定，"国家鼓励根据国家的产业政策和技术政策引进国外先进技术、装备。利用财政性资金和国有资本引进重大技术、装备的，应当进行技术消化、吸收和再创新"，即明确提出，政府采购国外技术、装备，要"消化、吸收和再创新"，以促进国内的科技创新；第二十五条规定，"对境内公民、法人或者其他组织自主创新的产品、服务或者国家需要重点扶持的产品、服务，在性能、技术等指标能够满足政府采购需求的条件下，政府采购应当购买；首次投放市场的，政府采购应当率先购买。政府采购的产品尚待研究开发的，采购人应当运用招标方式确定科学技术研究开发机构、高等学校或者企业进行研究开发，并予以订购"。该条款明确提出新技术、新产品、新服务的政府采购支持方式，目前地方政府推行的首购、订购、远期订购等政策可以从该条款中找到制定依据。

3. 约束性关系的综合分析

1）《预算法》与《政府采购法》的关系

《预算法》与《政府采购法》中关于预算管理的规定是对应一致的，《政府采购法》中的预算管理要受《预算法》的约束。2018 年版的《预算法》中新规定了关于跨年度的预算管理，较旧版本的规定更加明确。

2）《节约能源法》、《环境保护法》与《政府采购法》的关系

《政府采购法》中涉及节能环保、资源利用等产品与服务的政府采购时，受《节约能源法》《环境保护法》的约束，尤其是针对节能环保、资源保护等方面的产品，该法规有相应的鼓励和支持性的表述。但是，针对如何促进节能环保产业发展，以上三个法律文件都没有明确具体的措施，国家层面的《政府采购法实施条例》及《中华人民共和国招标投标法实施条例》（简称《招标投标法实施条例》）中也没有明确的规定，只有部分省（自治区、直辖市）有相应的政策措施。

3）《中小企业促进法》、《促进科技成果转化法》、《科技进步法》与《政府采购法》的关系

《政府采购法》涉及的促进新技术新产品（服务）推广应用、促进科技型中小企业发展、建立"首购首用"风险补偿机制以及建立支持国货与采购进口产品管理制度等内容与《中小企业促进法》《促进科技成果转化法》《科技进步法》这三个法律文件密切相关。《政府采购法》是《中小企业促进法》《促进科技成果转化法》《科技进步法》政策落实的重要手段或途径之一，政府采购中通过采购新技术、新产品、新服务，间接地促进了科技成果转化，推动了社会的科技进步；通过采购中小企业的新技术、新产品、新服务，间接扶持了中小企业的发展；通过采购国货，间接地拉动了内需，促进了国内企业的发展。

3.1.2　行政法规和地方性法规

1. 行政法规

《政府采购法》比较全面地对我国政府采购制度的建立以及政府采购工作进行了规定，但主要是框架性和原则性的，必须准确把握其精神和具体含义才能正确地贯彻实施。为了更好地明确相关采购条例，使采购过程和程序清晰明了，规范采购人员采购行为，以及为了更好地节约资源、减少政府财政不必要的支出，国务院制定了《政府采购法实施条例》和《招标投标法实施条例》等行政法规来规范采购程序，使得法律条文更加清楚明晰，法律条文执行程序更加明确规范化等。政府采购促进科技创新的国家层面有关行政法规如表 3-3 所示。

表 3-3　政府采购促进科技创新的国家层面有关行政法规

序号	法规名称	发文单位	发布时间
1	《中华人民共和国政府采购法实施条例》（国务院令第 658 号）	国务院	2015 年 1 月
2	《中华人民共和国招标投标法实施条例》（国务院令第 613 号）	国务院	2017 年 3 月修订
3	《关于实施科技规划纲要增强自主创新能力的决定》（中发〔2006〕4 号）	中共中央、国务院	2006 年 1 月
4	《关于印发实施〈国家中长期科学和技术发展规划纲要（2006—2020 年）〉若干配套政策的通知》（国发〔2006〕6 号）	国务院	2006 年 2 月
5	《关于进一步促进中小企业发展的若干意见》（国发〔2009〕36 号）	国务院	2009 年 9 月
6	《关于进一步支持小型微型企业健康发展的意见》（国发〔2012〕14 号）	国务院	2012 年 4 月
7	《关于加快发展节能环保产业的意见》（国发〔2013〕30 号）	国务院	2013 年 8 月
8	《关于深化体制机制改革加快实施创新驱动发展战略的若干意见》（中发〔2015〕8 号）	中共中央、国务院	2015 年 3 月
9	《中华人民共和国国民经济和社会发展第十三个五年规划纲要》	中共中央、国务院	2016 年 3 月
10	《国务院关于印发实施〈中华人民共和国促进科技成果转化法〉若干规定的通知》（国发〔2016〕16 号）	国务院	2016 年 2 月
11	《国家创新驱动发展战略纲要》	中共中央、国务院	2016 年 5 月
12	《"十三五"国家科技创新规划》（国发〔2016〕43 号）	国务院	2016 年 7 月
13	《国务院关于印发"十三五"国家战略性新兴产业发展规划的通知》（国发〔2016〕67 号）	国务院	2016 年 11 月

　　《政府采购法实施条例》和《招标投标法实施条例》是国务院制定的行政法规，属于国家层面的政府令，同时条例具有法律效力，是根据宪法和法律制定的，是从属于法律的规范性文件，有一定的严肃性和强制性。事关政府采购促进科技创新的国家层面的立法问题，因此本书将《政府采购法实施条例》和《招标投标法实施条例》与《政府采购法》和《招标投标法》一起作为重点研究对象进行分析。

　　2. 地方性法规

　　我们在研究过程中，对广东省财政厅政府采购的相关部门以及深圳市政府采购中心进行了深入走访调研，收集、了解了政府采购促进科技创新的政策、经验做法及实施效果，获得了广东省及深圳市在政府采购促进科技创新方面的立法情况。表 3-4 为广东省政府采购促进科技创新有关地方性法规，表 3-5 为深圳市政府采购促进科技创新有关地方性法规。

表 3-4　广东省政府采购促进科技创新有关地方性法规

序号	法规名称	发文单位	发布时间
1	《广东省促进中小企业发展条例》（广东省第十届人民代表大会常务委员会公告第 82 号）	广东省人大常委会	2007 年 9 月
2	《广东省实施〈中华人民共和国政府采购法〉办法》（广东省第十一届人民代表大会常务委员会公告第 12 号）	广东省人大常委会	2009 年 11 月
3	《关于修改〈广东省自主创新促进条例〉的决定》（第 53 号公告）	广东省人大常委会	2016 年 3 月
4	《广东省环境保护条例》（广东省第十二届人民代表大会常务委员会公告第 29 号）	广东省人大常委会	2015 年 1 月修订
5	《广东省实施〈中华人民共和国循环经济促进法〉办法》（广东省第十一届人民代表大会常务委员会公告第 96 号）	广东省人大常委会	2013 年 1 月
6	《广东省专利条例》（广东省第十一届人民代表大会常务委员会公告第 53 号）	广东省人大常委会	2010 年 9 月
7	《广东省节约能源条例》（广东省第十一届人民代表大会常务委员会公告第 37 号）	广东省人大常委会	2010 年 3 月
8	《广东省实施〈中华人民共和国招标投标法〉办法》（广东省第十届人民代表大会常务委员会公告第 3 号）	广东省人大常委会	2003 年 4 月

表 3-5　深圳市政府采购促进科技创新有关地方性法规

序号	法规名称	发文单位	发布时间
1	《深圳经济特区环境保护条例》（深圳市第六届人民代表大会常务委员会公告第 59 号）	深圳市人大常委会	1994 年 9 月发布；2017 年 5 月修订
2	《深圳经济特区政府采购条例》（深圳市第五届人民代表大会常务委员会公告第 67 号）	深圳市人大常委会	1998 年 10 月发布；2012 年 2 月修订
3	《深圳经济特区循环经济促进条例》（深圳市第四届人民代表大会常务委员会公告第 18 号）	深圳市人大常委会	2006 年 3 月
4	《深圳经济特区中医药条例》（深圳市第四届人民代表大会常务委员会公告第 128 号）	深圳市人大常委会	2010 年 4 月
5	《深圳经济特区中小企业发展促进条例》（深圳市第五届人民代表大会常务委员会公告第 13 号）	深圳市人大常委会	2010 年 8 月
6	《深圳经济特区加快经济发展方式转变促进条例》（深圳市第五届人民代表大会常务委员会公告第 21 号）	深圳市人大常委会	2010 年 12 月
7	《深圳经济特区医疗条例》（深圳市第六届人民代表大会常务委员会公告第 35 号）	深圳市人大常委会	2016 年 8 月

3.1.3　部门规章

国务院各部委在执行政府采购法律法规或其他法律法规而涉及政府采购相关

事宜的时候，针对各自管辖领域或行业的特定问题，制定或进行部委间沟通后联合制定了一些相关的规章制度，这些以"条例""办法"等形式出现的规章制度如表 3-6 所示。

表 3-6　政府采购促进科技创新的有关部门规章

序号	规章名称	发文单位	发布时间
1	《政府采购货物和服务招标投标管理办法》(中华人民共和国财政部令 2017 第 18 号)	财政部	2017 年 7 月修订
2	《节能产品政府采购实施意见》(财库〔2004〕185 号)	财政部、国家发改委	2004 年 12 月
3	《关于印发〈无线局域网产品政府采购实施意见〉的通知》(财库〔2005〕366 号)	财政部、国家发改委、信息产业部	2005 年 12 月
4	《关于实施促进自主创新政府采购政策的若干意见》(财库〔2006〕47 号)	财政部	2006 年 6 月
5	《关于环境标志产品政府采购实施的意见》(财库〔2006〕90 号)	财政部、国家环保总局	2006 年 10 月
6	《关于建立政府强制采购节能产品制度的通知》(国办发〔2007〕51 号)	国务院办公厅	2007 年 7 月
7	《关于贯彻落实政府强制采购节能产品座谈会精神的通知》(财办库〔2007〕345 号)	财政部办公厅	2007 年 12 月
8	《政府采购进口产品管理办法》(财库〔2007〕119 号)	财政部	2007 年 12 月
9	《自主创新产品政府首购和订购管理办法》(财库〔2007〕120 号)	财政部	2007 年 12 月
10	《首台(套)重大技术装备试验、示范项目管理办法》(发改工业〔2008〕224 号)	国家发改委、科技部、财政部、国防科学技术工业委员会	2008 年 1 月
11	《关于政府采购进口产品管理有关问题的通知》(财办库〔2008〕248 号)	财政部办公厅	2008 年 7 月
12	《关于〈政府采购本国产品管理办法(征求意见稿)〉公开征求意见的公告》	财政部、商务部、国家发改委、海关总署	2010 年 5 月
13	《关于印发中小企业划型标准规定的通知》(工信部联企业〔2011〕300 号)	工信部、统计局、国家发改委、财政部	2011 年 6 月
14	《关于开展政府采购信用担保试点工作的通知》(财库〔2011〕124 号)	财政部	2011 年 9 月
15	《关于深入开展创新政策与提供政府采购优惠挂钩相关文件清理工作的通知》(国办发明电〔2011〕41 号)	国务院办公厅	2011 年 11 月
16	《关于印发〈政府采购促进中小企业发展暂行办法〉的通知》(财库〔2011〕181 号)	财政部、工信部	2011 年 12 月
17	《关于继续开展新能源汽车推广应用工作的通知》(财建〔2013〕551 号)	财政部、科技部、工信部、国家发改委	2013 年 9 月

续表

序号	规章名称	发文单位	发布时间
18	《政府采购非招标采购方式管理办法》 （中华人民共和国财政部令 2013 第 74 号）	财政部	2013 年 12 月
19	《关于加快新能源汽车推广应用的指导意见》 （国办发〔2014〕35 号）	国务院办公厅	2014 年 7 月
20	《政府采购竞争性磋商采购方式管理暂行办法》 （财库〔2014〕214 号）	财政部	2014 年 12 月
21	《政府和社会资本合作项目政府采购管理办法》 （财库〔2014〕215 号）	财政部	2014 年 12 月
22	《关于开展首台（套）重大技术装备保险补偿机制试点工作的 通知》（财建〔2015〕19 号）	财政部、工信部、 保监会	2015 年 2 月
23	《财政部关于政府采购竞争性磋商采购方式管理暂行办法有关 问题的补充通知》（财库〔2015〕124 号）	财政部	2015 年 7 月
24	《"创业中国"中关村引领工程（2015—2020 年）》 （国科火字〔2015〕51 号）	科技部	2015 年 9 月
25	《农业部政府采购管理办法》（农财发〔2017〕4 号）	农业部	2017 年 3 月修订
26	《政务信息系统政府采购管理暂行办法》（财库〔2017〕210 号）	财政部	2017 年 12 月
27	《关于调整公布第二十一期环境标志产品政府采购清单的通 知》（财库〔2018〕19 号）	财政部、环境保护部	2018 年 1 月
28	《关于调整公布第二十三期节能产品政府采购清单的通知》 （财库〔2018〕17 号）	财政部、国家发改委	2018 年 1 月

注：自 2006 年起，每年财政部、环境保护部（现生态环境部）均会联合调整公布 1~2 期环境标志产品政府
采购清单。自 2004 年起，每年财政部、国家发改委会联合调整公布 1~2 期节能产品政府采购清单。在当期清单
发布之后开展的政府采购活动，应执行当期环保清单或节能产品清单；在当期清单发布之前已经开展但尚未进入
评审环节的政府采购活动，应按照采购文件的约定执行上期或本期清单。采购文件未约定的，可同时执行上期和
本期清单。

　　总体来看，表 3-6 中的有关规章基本上都是国务院各部委对《政府采购法》
的执行制定的进一步行动准则和指导方略，关于《招标投标法》的规章较少。
　　部门规章与地方性法规的制定机构属于同一个行政级别。针对同一事项进行
规章或法规制定而出现不一致的情况，国家相关法规做出了具体规定。《中华人
民共和国立法法》第九十五条第二款规定：地方性法规与部门规章之间在对同一
事项的规定不一致，不能确定如何适用时，由国务院提出意见；国务院认为应当
适用地方性法规的，应当决定在该地方适用地方性法规；国务院认为应当适用部
门规章的，应当提请全国人民代表大会常务委员会裁决（康前，2019）。因此，
根据上述规定，如果发现地方性法规与部门规章之间不一致，应当由部门报告国
务院，由国务院提出意见。

3.1.4 地方规章

本小节仍以广东省和深圳市为例，说明在政府采购促进科技创新方面的地方规章的制定情况，如表 3-7、表 3-8 所示。

表 3-7 广东省政府采购促进科技创新有关地方规章

序号	规章名称	发文单位	发布时间
1	《印发〈佛山市发挥政府采购政策功能促进中小企业发展工作措施〉的通知》	佛山市人民政府办公室	2010 年 5 月
2	《印发〈广东省推广使用 LED 照明产品实施方案〉的通知》（粤府函〔2012〕113 号）	广东省人民政府	2012 年 5 月
3	《关于加快科技创新的若干政策意见》（粤府〔2015〕1 号）	广东省人民政府	2015 年 2 月

表 3-8 深圳市政府采购促进科技创新有关地方规章

序号	规章名称	发文单位	发布时间
1	《中共深圳市委 深圳市人民政府关于实施自主创新战略建设国家创新型城市的决定》（深发〔2006〕1 号）	深圳市委、市人民政府	2006 年 1 月
2	《深圳市人民政府关于印发〈深圳市新能源汽车推广应用若干政策措施〉的通知》（深府〔2015〕2 号）	深圳市人民政府	2015 年 1 月

3.1.5 地方规范性文件

本小节仍以广东省和深圳市为例，说明在政府采购促进科技创新方面的地方规范性文件的制定情况，如表 3-9、表 3-10 所示。

表 3-9 广东省政府采购促进科技创新有关地方规范性文件

序号	政策名称	发文单位	发布时间	备注
1	《关于做好节能、环保产品的政府采购评审与监督工作的通知》（韶财采购〔2008〕12 号）	韶关市财政局	2008 年 10 月	地区性
2	《广东省政府采购信用担保试点实施方案》（粤财采购〔2011〕15 号）	广东省财政厅	2011 年 12 月	仅限广州、东莞
3	《关于发布 2012 版广东省 LED 照明标杆体系管理规范及实施产品评定的通知》（粤半导体光源协标杆字〔2012〕2 号）	广东省半导体光源产业协会	2012 年 8 月	
4	《关于政府采购促进中小企业发展的意见》（江财采购〔2013〕36 号）	江门市财政局、经济和信息化局	2013 年 4 月	地区性
5	《关于进一步推进政府采购信用担保试点工作的通知》（粤财采购〔2013〕15 号）	广东省财政厅	2013 年 7 月	仅限广州、东莞
6	《珠海市政府采购促进中小企业发展办法（试行）》（珠财采通〔2013〕3 号）	珠海市财政局	2013 年 10 月	地区性

续表

序号	政策名称	发文单位	发布时间	备注
7	《关于促进节能环保产业发展的意见》（粤府办〔2014〕41 号）	广东省政府办公厅	2014 年 7 月	
8	《关于创新产品与服务远期约定政府购买的试行办法》（粤财教〔2015〕91 号）	广东省财政厅、科学技术厅（简称科技厅）	2015 年 5 月	
9	《关于征集创新产品与服务远期约定政府购买需求的通知》（粤科函高字〔2015〕1352 号）	广东省科技厅	2015 年 9 月	
10	《关于征集广东省第一批远期创新产品与服务的通知》（粤科函高字〔2015〕1526 号）	广东省科技厅	2015 年 10 月	
11	《关于进一步深化政府采购管理制度改革的意见》（粤办函〔2015〕532 号）	广东省政府办公厅	2015 年 11 月	
12	《关于印发〈广东省 2017 年政府集中采购目录及采购限额标准〉的通知》（粤财采购〔2016〕7 号）	广东省财政厅	2016 年 8 月	
13	《关于印发〈广东省省级 2017 年集中采购机构采购项目实施方案〉的通知》（粤财采购〔2016〕10 号）	广东省财政厅	2016 年 9 月	
14	《关于进一步完善扶持珠江西岸先进装备制造业发展财政政策措施的通知》（粤财工〔2016〕362 号）	广东省财政厅、经济和信息化委员会（简称经信委）	2016 年 11 月	

表 3-10　深圳市政府采购促进科技创新有关地方规范性文件

序号	政策名称	发文单位	发布时间
1	《关于印发〈深圳市实施财政部《政府采购进口产品管理办法》若干意见〉的通知》（深财购〔2009〕5 号）	深圳市财政局、发展和改革局	2009 年 3 月
2	《深圳市财政委员会 深圳市发展和改革委员会关于印发〈深圳市政府采购循环经济产品（服务）目录〉（第一批）的通知》（深财购〔2013〕31 号）	深圳市财政委员会（简称深圳市财政委）、发改委	2013 年 12 月
3	《深圳市财政委员会 深圳市卫生和计划生育委员会关于印发〈2014 年深圳市政府采购医疗设备控制类进口产品目录〉和〈2014 年深圳市政府采购医疗设备允许类进口产品目录〉的通知》（深财购〔2014〕8 号）	深圳市财政委、卫生和计划生育委员会（简称卫计委）	2014 年 2 月
4	《深圳市财政委员会关于进一步改进政府采购进口产品管理有关事项的通知》（深财购〔2014〕26 号）	深圳市财政委	2014 年 7 月
5	《深圳市人民政府办公厅印发深圳市新能源汽车发展工作方案的通知》（深府办函〔2015〕6 号）	深圳市政府办公厅	2015 年 1 月
6	《关于深圳市开展首台（套）重大技术装备保险补偿机制试点工作的通知》（深经贸信息新兴字〔2015〕13 号）	深圳市经信委	2015 年 3 月

序号	政策名称	发文单位	发布时间
7	《深圳市财政委员会关于支持创新 提高效率加大对高等院校和科研机构政府采购政策扶持的通知》(深财购〔2016〕22 号)	深圳市财政委	2016 年 8 月
8	《深圳市财政委员会关于开展政府采购订单融资改革试点工作的通知》(深财购〔2016〕44 号)	深圳市财政委	2016 年 11 月

虽然地方规范性文件不属于法律的范畴,不需要遵守《中华人民共和国立法法》的规制,但是很多具体工作事项的展开需要地方规范性文件来进行管理和约束。此类文件数目众多、涵盖范围广,且与社会秩序、公共利益和公民利益息息相关,故而日益受到多方人士的关注。

3.1.6 各类文件综合分析

从省市级区域的地方性法规、规章及规范性文件的数量对比分析来看,地方规范性文件要比地方性法规、规章的数量多。这也说明,越是到基层部门,执行的具体工作越微观,遇到的问题也就越多。地方政府所属的机构在法律授权的职责范围内,就需要制定细致的行动规则、指南、办法等,来规范工作事项所有涉及方、行动准则等。

综合以上分析发现,地方政府所属部门要处理的事项越多,就越需要制定更具可操作性和规范性的文件,以利于工作的开展,但这些文件不是法律性质的文件,没有强制性,执行起来往往会遇到推诿、打折扣等情况。同时,在行政处罚权方面,规范性文件是受到限制的,目前国家法律对其权限正在逐步予以严格规范。例如《中华人民共和国行政处罚法》第十四条规定:"除本法第九条、第十条、第十一条、第十二条以及第十三条的规定外,其他规范性文件不得设定行政处罚。"一方面,不是所有的规范性文件都需要上升到法律层面去执行;另一方面,部分规范性文件的执行需要法律的强制性来达到执行的目的。

我们在调研中发现,发达国家和地区包括 GPA 成员方,在政府采购促进科技创新方面的约束性文件往往以法令条文的形式出现,与我国管理部门规范性文件繁多的情况有所不同,而这也是我国坚持依法治国需要发展的一个方向。

3.2 政府采购促进科技创新相关法律存在问题分析

3.2.1 《政府采购法》

《政府采购法》自 2003 年 1 月 1 日开始实施以来,取得了显著成效,对分析促进科技创新的五个维度方面均起到比较大的推动作用，这是毋庸置疑的。随着社会的发展，原来政府采购立法的支持重心逐渐发生转移，比如本书涉及的"政府采购促进科技创新""加大支持创新型企业""重点支持新技术、新产品、新服务"，在《政府采购法》中，均没有明确提出。可见，亟须改进和完善创新驱动发展战略。目前，从促进创新的角度来看，《政府采购法》存在的不足主要有以下几个方面。

1. 采购主体适用范围存在局限性

虽然我国现行的《政府采购法》对其适用范围进行了界定，但对比其他国家和地区规定的适用范围，仍存在较大的局限性。我国《政府采购法》中明确规定，其适用主体范围是境内各级国家机关、事业单位及团体组织（王利丹，2009），并未明确提及使用财政资金的国有企业，尤其是创新型企业，尽管科技创新型国有企业只是科技创新型企业的一部分。从国际实践来看，惯例是采购主体可以是政府单位、公共机关、国有企业和民营企业。只要是用政府财政支出的政府消费项目和投资支出项目，均可适用于政府采购法界定的主体范围。对比而言，我国主张依据采购主体的公共性、采购资金的公共性及从事活动的非竞争性的原则来界定政府采购的主体适用范围，并将国有企业特别是公用事业排除在外。很明显，《政府采购法》的此种界定削弱了其所适用的主体范围（程亚萍和胡伟，2005）。这使得科技创新型企业，尤其是起主导作用的科技创新型国有企业，与其他WTO成员在对等开放政府采购市场时，会面临无法有效提升国际贸易份额以及很难提高我国供应商出口机会的困境。这不仅会影响理论和实践的发展进程，也会与国际通行做法严重脱轨。

2. 政府采购方式规范有待完善

政府采购方式指政府采购主体在采购过程中遵循的程序和采用的方式。由于政府采购需承担公共资金支出责任，在具体实践中，政府采购和商业采购在程序及方式上大不相同。世界各国对采购方式的规定各有不同，我国《政府采购法》规定，政府采购包括公开招标、邀请招标、竞争性谈判、竞争性磋商、询价采购、单一来源采购等方式。具体而言，我国在《政府采购法》中关于政府采购方式的规范还有待进一步补充和完善，主要存在以下不足：第一，并未界定政府采购方式间的配合适用。举例而言，文件中明确了公开招标方式优先适用，但并未明确公开招标和其他政府采购方式间的配合适用的规范。第二，过于约束政府采购中某些方式的适用条件，如单一来源采购方式。第三，已有规定不充分、不严密、不明确。例如，除公开招标方式以外，未对其他方式的批准形式作出规定（张婧，2014）。

政府采购方式的不规范会妨碍对科技型企业的甄别，以及新技术、新产品、新服务的选择和判断，从而削弱政府采购对科技创新的促进作用。

3. 政府采购监督制度不充分

我国《政府采购法》中虽然专章列出了关于监督制度的规定，但可以发现，仍存在一些不足。

第一，有限的监督范围。《政府采购法》中关于监督制度的规定虽囊括了法律法规和政策执行，政府采购范围、方式、程序，政府采购人员专业性、职业素质等内容的监督，但并未明确对编制政府采购计划、政府采购合同执行情况等方面进行监督（吕无瑕，2009）。现行监督制度未实现对政府采购全过程的监督和控制，这会造成在实际运行中产生诸多不良问题且找不到合适的监督规范和监督措施应对。

第二，缺乏独立的监督主体。尽管《政府采购法》第十三条对政府采购监督主体进行了规范，明确政府采购的主管部门为各级财政部门，但是，实际上公共采购市场并未有统一的监督主体，各级发改委及相关行政单位既分别制定相应的公共采购行政规章，又对其所属范围内的公共采购项目进行管辖，充当着裁判员和运动员的双重角色。另外，诸多公共采购项目如公共安全和公共利益的采购项目，在现在法律下存在多重监督主体情况，而且很大一部分仍游离在各级财政部门的监管范围之外（魏祁，2006）。同时，《政府采购法》第七章"监督检查"，没有对监督管理机构的名称、人员构成和职能等做出明确的规定，导致政府采购的监督管理部门形式不一。

第三，缺乏统一的监督规则。虽然我国各级财政部门被法律赋予了监管政府采购活动的权力，但在《政府采购法》中，并没有对其监管的实体规则和程序性规则进行具体规定。即使在监督检查这一专章中也未发现详细的、有效的监督措施（张素伦，2007）。

目前，政府采购促进科技创新的各层面的法律法规及制度实际上已经比较健全，但关键是其在实际的操作执行过程中，混入了一些法律没有明确界定的因素，使得实施效果不符合相关法律法规制定的出发点，其中关键因素就是法律法规的执行监督。监督主体如果界定不明确，监督法律法规的执行就是一句空话。

4. 对国内产业保护及中小企业促进力度不足

目前，虽然 GPA 有若干成员方加入，但其中很多国家和地区并未因此而彻底放弃对本国/本地政府采购市场的政策保护，相反，在不同程度上不约而同地加强了对本国/本地产业的支持和保护，并将其列为一项政策目标（龙珺，2008），即政府在对政府采购市场开放的同时，又加强了对国内产业和市场的保护，通过二者的有效结合，采取政府采购手段来支持国内中小企业的蓬勃发展。对于国际上

采用政府采购制度的国家和地区而言，这是一种通用做法。我国《政府采购法》
中没有明确提出对"本国货物、工程和服务"的支持方式和实施细则，但包含了
对国内产业保护的一定程度上的制度设计。如《政府采购法》第九条规定，政府
采购应当有助于促进中小企业发展；第十条规定，政府采购应当采购本国货物、
工程和服务。但其规定更多是原则性和纲领性的，保护措施非常薄弱，距离建立
完善的国内产业保护网络仍有很长的路要走。这并不能很好地为国内企业在对外
开放政府采购市场中依法获取合理利益保驾护航。

2004 年 11 月，北京市政府官方网站公布的软件采购方案引起了广泛的讨论
和多方质疑，最终结果是原定"微软"产品采购取消，给国内各大软件商提供了
承接机会。类似的这种"保护国货"的事件频繁发生，如河北省政府采购"思科"
产品案件等。尽管这些事件的主体由于受到强大的舆论压力而主动调整了采购方
案，赋予国货更多的争取政府采购的发展空间和发展机会（邱竞，2008），但同
时这些事件也给我们敲响了警钟。案件中暴露出来的诸多法律问题值得我们反思
和研究。

因此，我国《政府采购法》的完善可以充分借鉴美国的《美国产品购买法》，
界定国产产品购买原则、优先采购、优惠报价或预留采购份额，而不是放在法律
效力要弱一级的《政府采购法实施条例》中去说明。在我国，《政府采购法实施
条例》即使规定了"优先采购、优惠报价或预留采购份额"的措施，但没有明确
具体的标准或比例，执行起来弹性太大，不易控制。

5. 对采购新技术、新产品、新服务的规定不明确

对国际发达国家关于政府采购的相关实践考察可以发现，通行做法是通过对
政府采购进行合理设计，以实现保护国家信息安全，促进技术、产品创新以及产
业结构升级的目的。对比而言，我国的《政府采购法》虽然确定了购买本国货物
的原则，且在实际情况中，国内品牌确实在政府采购中占据了约 90%的比重，但
如果对此数据进行深入挖掘，可以明确看出，被政府采购的国内品牌产品更多的
仍是较低端的日常用品，在高端产品政府采购中，国内品牌并未占据合理的比重。
这并不能有效促进企业自主创新以及新技术的成果转化和产业化，《政府采购法》
应当再补充一些具体的支持措施和实施细则，可着重体现出政策支持高技术产业
进行自主创新的倾向性和力度。

《政府采购法》第二条规定，"本法所称政府采购，是指各级国家机关、事业
单位和团体组织，使用财政性资金采购依法制定的集中采购目录以内的或者采购
限额标准以上的货物、工程和服务的行为"。该规定只是对"货物、工程和服务"
作了原始性的描述，没有明确对"货物、工程和服务"中的"创新产品、创新技
术、首台（套）重大技术装备等"予以优先支持。

《政府采购法》的采购方式没有明确提出对创新产品、技术和首台（套）重大技术装备的优先采购。《政府采购法》也没有进一步提出给予"创新产品、创新技术、首台（套）重大技术装备等"一定的采购份额。《政府采购法》第九条提出，"政府采购应当有助于实现国家的经济和社会发展政策目标，包括保护环境，扶持不发达地区和少数民族地区，促进中小企业发展等"。其中，没有明确"促进科技创新"的政策目标及对科技型中小企业的重点支持。《政府采购法》的第十条规定，"政府采购应当采购本国货物、工程和服务"，但没有明确的具体规定。《美国产品购买法》的立法宗旨是扶持和保护美国工业、美国人和美国投资资本（王利丹，2009），其中就要求"本国供应商的报价不超过外国供应商报价的 6%，则优先交由本国供应商采购"等，类似于《美国产品购买法》促进科技创新的法律规定在我国《政府采购法》中没有具体体现。

3.2.2 《招标投标法》

我国招投标制度是学习借鉴主要发达国家的经验，在本土化的过程中不断演进，并随着法律的逐步完善形成的。现有的招标投标法体系主要由相关的基本法、行政法规、规章、行政性规范文件组成（蔡王俊，2016）。国家层面的招标投标法律法规主要体现在三个层次上：法律层次，如《招标投标法》；行政法规层次，如《招标投标法实施条例》；部门规章层次，如《政府采购货物和服务招标投标管理办法》等。

从《招标投标法》涉及的招标人角度上看，只有需要进行招投标来完成政府采购活动，《招标投标法》和《政府采购法》的采购活动才有交集，本书也仅研究这个产生交集的部分活动以及其涉及的法律法规。就政府采购促进科技创新方面而言，《招标投标法》存在以下两方面的主要问题。

（1）招投标的标的物从属于政府采购的采购对象，《政府采购法》对货物、工程和服务没有细化说明，《招标投标法》同样没有明确提出对新技术、新产品、新服务和首台（套）重大技术装备的支持。

（2）与上一条原因类似，《招标投标法》的采购方式中没有明确提出对创新产品、技术和首台（套）重大技术装备招标优惠的规定。

3.3 政府采购促进科技创新相关行政法规存在问题分析

3.3.1 《政府采购法实施条例》

《政府采购法实施条例》第六条规定，"国务院财政部门应当根据国家的经济和社会发展政策，会同国务院有关部门制定政府采购政策，通过制定采购需求标准、预留采购份额、价格评审优惠、优先采购等措施，实现节约能源、保护环境、扶持不发达地区和少数民族地区、促进中小企业发展等目标"。该条虽然给出了一定的促进措施，但是存在两个方面的问题：一是"预留采购份额、价格评审优惠、优先采购等措施"的具体标准或比例没有明确，不易控制；二是没有明确促进科技创新的重点支持方向，同等条件下，科技创新型中小企业应该得到更多的保护和支持。

《政府采购法实施条例》第六条对"货物、工程和服务"的界定与《政府采购法》第二条的界定是一致的，该规定对采购对象只是对"货物、工程和服务"作了原始性的描述，没有明确对货物、工程和服务中的新技术、新产品、新服务和首台（套）重大技术装备等予以优先支持。

如在明确支持新技术、新产品、新服务和首台（套）重大技术装备的条件下，《政府采购法实施条例》需要进一步提出新技术、新产品、新服务和首台（套）重大技术装备的实施细则、管理办法和具体规定，保证政府采购对创新产品和创新技术支持，保证政府采购促进科技创新政策功能的发挥。

从调研得到的数据来看，在实际的政府采购和招投标执行过程中，新技术、新产品、新服务和首台（套）重大技术装备的实质性政府采购活动很少，缺乏明确的执行原则、方法和标准，主要原因之一就是缺乏国家层面法律法规的强制约束力，靠地方政府的规章约束，往往起不到效果。

《政府采购法》第十条规定，"政府采购应当采购本国货物、工程和服务"。实际上应该明确在进口"货物、工程和服务"时，不能对本国"货物、工程和服务"产生破坏性作用或威胁国家及社会安全。但是，不论是《政府采购法》还是《政府采购法实施条例》，它们均没有对进口"货物、工程和服务"进行许可、禁止或控制等做出明确规定。从需要扶持的科技创新企业所处的行业或领域来讲，若《政府采购法》或《政府采购法实施条例》存在此类的许可、禁止或控制等规定，将会对促进科技创新有巨大的推动作用。

3.3.2 《招标投标法实施条例》

《招标投标法实施条例》存在以下三个方面的问题。

一是招投标的标的物从属于政府采购的采购对象，《政府采购法》对"货物、工程和服务"没有细化说明，《招标投标法实施条例》同样没有明确提出对新技术、新产品、新服务和首台（套）重大技术装备的支持。

二是与上一条原因类似，《招标投标法实施条例》的采购方式没有明确提出对创新产品、技术和首台（套）重大技术装备招标优惠的规定。

三是《招标投标法实施条例》没有明确提出支持创新产品、技术和首台（套）重大技术装备的实施细则。因此，在实际招投标执行过程中，缺乏明确的执行原则、方法和标准。

3.4 政府采购促进科技创新法规改进的需求分析

3.4.1 调研背景

1. 调研目的

本书的目的在于通过调研并结合近年来国内典型省市政府采购促进创新的相关法律法规的具体条文、实施效果及存在问题的分析，总结政府采购促进科技创新的特征、主要措施及具体操作经验，为改进相关法律法规提供依据和支撑。因此，我们对上海市、江苏省、陕西省、广东省及深圳市的政府采购促进科技创新法律法规、规范性文件的制定部门、实施部门及相关企业开展调研工作。调研内容重点围绕新技术、新产品、新服务认定及政府采购支持，政府采购促进科技型中小企业创新发展，政府采购促进节能环保产业发展，政府采购新技术、新产品的风险补偿机制，政府采购国货及进口产品制度，以及其他方面这几个方向展开。

（1）通过调研典型省市政府采购促进科技创新的现有法律法规、规范性文件的制定部门及实施部门，深入了解现有的政府采购促进科技创新法律法规体系，了解法律法规、规范性文件的制定目的，了解法律法规、规范性文件的具体配套措施、实施效果以及在具体实施过程中存在的问题，为下一步法律法规的制定、修改和完善提供参考依据。

（2）通过调研典型省市中已经获得有关法律法规、规范性文件支持的供应商企业，了解企业目前受支持的相关法律法规、规范性文件，了解相关法律法规、规范性文件在促进企业科技创新上的实际支持效果，了解企业对目前法律法规、规范性文件的看法以及对相关法律法规、规范性文件制定或进一步完善的建议。

2. 调研对象

本次调研范围主要包括上海市、江苏省、陕西省、广东省及深圳市 5 个地区，调研对象包括政策制定部门、政策实施部门，以及享受到政府采购创新法律法规、规范性文件支持的 5 种类型的企业，主要采取专访和座谈会相结合的调研方式。

上海市预计调研单位包括财政局政府采购管理处、科学技术委员会高新技术产业化处、市政府采购中心、张江管理委员会计划财务处、浦东新区财政局政府采购管理办公室等；江苏省预计调研单位包括财政厅政府采购管理处、科技厅高新技术发展及产业化处、省政府采购中心、南京高新区财政局等；陕西省预计调研单位包括财政厅政府采购与行政事业单位资产管理处、科技厅高新技术发展处、省政府采购中心、西安高新区财政局等；广东省预计调研单位包括财政厅政府采购监管处、科技厅高新技术发展及产业化处、省政府采购中心、广州高新技术产业开发区财政局等；深圳市预计调研单位包括深圳市财政委政府采购监督管理办公室、科学技术委员会高新技术产业化处、市政府采购中心等。

此外，各地调研企业主要包括产品纳入新技术新产品目录的典型企业、产品纳入节能产品政府采购清单或环境标志产品政府采购清单的典型企业、产品产自境外且参与政府采购的典型企业、参与政府采购的典型科技型中小企业、申请首台（套）重大技术装备保险补偿的典型企业等。

3. 调研的主要议题

1）新技术、新产品、新服务认定及政府采购支持

（1）关于新技术、新产品、新服务认定工作（认定标准）的具体实施办法及下一步法律法规制定的考虑有哪些？

（2）关于新技术新产品政府首购的实施细则、实施效果、取得经验有哪些？

（3）关于新技术、新产品、新服务政府订购（采购方需求标准的确定、与国外远期采购合约的对比等）的实施细则、实施效果、取得经验及下一步政策制定的考虑有哪些？

（4）关于新技术、新产品、新服务推广应用（规模化采购、搭建交流平台、将新技术投入应用等指标纳入科技投入考核体系、应用新技术新产品的风险免责机制等）的实施办法、实施效果及下一步政策制定的考虑有哪些？

（5）对新技术、新产品、新服务采用风险免责机制的看法有哪些？有哪些法律法规制定建议？

2）政府采购促进科技型中小企业创新发展

（1）具体措施有哪些？（比如预留份额、强制采购、优先采购、放宽准入条件、企业培训、评审优惠、费用减免、合同拆分、鼓励组成联合体、保证金免除、监督机制等方面）实施效果如何？取得了哪些经验与教训？

（2）对政府采购信用担保试点工作（北京、广东、江苏有试点）的实施细则、实施效果、取得的经验与教训、下一步法律法规、规范性文件制定的考虑有哪些？

（3）是否设立专门负责机构？对多部门协同机制有何看法？

（4）对政策适用中小企业（科技型、贸易型或其他类型）认定标准的看法有哪些？

（5）促进小微企业发展的具体措施有哪些？实施效果如何？

3）政府采购促进节能环保产业发展

（1）具体措施有哪些？实施效果如何？对取得经验及下一步法律法规、规范性文件制定的考虑有哪些？

（2）对节能产品政府采购清单、环境标志产品政府采购清单内产品认定工作的具体实施办法、存在的问题、下一步法律法规、规范性文件制定的考虑有哪些？

（3）对两清单内产品的具体支持措施有哪些？实施效果如何？取得的经验有哪些？

（4）能否借鉴深圳市的《深圳市政府采购循环经济产品（服务）目录》？

4）政府采购新技术、新产品、新服务的风险补偿机制

（1）政府采购新技术、新产品、新服务的风险补偿机制有哪些具体措施？实施效果如何？有何经验与教训？有关法律法规、规范性文件的制定有哪些考虑？

（2）对首台（套）重大技术装备认定工作的具体法律法规、规范性文件改进的建议有哪些？

（3）对首台（套）重大技术装备优先采购的管理办法有哪些？实施效果如何？

（4）对组织实施国家首台（套）重大技术装备保险补偿机制试点的具体实施细则、实施效果、取得经验与教训有哪些？

（5）对本地建立首台（套）重大技术装备试验风险补助机制（北京市、上海市有此政策）的看法有哪些？

（6）对本地建立首台（套）重大技术装备保险费资助机制（北京市、江苏省、浙江省有此规范性文件）的看法有哪些？实施效果如何？

（7）对本地建立新技术、新产品、新服务保险费资助机制（北京市有此规范性文件）的看法有哪些？

（8）国家的保险补偿制度与本地的保险费资助制度的支持是否重叠？

5）政府采购国货及进口产品制度

（1）促进自主创新的具体措施（GPA谈判压力）有哪些？对实施细则、实施效果、下一步的法律法规、规范性文件制定的考虑有哪些？

（2）政府优先采购国货方面的具体措施有哪些？实施效果如何？是否有国货认定标准？

（3）关于政府采购进口产品论证和审查有哪些具体实施细则？对浙江省、深圳市建立的政府采购进口产品清单、专家统一论证制度的看法有哪些？

6）其他方面

（1）在生物医药、新能源汽车等战略性新兴产业有无具体的政府采购支持创新的法律法规、规范性文件制定？对具体实施办法、实施效果、下一步法律法规、规范性文件制定的考虑有哪些？对建立"战略性新兴产业政府采购产品清单"的看法有哪些？

（2）对通过示范工程、示范项目（比如新技术、新产品、新服务，"首购首用"风险补偿机制推广应用）的方式推动政府采购促进科技创新的看法有哪些？有哪些法律法规、规范性文件制定的建议？

（3）对政府采购范围拓展的看法（比如参考英国的前商业化采购，支持企业研发和商业化前期）有哪些？有哪些法律法规、规范性文件制定建议？

（4）对政策之间协调问题（比如国家与地方、大企业与小企业、领域与对象、政策目标的矛盾）的看法有哪些？有哪些法律法规、规范性文件制定建议？

（5）对供应方与需求方不对接、信息不对称的看法有哪些？有哪些法律法规、规范性文件制定建议？

（6）对建立针对已支持企业的后评价机制的看法有哪些？有哪些法律法规、规范性文件制定建议？

（7）在标准制定方面进行了哪些工作？对制定标准的看法有哪些？

（8）除上述内容以外，是否还有其他的支持措施或存在的其他问题？

3.4.2　需求分析

1. 明确新技术、新产品、新服务的优先或优惠采购

1）新技术、新产品、新服务的认定标准统一

目前，对于新技术、新产品、新服务相关的名称，很多地方政府的称呼不一，如北京市称呼为"新技术新产品（服务）"，广东省沿用之前的"自主创新产品"，其他地方有称呼为"高新技术产品"的，等等。同时，新技术、新产品、新服务的界定标准也不一样。

国内企业参加政府采购是没有地域限制的，现实情况可能是，参加多个省（自治区、直辖市）政府采购活动的企业，往往会不停地在不同省（自治区、直辖市）的标准之间切换，从而降低采购活动的效率。

2）明确体现新技术、新产品、新服务的优先或优惠采购

政府在进行采购的过程中要对新技术、新产品、新服务予以一定的政策优惠，具体优惠措施可以有多重途径。例如，政府采购中可以针对新技术、新产品、新服务设计特定的采购比例，或者比较常规的做法是在政府采购过程中的评标环节对其给予一定的价格优惠（公宁，2014）。对新技术、新产品、新服务而言，政府采购环节中的优惠措施十分重要，甚至可以说是性命攸关，可以有效解决其生产厂家的生存压力以及投入市场的问题，以可预期的收益激发企业创新动力。

《国务院关于进一步促进中小企业发展的若干意见》（国发〔2009〕36 号）、《政府采购促进中小企业发展暂行办法》等规章，对参与政府采购活动中的中小企

业的准入门槛、预留份额、投标价格优惠、联合竞标价格扣除、转包、信用担保、服务支持等给出了明确的规定。对于提供新技术、新产品、新服务的企业而言，如果是中小企业，可以享受优惠政策；如果是大企业，则享受不到这项政策。

根据我们对企业的调研，企业的实际需求是：在扶持中小企业发展的同时，应该明确加大对提供新技术、新产品、新服务的企业的支持力度。对此，不用判断企业的规模大小，目的是促进各类企业的创新发展。

2. 扶持科技型中小企业的特殊政策

科技型中小企业通常把技术创新作为核心竞争力，促进以技术、品牌、制度、文化、管理等全面且持续创新能力的实现，由此获得超额利润（苏敏，2012）。《政府采购法》第九条规定，政府采购应当有助于促进中小企业发展，科技型中小企业有别于一般的中小企业。科技型中小企业往往引领一个新的领域的发展，所以对科技型中小企业应该制定特殊的政策，加大力度扶持其发展。《政府采购法》《中小企业促进法》等相关法律法规中，均提出要促进中小企业发展，有具体的措施及方法，但是没有条文提出重点支持科技型中小企业。

目前，政府采购政策对中小企业的工程、产品和服务进行无差别支持，没有考虑中小企业所提供产品或服务中的科技含量，没有进行新技术、新产品、新服务的区分，也没有考虑中小企业所提供产品的质量因素，导致政策支持创新效果较差。

在科技创新引领的大战略下，一方面，要强调创新型中小企业的特殊政策；另一方面，要加大财政资金的投入，增加举措，切实推进科技型中小企业的发展。

3. 加大支持新技术、新产品、新服务类的国货采购力度

1）国货标准及认定的立法需求

美国有关国货标准在不同法律条文中的规定有所不同，但均在不同程度上起到了实际的引导作用。《美国产品购买法》明确规定，联邦政府机构在采购最终使用产品时，必须购买美国产品，同时要满足产品在美国生产和美国零部件成本占产品总成本的50%以上两个条件。《贸易协定法》对国货标准做出规定，只要产品在国家境内发生了实质性转变，即为符合要求的制成品（孙亚男，2013）。美国规定的双轨制国货标准，十分明确具体且具有实操性，便于促进政策的真正落地，并在实践中指导国货的具体认定。

政府采购国货政策能否落实的关键在于对国货标准的界定是否清楚明确。在实际的政府采购活动中，如何判断参与竞标的产品是国货，尤其是针对新技术、新产品、新服务，采购管理人员往往会在相关法律法规的框架下，在各种规章中寻找判断标准或依据，实际上却几乎找不到，因为没有统一的国货标准的制度性

文件或规章。如果国货标准缺失，必然导致国货认定工作的难度加大。所以，国货标准的制定对实际的政府采购活动是一个非常紧迫的事情。

具体到我国，伴随着经济全球化进程的不断加快以及我国对外开放程度的逐步深化，我国的市场经济成分也愈加复杂，这增加了明确界定国货标准的阻力，而美国规定的双轨制国货标准给我们提供了解决难题的思路。因此，可以有效借鉴国外发达国家制定国货标准的相关经验，结合我国具体国情，制定本土化的国货标准，使政府采购国货有法可依，推进国货采购制度的完善和国货采购进程的顺利实现。可以效仿美国，将国货标准在《政府采购法》《中华人民共和国对外贸易法》等法律法规中明确下来。如此，政府采购部门及管理人员就有了实际的执行标准。

2）明确支持新技术、新产品、新服务类国货的立法需求

《政府采购法》提出"政府采购应当采购本国货物、工程和服务"，但是没有具体明确采购国货的比例及类别，尤其是没有明确加大对新技术、新产品、新服务的支持政策。《国务院关于进一步促进中小企业发展的若干意见》（国发〔2009〕36号）和《政府采购促进中小企业发展暂行办法》等规章，对参与政府采购活动中的中小企业的准入门槛、预留份额、投标价格优惠、联合竞标价格扣除、转包、信用担保、服务支持等做了明确的规定，而对提供新技术、新产品、新服务的企业没有明确规定可享受的优惠政策。

4. 绿色采购法立法

从国际发展形势和发展趋势来看，绿色采购制度的建立对提升国家在国际市场上的竞争力具有十分重要的意义。在国际市场中，诸多发达国家的政府和企业在采购过程中引入了绿色采购的理念，并制定了绿色采购的战略方针。例如，在日本，由于环保型产品的不断扩张，企业采购要求也发生了翻天覆地的变化，越来越多的企业开始制定关于绿色采购的标准或者指南，并在实践中作为依据，对产品、零件等进行绿色采购。就我国而言，作为世界上主要的制造大国，高耗能、高污染、高耗材技术和产品仍在目前主要的加工制造业中占据很大的比例，中国企业常常在国际市场遇到绿色壁垒等市场准入问题，且部分产品由于不符合环保标准而被国际市场拒之门外或即使进入也无法长期立足。如果我国开始实施绿色采购政策，可以很大程度上提升企业在对外开放市场中的适应性，同时亦能将国际上关于绿色采购的绿色标准、绿色认证、绿色清单等最新理念和要求及时地传达至中国企业，有效促进企业在国际市场中竞争力的提升。

循环经济的有序发展和节约型社会的稳步建立并非可以单单依靠市场力量自发形成，而是需要政府在现有的技术和经济条件下采取适宜的政策、法律手段等加以促进。我国实行社会主义市场经济，在此条件下，促进绿色采购制度实施的

根本保证是建立健全相关的法律制度。我国对促进绿色采购有一定的法律保障，如《政府采购法》第九条明确规定，"政府采购应当有助于实现国家的经济和社会发展政策目标，包括保护环境"。这条法律为政府采购过程中要保护环境提供了指导意见和法律基础。除此条款外，我国也设计了若干政策文件以促进绿色采购在我国的应用。例如，2004 年 4 月发布的《国务院办公厅关于开展资源节约活动的通知》提出，各级财政要支持和促进资源的节约和综合利用，在政府采购目录中纳入节能和节水设备（产品）。2004 年 12 月，财政部和国家发改委联合发布《节能产品政府采购实施意见》，此文件明确规定了政府采购节能产品制度，要求使用财政资金采购的各级国家机关、事业单位及团体组织在同等条件下，应保证《节能产品政府采购实施意见》中列出的节能产品优先被采购，从而使高能耗产品逐渐退出历史舞台（柯坚，2006）。在实践情况下，发现未依据《节能产品政府采购实施意见》的要求进行采购的采购人或者委托的采购代理机构，相关部门可以依据有关的法律法规、规章制度对其进行处理，而财政部门可以拒绝支付采购所需资金。

尽管上述政策文件从不同层面提出了推进绿色采购制度的构想和实施办法，但从宏观架构而言，其结构性和功能性仍存在很大的提升空间，实践过程中也凸显出了政策法律协调性、操作性和导向性不强、实施范围较为狭窄等具体问题（柯坚，2006）。举例而言，虽然《政府采购法》第九条规定了政府采购应当遵循保护环境的原则，但并未列出明确的法律规定和具体的实施措施。

总体而言，发达国家如美国、日本，或有专门的绿色采购法，或在相关采购法律中有专门的章节和条款，进行指引和规定。尽管我国目前对环境保护、节约资源（包括能源）等有相关的法律法规，如《环境保护法》和《节约能源法》等，但是还不成体系，许多关键性问题也没有明确规定；有些有规定，但是没有上升到法律高度，执行力度不够。所以，在学习借鉴相关专家和学者研究的基础上，我们提出绿色采购法的构想。

5. 远期订购和订单融资政策上升为行政法规

1）远期订购政策

目前，许多地方政府包括广东省、四川省、重庆市等，出台远期订购等政府采购促进科技创新的政策，应用效果非常好。

远期订购为处于研发中的创新产品做出购买承诺，即约定按照在未来某个时间的成本和预期价格来采购符合一定绩效要求的产品。这种方式更注重的是基于未来特定目标的产出和绩效，而非基于眼前的需要。它可以有效解决政府要采购市场上尚不存在或者成本过高产品的难题。

《关于创新产品与服务远期约定政府购买试行办法》（粤财教〔2015〕91 号）

提出："政府委托的第三方机构向社会发布现有市场未能满足的产品与服务购买需求，择优确定供应商并商定远期订购合同，当创新产品或服务满足约定的要求时，购买单位则按约定的规模和价格实施购买。"使用财政性资金的远期订购，能发挥政府购买和公共财政的引导功能，通过远期约定政府购买，降低创新风险，激发创新活力。

与广东省类似的地方政策包括《关于印发重庆市创新产品与服务远期订购及风险补偿办法的通知》（渝经信发〔2016〕107 号）等。同时，这些政策也提出了一些风险补偿的办法，进一步扩大了远期订购对企业创新的影响力，稳定了创新产品开发者和服务提供商的市场预期，降低了其创新风险。风险补偿政策一般采取由供应商投保、分担采购风险、政府补贴保费等措施。

根据调研，政府采购各相关方提出的另一需求就是将国家或地方的科技计划与远期订购政策相配套，加强科技计划对承担远期订购任务的企业研发活动的支持，以降低企业研发成本和风险，促进企业创新成果的转化应用。

2）订单融资政策

为强化创新驱动，降低企业成本，助力解决政府采购中标供应商"融资难""融资贵"的问题，深圳市财政委首开先河，于 2016 年 11 月发布了《深圳市财政委员会关于开展政府采购订单融资改革试点工作的通知》（深财购〔2016〕44 号），决定开展政府采购订单融资改革试点工作。

政府采购订单融资是指参与政府采购活动中标（成交）的供应商，凭借与政府采购单位签订的采购合同项下的预期回款作为主要还款来源，向参与政府采购订单融资业务的金融机构申请贷款，金融机构以各自信贷政策为基础提供资金支持，政府采购有关部门配合金融机构确认采购合同的真实性、有效性，并按采购合同的要求履行付款业务的融资模式（刘伟，2016）。

订单融资政策的实施和推行是一次大胆的尝试和一项有益的探索，可以为企业尤其是中小企业提供更多融资便利，从而推动企业守法经营，提升金融机构对实体经济的服务水平。订单融资对金融机构的吸引力在于提高了金融机构的信用等级，对提升金融机构吸收财政存款发挥着很大的促进作用，实际的政策效果非常好，达到采购双方、采购中心、金融机构等多赢的局面。

以上两个政策的执行效果比较好，但是局限于地方规章，我们在调研的过程中，很多政府采购中心管理人员、供应商、专家呼吁，将这两个政策上升为国家层面的规章，使更多企业受惠。

6. 政府采购立法模式应由分散调整为集中统一

目前，我国政府采购领域的立法体现的是一种分散的立法模式，在促进科技创新方面，除《招标投标法》与《政府采购法》两法并立之外，整个法律体系的组成也以零散的单行法规制度为主。对于我们这种政府采购法律制度起步较晚，理论与实践经验都相当匮乏，而在现实中又迫切需要发展的国家来说，分散的立法模式无疑是较好的选择。然而，随着我国政府采购活动的深入开展以及相关法律制度的逐步建立，分散立法所导致的问题也逐渐凸显出来。

首先，分散立法易使政府采购法律法规难以统一，而且也容易造成立法资源的浪费。统一性是衡量国家和地区法律体系完善程度的重要标准，纵览世界各国的立法情况可以发现，尽管国家体制可能不同，但普遍存在多元立法主体及层级化的现实状况。在对同一事务进行立法时，不同层级或同一层级、不同机构的立法主体具备的立法资源及考虑因素很难达成完全一致，因而不同的法律法规间存在矛盾和冲突的情况也就不难想象。除此之外，单行的法律法规应当具有完整性，这就不可避免地引发了不同法律条款间的相互重复，造成重复立法（潘超，2014）。翻阅地方版的各种管理办法和规定不难发现，很多地方层面的规范与国家层面的规范存在相同或类似之处。虽然地方层面的规范在一定程度上对国家层面的规范进行了补充和深化，但从整体上考虑，这种分散立法弊大于利，极大地浪费了社会资源。

其次，分散立法还会带来全面性不足的问题，对政府采购领域制定系统全面的规范体系造成阻碍。显而易见，分散立法具有针对性强的特点，有利于对特定政府采购领域中的具体事项进行规范。但与此同时，也会出现立法空白问题，即立法主体不能预见即将发生的所有情况，具有有限预见的特点。因而在具体实践中分散立法常常导致只规范了特定领域的具体事项而未规范其他事项等问题的出现，使政府采购中的某些领域无法做到有法可依，出现法律真空和立法空白。

我国当前的立法模式仍存在以上弊端，导致在政府采购领域中诸多单行法在具体运行过程中出现规则矛盾及价值冲突的问题，这十分不利于系统、全面、统一的政府采购法规规范体系的实现。

3.5 我国政府采购促进科技创新相关法律法规改进建议

3.5.1 《政府采购法》改进建议

1. 明确提出新技术、新产品、新服务及科技创新优先

（1）《政府采购法》的第二条中"本法所称货物，是指各种形态和种类的物品，包括原材料、燃料、设备、产品等"应修订为"本法所称货物，是指各种形态和种类的物品，包括原材料、燃料、设备、产品等，优先考虑涉及新技术、新

产品、新服务的货物"。

（2）《政府采购法》的第二条中"本法所称服务，是指除货物和工程以外的其他政府采购对象"应修订为"本法所称服务，是指除货物和工程以外的其他政府采购对象，优先考虑涉及创新产品与技术的服务"。

（3）《政府采购法》的第九条"政府采购应当有助于实现国家的经济和社会发展政策目标，包括保护环境，扶持不发达地区和少数民族地区，促进中小企业发展等"应修订为"政府采购应当有助于实现国家的经济和社会发展政策目标，包括支持科技创新，保护环境，扶持不发达地区和少数民族地区，促进中小企业尤其是科技型中小企业发展等"。

（4）《政府采购法》的第十条"政府采购应当采购本国货物、工程和服务"应修订为"政府采购应当采购本国货物、工程和服务，并优先采购涉及创新产品、技术的本国货物、工程和服务，在政府采购进口产品时需进行审核"。

（5）对《政府采购法》的第二十九条增加一款："（三）具有本国自主知识产权的创新产品、创新技术的。"

（6）对《政府采购法》的第三十条增加一款："（五）具有本国自主知识产权的创新产品、创新技术的。"

（7）对《政府采购法》的第三十一条增加一款："（四）具有不可替代性且具有本国自主知识产权的创新产品、创新技术的。"

（8）对《政府采购法》第三章增加一条："第三十三条，对经认定的创新产品、技术采用优先采购、首购、订购三种方式进行采购，对采购需求复杂、处于探索阶段或不具备竞争性条件的创新产品、技术可以进行订购。本条涉及的采购方式属于本法的第二十六条第六款的界定范围。"

2. 扩大《政府采购法》采购主体的适用范围

1）对采购主体的界定方式

在我国的政府采购法律中，采购主体是用概括的方式规定的，然而用概括的方式规定太过笼统，一旦进入采购实践层面就会很混乱，到底哪些是国家机关、事业单位、社会团体，还得进行再次裁量和判断。并且，仅仅从资金的性质方面来界定哪些主体适用政府采购，容易造成操作上的漏洞。目前，我国有很多的单位都有自己的财政之外的资金，如果这些单位想要逃避政府采购的规范，就可以在资金性质方面做手脚。

所以，我们建议，我国可以借鉴美国界定采购主体的形式，不单单停留在概括层面，而应更为细化和明确采购主体范围。在"采购所使用的资金的公共性与采购主体从事活动的非竞争性和公共性结合"的基础之上，对政府采购的主体范围进行更为细化的界定，使采购主体界定更加规范和清晰。

2）将公用事业单位纳入采购主体范围

纵览美国等发达国家和 WTO 在政府采购领域中关于采购主体范围的界定，可以发现，我国现行的政府采购主体中未纳入公用事业单位，如交通、石油、电力等。在这些明显具有垄断性质的行业中，各级政府采用直接或间接的方式对资金、机构、人员等具体事务进行控制，且极个别情况下才需要考虑和承担市场运营风险。从这种意义而言，公用事业单位的利益和公众的利益其实是一致的，所以应当将其纳入政府采购主体范围。我们认为，将以上单位纳入采购主体范围可以借鉴以下具体标准：①掌握公司发行股份的多数表决权；②持有公司的多数认购资本；③可以对公司内部行政、管理或者监督机构的一半以上人员进行任命（宋亭婷，2015）。同样地，在政府丧失对公司的控制之后，例如打破垄断地位，进驻了私营或者外国资本，那么就应当灵活地将其剔除在政府采购主体范围之外。

3. 明确各种采购方式的适用条件

1）完善政府采购方式体系

事实上，政府采购方式是否形成完整体系是衡量《政府采购法》完善与否的重要标准之一。完整的政府采购方式体系中，不同采购方式间是互为补充并有机结合的。因而，梳理和完善我国《政府采购法》中不同采购方式的适用条件，使采购方式间可以相互配套融合对政府采购的有序进行意义重大。举例而言，设计公开招标与其他采购方式配合的适用条件。尽管公开招标在我国政府采购过程中起到了十分重要的作用，但这种方式也同样存在局限性。其适用条件是：第一，适当竞争明显存在；第二，采购时间要求，在时间十分紧急的情况下，这种方式就不合时宜；第三，需恰当阐述技术规格及其他技术说明；第四，要求将价格作为基础来授予合同决策（贡凌飞，2013）。公开招标如果独立运行，将在实践中面临很多挑战，需与其他的政府采购方式互相补充、互为配合才能起到更好的效果。

2）完善各种采购方式的适用条件

如未能明确采购方式的适用条件，可能会出现采购人并未选择适宜的采购方式，甚至更恶劣的还会为采购人逃避公开招标提供机会，从而使"偏爱"的方式被选择，造成政府采购中腐败现象及不正当交易现象的频频发生。因此，需对各种采购方式的适用条件进行明确界定，如此才能有效指导和规范采购人依据政府采购特定要求及市场具体环境作出合适的、符合规范的特定采购方式的选择。对采购方式适用条件规定的核心是尽量确保使用公开招标方式，在确实不适宜采用公开招标方式的情况下才能在符合法定条件的基础上考虑使用其他方式。无论是对采购方式设计得过于宽泛，还是对采购方式设计得过于严苛，都不利于政府采购市场的良好运行，同时也会对完整政府采购制度的形成造成阻碍。因而应结合实际运行中反映出来的问题以及未来发展方向，调整部分采购方式的适用条件，从而推进我国政府采购向更为规范的方向发展。例如，可以补充单一来源采购方式的适用条件，吸纳开发合同、重复合同、设计竞赛或者包括招标失败、研究、实验等情况。除此之外，还可以对除公开招标外的其他采购方式的报批流程进行规范（程亚萍和胡伟，2005）。

4. 健全政府采购监督的法律体系

只有建立完善的监督法律体系，才能促进政府采购领域中监督制度的完善，才能使政府采购监督制度在实践中有法可依、切实可行。当前我国的《政府采购法》中关于政府采购活动的规定更多是指导性的，在操作层面存在一定欠缺。我国目前的政府采购监督制度体系中虽已有《政府采购法实施条例》《政府采购信息公告管理办法》《政府采购评审专家管理办法》《政府采购供应商投诉处理办法》《集中采购机构监督考核管理办法》《政府采购货物和服务招标投标管理办法》等规定及地方政府出台的一些法律法规（潘超，2014），但与完善的政府采购监督制度仍存在一定的距离。

我国政府应继续查漏补缺，并制定颁布相关的司法解释，促进政府采购监督法律体系的不断完善。同时，各级地方人大及政府也可以结合具体实际来制定适宜的行政规章及地方性法规，对政府采购活动进行有效监督和规范。除此之外，可以参考《政府采购法》中关于监督主管部门的规定，对监督主管部门的职责进行强化，从而使监督活动更加直接和高效。最后，有必要明确政府采购的统一管理机构，划定管理界限，明确职能。

3.5.2　《政府采购法实施条例》改进建议

1. 明确支持科技创新和中小企业

《政府采购法实施条例》第一章的第六条"国务院财政部门应当根据国家的经济和社会发展政策，会同国务院有关部门制定政府采购政策，通过制定采购需求标准、预留采购份额、价格评审优惠、优先采购等措施，实现节约能源、保护环境、扶持不发达地区和少数民族地区、促进中小企业发展等目标"应修订为"国务院财政部门应当根据国家的经济和社会发展政策，会同国务院有关部门制定政府采购政策，通过制定采购需求标准、预留采购份额、价格评审优惠、优先采购等措施，实现支持科技创新、节约能源、保护环境，扶持不发达地区和少数民族地区、促进中小企业尤其是科技型中小企业发展等目标"。

2. 明确新技术、新产品、新服务的具体认定方法和标准

在《政府采购法实施条例》中列出新技术、新产品、新服务的具体认定方法和标准，并明确新技术、新产品、新服务优先采购，首购，订购，建立"首购首用"风险补偿机制四项细化措施的管理办法和具体规定，保证政府采购对创新产品和创新技术的支持，保证政府采购促进科技创新政策功能的发挥。

1）新技术、新产品、新服务认定

明确在全国范围内组织新技术、新产品、新服务的认定工作，并进行定期更新。建议新技术、新产品、新服务的认定标准为：新技术、新产品、新服务应属于战略性新兴产业以及现代服务业领域范围，符合构建"高精尖"经济结构的要求，生产过程符合节能减排技术标准；新技术、新产品、新服务应具有技术先进性和创新性，并拥有自主知识产权；新技术、新产品、新服务技术成熟、质量可靠，符合国家对新技术、新产品、新服务生产、销售的相关规定及特殊要求；新技术、新产品、新服务有潜在的经济效益和较大的市场前景，或能够显著降低生产成本，比同类新技术、新产品、新服务有明显的价格优势。

2）新技术、新产品、新服务优先采购

明确对经认定的新技术、新产品、新服务实行优先采购。具体规定可包括：采用最低评标价法评标的项目，对新技术、新产品、新服务可以在评审时对其投标价格给予 5%～10%幅度不等的价格扣除（曹富国，2012）；采用综合评分法评标的项目，在满足基本技术条件的前提下，在价格评标项中，可以对新技术、新产品、新服务给予价格评标总分值的 4%～8%幅度不等的加分；在技术评标项中，可以对新技术、新产品、新服务给予技术评标总分值的 4%～8%幅度不等的加分。

3）首购

在经认定的新技术、新产品、新服务中，符合国民经济发展要求、代表先进技术发展方向、首次投向市场、暂不具备市场竞争力，但具有较大的市场潜力、需要重点扶持的新技术、新产品、新服务可认定为首购新技术、新产品、新服务。明确对经认定的首购新技术、新产品、新服务的具体支持方式为：采购的新技术、新产品、新服务属于首购新技术、新产品、新服务类别的，采购人及其委托的采购代理机构应邀请首购新技术、新产品、新服务的供应商参加政府采购活动，非首购新技术、新产品、新服务供应商不得参加采购活动；对同类首购新技术、新产品、新服务只有一种的情况，可按单一来源采购。

4）订购

对采购需求复杂、处于探索阶段或不具备竞争性条件的新技术、新产品、新服务，可以进行远期订购。

5）建立"首购首用"风险补偿机制

对投保创新技术（产品）质量保证保险、责任保险、专利执行保险三个险种的企业给予保险费资助，资助比例为所投险种保险费的 80%，对同一企业在同一年度的资助金额合计不超过 100 万元。

3. 明确细化进口产品采购管理办法和规定

在《政府采购法实施条例》中明确细化政府采购进口产品论证程序和材料，以及制定政府采购进口产品清单两项措施的管理办法和具体规定，保证政府采购对本国货物、工程和服务的支持。

1）细化政府采购进口产品论证程序和材料

建议：①明确论证专家组由五人以上的单数组成，其中必须包括一名法律专家。论证专家应为熟悉拟采购进口产品的工作人员，且不得参与该进口产品的采购评审工作。②明确在论证阶段，采购单位应主动提供有关限制进口产品的国家法律法规政策文件复印件、申请政府采购进口产品的理由（包括但不限于采购需求、进口产品与同类国内产品的技术指标和性能描述、进口产品与同类国内产品的技术指标和性能的优劣对比）等材料（汪泳，2014）。

2）制定政府采购进口产品清单

建议分三类制定进口产品清单：①允许采购类，可以减少相应专家论证费用和论证程序，直接进入采购程序。此类产品应当经财政部门事先统一论证并经网上公示无异议，确属国内产品无法替代。②禁止采购类，不需邀请专家论证，原则上必须直接购买国内产品。此类产品应当是国内产品可以充分替代或基本替代，或属于重点扶持和保护的新技术、新产品、新服务。③严控采购类，此类产品国内可以生产，但与国外产品有较大差距，并非完全禁止购买该类进口产品，但需严格把关（汪泳，2014）。

采购人应根据《政府采购法》规定，优先购买本国产品。财政部会同有关部门制定本国货物认定标准。采购人需要的产品在中国境内无法获取或者无法以合理的商业条件获取的（在中国境外使用除外），在采购活动开始前，需由国家权威认证机构予以确认并出具证明。采购外国产品时，坚持有利于企业自主创新或消化吸收核心技术的原则，优先购买向我方转让技术的产品（林颖，2007）。

4. 建立激励创新产品和服务的政府首购和订购制度

首购是指对国内企业或科研机构生产或开发的、暂不具有市场竞争力，但符合国民经济发展要求、代表先进技术发展方向的首次投向市场的产品，通过政府采购方式由采购人或政府首先采购的行为；订购是指对国家需要研究开发的重大创新产品、技术、软科学课题等，通过政府采购方式面向全社会确定研究开发和生产机构的行为。为了贯彻落实《国务院关于印发实施〈国家中长期科学和技术发展规划纲要（2006—2020 年）〉若干配套政策的通知》，发挥政府采购政策功能，鼓励、扶持自主创新产品的研究和应用，规范政府的首购和订购活动，2008年以后，财政部和许多地方财政管理部门出台了有关政府首购和订购的管理办法。

5. 建立新技术、新产品、新服务的认定和政府采购制度

地方科技管理部门会同发改委、经信委、质量技术监督局（简称质监局）等相关部门制定新技术、新产品、新服务认定管理办法，明确新技术、新产品、新服务的认定条件、评价标准和支持政策，依据公正、公开程序，组织认定新技术、新产品、新服务，并向全社会发出公告。地方财政部门将认定的新技术、新产品、新服务纳入政府采购目录，制定专门的扶持性政府采购政策，并实施动态调整与管理。

3.5.3 《招标投标法》及《招标投标法实施条例》改进建议

1. 《招标投标法》改进建议

《招标投标法》在对采购对象、招投标的标的物和采购方式等进行定义或限定时，要明确提出新技术、新产品、新服务及科技创新优先。

《招标投标法》的第三条不涉及招投标的标的物的规定，不建议将对首台（套）重大技术装备的优先考虑和支持方式列入其中，应在具体的实施条例中加以体现。

2. 《招标投标法实施条例》改进建议

在《招标投标法实施条例》中，明确首台（套）重大技术装备优先采购和首台（套）重大技术装备保险补偿机制两项细化措施的管理办法和具体规定，保证对首台（套）重大技术装备的支持，保证促进科技创新政策功能的发挥。

1）首台（套）重大技术装备优先采购

明确对经认定的首台（套）重大技术装备实行优先采购。具体规定可包括：招标过程中，需考虑首台（套）重大技术装备的自主创新、节能环保因素，并视情况合理设置自主创新、节能环保评标因子或权重，不得以业绩为由，排斥该类设备参与投标、评标和中标。

2）首台（套）重大技术装备保险补偿机制

具体规定可包括：①首台（套）重大技术装备质量保证保险、首台（套）重大技术装备产品责任保险的保险费资助比例为本险种保险费的 90%；②首台（套）重大技术装备机器损坏保险的保险费资助比例为本险种保险费的 70%；③首台（套）重大技术装备运输保险、首台（套）重大技术装备安装工程及第三者责任保

险、首台（套）重大技术装备关键技术知识产权抵押贷款保证保险、首台（套）
重大技术装备专利执行保险的保险费资助比例为本险种保险费的 60%，对同一企
业在同一年度的资助金额合计不超过 100 万元。

3.5.4 合理利用 GPA 中的例外条款

GPA 重视三条原则：一是公开性原则，即对于与政府采购相关的法律、程序、
规则以及程序等，各参与方应对成员方公开；二是对发展中国家和地区的优惠待
遇原则，即对于发展中国家和地区，各参与方应对其提供一定程度的优惠，如贸
易补偿、技术援助等；三是国民待遇原则和非歧视性原则，即各参与方不能采
用制定法律、程序、规则等途径来保护本国或本地区产品和排除外国或外地区
产品。

同时 GPA 也考虑了政府采购中的部分特殊情况，并在一般规定外对相应的
特殊情况进行了例外条款规定。例如，在 GPA 的一对一谈判中，谈判方可加入
获得参与方都许可的例外条款，这种谈判模式可以使加入方合理利用 GPA 中的
例外条款及对发展中国家和地区的优惠待遇，从而最大限度地保护本国利益（李
奎等，2015）。

美国等发达国家和地区在加入 GPA 之初就合理利用了 GPA 所规定的例外条
款，将国防、交通、中小企业等排除在协议之外（表 3-11）。

表 3-11　GPA 例外条款的范围及规定

例外范围	具体内容	备注
国防安全	涉及武器、弹药或战争物资采购；为国家安全或国防目的所需的采购方面；在其认为保护根本安全利益的必要情形下	可以采取任何行动或者不披露任何信息
公共秩序	为保护公共道德、秩序或安全所必需的措施	采取这些措施时，不得在条件相同的参加方之间构成随意的、不合理的歧视或者构成对国际贸易的隐蔽性限制
人类健康	为保护人类、动植物生命或者健康所必需的措施	
知识产权	为保护知识产权所必需的措施	
其他	涉及为残疾人、慈善机构或者监狱囚工提供的货物或者服务的措施	

通过考察研究可以发现，发达国家和地区虽然并没有明确将政府采购和自主创
新直接组合，但它们十分重视通过政府采购的手段以促进本国和地区企业的创新和
发展，并在具体实践中设置了若干对本国和地区创新产品保护的条款。在当前的

WTO 和 GPA 的规则下，采用愈加隐蔽的手段，通过政府采购来促进本国和地区产品创新的做法，在发达国家和地区中越来越普遍，这十分值得我国学习和借鉴。

1. 确定在法律层面不违反 GPA 规则的保护条款

美国明确规定，在政府采购中要优先采购本国产品。例如，《道路运输效率法》规定，各州在获得联邦运输部的补助采购车辆等运输机械时，其中 60% 以上须是本土产品，而且车辆最后的组装必须在美国国内进行；《美国产品购买法》规定，联邦各政府机关除了几类特殊情况，如价格过高、境外使用、对本国产品的优惠待遇不符合实际公共利益等，必须选择购买本国的产品，工程服务也必须选择由国内供应商供给。美国已经在 GPA 的附表二中列出，受到联邦资助的这些地方交通项目的采购不受到 GPA 的约束（李奎等，2015）。

具体到我国，应充分学习和借鉴美国、欧盟及日本等发达国家和地区的成功经验，合理利用 GPA 所设立的例外条款，将涉及我国公共事业、国家安全、能源等公共领域的采购，以及支持中小企业的创新、落后地区、民族企业和需要受到政府支持的领域的政府采购项目等作为例外排除。同时，应当在不违背 GPA 非歧视性原则的前提下，对我国政府采购法律法规的配套措施进行完善，以推动我国政府采购良性发展。

2. 注重在政府采购的操作环节保护本国企业产品

通过对美国采购法律法规体系进行考察可以发现，美国并未设立专门的、针对性的政府采购推动科技创新的法律法规，而是在一些相关法律法规的规定、程序及做法中体现国家保护本国产品、促进产业发展和创新的想法。例如，在《美国产品购买法》中规定，应当对国内的投标商给予 10%～30% 的价格优惠。此外，美国在政府采购的程序设计中，几乎在每个具体的环节和步骤上均设立了支持本国产品发展和企业创新的条款，几乎均能把外国产品排除在外。

我国在政府采购的环节，应当注重对本国企业产品的保护。例如，在同等的条件下，可以借鉴美国经验，对国内产品给予一定的价格优惠，从而促进本土企业能够更好地发展和创新。另外，可以对国际采购中本地产品及劳动含量进行规定，适当明确采用本国原产品和材料的比例，从而间接促进本国产业的发展。

3. 明确规定政府采购向科技型中小企业倾斜

一般情况下，大型企业的产品由于质量和价格方面的优势，更容易进入政府采购目录中。因而为了调动国内中小企业进行科技创新的积极性，诸多发达国家和地区专门规定，中小企业的产品必须在政府采购中占据一定比例。例如，美国联邦采购局设立了小企业采购代表处，亦对中小企业进入政府采购进行了明确规定，欧盟和日本也有类似的条款。我国应当重视和保护中小企业的发展，并使其在法律法规中得以体现。

4. 注重通过提高标准或以国家安全为由设置壁垒

虽然在 GPA 设置的规则中无法通过价格来设计具有歧视性的条款，但发达国家和地区另辟蹊径，通过采用调整技术法规、提升技术标准、增加检验项目等手段提高进入门槛，限制国外高新技术创新产品进入。例如，欧盟通过设计绿色贸易壁垒对我国光伏产品等的进入造成限制和约束。美国通常会以"国家安全"为由，设置壁垒，如 2006 年以"国家安全"的名义将中标的联想电脑排除在外。

我国也可以从制度层面进行设计，对部分领域限制甚至禁止国外企业的进入。本国市场的对外开放并非无限度的全面开放，就以美国为代表的诸多发达国家为例，其在涉及国家安全的产品时，通常也是有限度地开放国内市场。故而，我国也同样可以采用国家安全、外汇平衡等正当名义，对某些领域限制或禁止国外企业的进入，最大限度地保护本国企业的发展。

5. 充分利用强制和优先采购节能、环保产品的政策

欧盟等发达国家和地区尽管加入了 GPA，但是并没有放弃对本国和本地区企业的保护，仍通过技术标准、节能、环保等手段将外国和外地区产品排除在外，保护本国和本地区企业发展，促进本国和本地区企业创新。例如，在国际贸易当中，欧盟首先意识到存在的技术贸易壁垒问题，欧盟也是设立最多绿色贸易壁垒的组织。我国应当学习和借鉴欧盟等发达国家和地区的一些成功经验，在 GPA 规则范围内，通过颁布政府采购领域中的节能产品和环保产品清单，采用优先采购和强制采购节能及环保产品的有力措施，以实现保护本国和本地区企业创新的目标。

3.5.5　我国绿色采购立法的构想

通过调查和研究世界主要发达国家和地区在政府采购领域的发展历程可以发现，绿色采购立法对促进国家社会经济发展导向的转变起到了十分重要的作用。具体到我国，应结合我国现实发展需要及未来发展趋势，借鉴国外发达国家的可本土化的成功经验，进行绿色采购立法的制定。绿色采购立法的建立对我国政府采购的发展意义重大，可通过法治化的手段对绿色采购活动进行规范化管理，发挥社会导向和市场导向的作用，进一步加快我国发展循环经济的脚步及建立节约型社会的进程。下面是对绿色采购立法中几个关键问题的思考及构想。

1. 绿色采购立法名称及目的

关于绿色采购立法的具体名称，世界各国采用的术语不尽相同。如美国一般在

政策或者法令中倾向于将其命名为"环境优先采购",而日本称之为《促进再循环产品采购法》。具体到我国,相对于其他发达国家,我国涉入绿色采购领域较晚,但近年来取得了较快进展。目前,我国逐步发展,形成了建立在节能产品政府采购清单上的优先采购及强制采购制度,构建了初步的制度框架。但不可否认的是,我国仍未建立统一的绿色采购制度,应借鉴国外成功经验,探索建立绿色采购法。

我国对绿色采购的统一立法应当具有鲜明的中国特色,应是管理法及政策法的融合,应结合我国具体实践以及立法目的、范围、内容来制定。因此,我们认为,可考虑使用"中华人民共和国环保产品、工程和服务采购促进法"作为其正式的立法名称,其范围涵盖具有环保功能的货物、工程和服务。绿色采购法建立的目的是更好地发挥政策引导和市场导向功能,通过采取绿色采购的政策手段以推动我国稳步发展循环经济和建立节约型社会。事实上,在我国《政府采购法》制定之初,关于是否将政府采购的调控功能放入立法目的中曾有两种不同意见。在反复商讨辩证后,最终发布的《政府采购法》采用了未放入立法目的的建议,并在第九条等条款中阐释了此主张并展开了列举式规定。我国在进行绿色采购法制定时,应明确规定其目的是实现保护环境和支持公共政策的目标,同时明确其是促进发展循环经济战略和建立节约型社会的重要保证。

2. 绿色采购法的适用范围

以政府采购为例,国际上普遍的做法是不单单局限于各级政府自身的采购行动,还包括其控制的国有企业和与公共利益相关的公共企业的采购行为,这些均属于政府采购的范围。在我国,政府采购适用的对象是各级国家机关、事业单位和团体组织,并不包含采用财政拨款的国有企业。这其实在很大程度上阻碍了政府采购市场的发展。因此,参照和反思《政府采购法》的制定和实施过程,在具体制定绿色采购法时,应对国际上尤其是发达国家绿色采购法中适用范围等规定进行考察和借鉴,对我国政府采购主体进行补充,并适当调整法律规制的范围。

此外,绿色采购法应从多元主体的层面出发,推进绿色采购的实施,要将一般企业及国民纳入进来,并为其进行绿色采购、保护环境提供法律支持。以日本的《绿色采购法》为例,其中除对国家等机关进行绿色采购的义务进行了详细规定外,还包含了要求国民、企事业单位和地方公共团体采取绿色采购的方式。通过从法律层面进行指导,《绿色采购法》促进了日本企业及国民采购方式的转变,并由此推动了环保型产品的发展。我国绿色采购法可以考虑借鉴日本的相关规定,采用倡导性的法律条款,将企业和国民纳入绿色采购的主体中。通过法律层面的概括性规定及配套的激励措施,倡导和激励企业和公民实施绿色采购,推动我国绿色采购的发展。

3. 绿色采购目标和计划的制订

纵览发达国家的绿色采购目标和计划可以发现，详细规范的绿色采购目标和计划具有十分重要的作用，可有效指导绿色采购的发展方向。因而在我国的绿色采购目标和计划制定过程中要保证科学性、权威性和专业性，具体而言，可以考虑采用以下两种途径来推进。第一，具体领域的绿色采购目标和计划可由财政等政府部门、环境保护部门、相关专家等联合起草，然后交由国务院颁布或与起草制定部门联合颁布。第二，设立一个常设的跨部门委员会对此进行负责（柯坚，2006）。同时，制定好绿色采购目标和计划后，对目标和计划的实施要进行规范。其中，具体执行机构应为政府采购部门或者政府采购代理机构，监督机构为各级财政部门，而供应商及公众等社会力量则有权通过查看政府公开的信息等多种渠道来监督绿色采购目标和计划被执行的全过程。

4. 绿色采购法的监督管理体制问题

推进绿色采购在实践中落实的重要前提在于是否确立完善的绿色采购监督管理体制。伴随着国际上 ISO14000 系列标准等环境管理体系的发展，国际上在环境管理方面卓有成效。我国政府机关可充分借鉴国际上环境管理的成功经验对国内环境管理体制进行有效补充，如可以借鉴企业环境体系的认证方式，从绿色采购计划的制定、实施、实现和评审等过程环节及所需资源进行规范，建立统一的、具有实操性的绿色采购监督管理体制以实现绿色采购的目标。在绿色采购的管理体制方面，目前国际上对政府采购的管理主要有委员会制和部门管理制（主要是财政部门）两种立法渠道。具体结合我国的现状和发展，我们认为，我国宜采用部门管理制度，针对不同层面的政府采购实行具有针对性的管理体制。例如，在政府采购领域中的国家建设部分可由国家发改委、国家经济贸易委员会和生态环境部来进行管理，政府消费部分则具体主要由各级财政部门、环境保护部门以及政府事务管理部门来监督管理等。

5. 绿色标准、绿色认证和绿色清单制度

目前，我国政府采购中的环保产品规模和节能产品规模有了显著增长，绿色采购日益受到国家的重视。但就目前而言，我国的绿色采购仍存在标准体系建设不完善、信息沟通机制不畅等问题，而绿色采购能够顺利开展的前提在于，将绿色产品的相关信息提供给消费者，因而绿色标准、绿色认证和绿色清单制度的建立十分必要且重要。对主要发达国家和地区关于绿色采购的成功经验进行考察，可以发现，美国建立了包含《联邦采购条例》《资源保护与回收法案》等完善的绿色采购法律法规体系；欧盟通过颁布实施《绿色公共采购手册》、设计多种通用的绿色采购标准等建立了绿色采购标准体系；日本则通过政府、企业、社会组织间的有效结合建立了绿色采购网络联盟（GPN），通过制定绿色采购纲要、组织培训、定期发布绿色采购报告、建立绿色采购信息数据库等多重途径充分调动政府和民间力量，共同推动绿色采购的实施（胡丽君，2020）。目前，关于绿色采购，我国在国家层面尚未形成统一的标准，亦未指定专门组织及人员来负责绿色采购事宜。

我国应充分借鉴欧盟、日本和美国等发达国家和地区的成功经验，在绿色采购法中对绿色标准、绿色认证及绿色清单的制定、颁布、程序进行明确规定，同时也要对相关主体的权利和义务进行详细规定。具体内容包括以下方面：首先，制定多种通用的绿色标准，在此基础上开展绿色认定工作，发布绿色清单。其次，可以参照日本设立的绿色采购信息库并充分结合我国的大数据技术，在全国层面建立一个绿色采购的信息网络，为绿色采购的进一步发展和具体实施提供依据。最后，还可考虑从法律层面确立绿色采购中介组织的地位。绿色采购领域中第三部门的重要性显而易见，通过确立绿色采购中介组织的地位，可以促进中介组织的发展以及充分调动其积极性，促进绿色采购生态的不断完善。

3.5.6 小结

推进政府采购活动的有序运行和良性发展主要可以从以下方面入手：①应进一步对我国政府采购领域的相关法律法规及其配套政策进行完善和细化，建立完整的政府采购制度框架体系，从而保证政府采购活动有法可依、有法必依。②确立采取财政资金采购新技术、新产品、新服务制度，这套制度体系中应包含关于新技术、新产品、新服务的认证制度、标准以及评价体系等内容，从而有效保障和推动财政资金可以向新技术、新产品、新服务层面倾斜。例如，可对评标标准进行调整和修订，将"达到使用标准的新技术、新产品、新服务可以优先获得采购"纳入评标标准内，从而使其摆脱价格最低限制的约束和影响，从而达到支持自主创新的目的。③可以从对本土新技术、新产品、新服务企业提供支持的角度出发，从法律层面进行完善。例如，可以对有关政府采购信息安全办法进行细化，将支持自主创新发展与国家利益和公共利益相结合。这样在实践中如果遇到危害国家利益和公共利益的情况，政府可以随时依法终止合同，从而有利于本土企业新技术、新产品、新服务的发展。除此之外，还可以在法律条文中对某些特定项目，如国家重大建设项目，作出优先采购新技术、新产品、新服务的明确规定。或者更进一步而言，可以考虑将支持新技术、新产品、新服务明确纳入法律中，使其成为政府采购合同中的必备条款。

第 4 章

广东省（深圳市）、江苏省、上海市政府采购 促进科技创新的现状与政策分析

4.1 广东省（深圳市）政府采购促进科技创新的 现状与政策分析

4.1.1 广东省（深圳市）政府采购发展现状

1. 广东省总体现状

根据历年《中国政府采购年鉴》中关于广东省的统计数据，2012 年广东省政府采购规模为 1232.7 亿元，比原预算安排节约资金 94.6 亿元，比上年增长 18.47%，采购规模呈现稳步增长态势。2012 年，广东省政府采购网发布采购项目公告 2546 条，发布采购项目结果公告 2351 条，通过广东省电子政府采购平台可查询商品信息多达 53 642 条，商品配件信息统计共 14 218 条。2012 年，全省国内产品采购金额高达 1207.1 亿元，占全省政府采购总体规模的 92.0%；进口产品采购总金额为 25.6 亿元。

1）政府采购规模分析

广东省在政府采购规模上具有较高的发展水平，广东省政府采购规模自 2002 年直至 2012 年增长了近 14 倍，增速较快（图 4-1）；同时广东省政府采购规模在全国 31 个省（自治区、直辖市）比较中，近年一直居全国首位；在全国和广东省政府采购规模同时增长的情况下，广东省政府采购规模占全国总规模的比重保

持在 10% 左右。

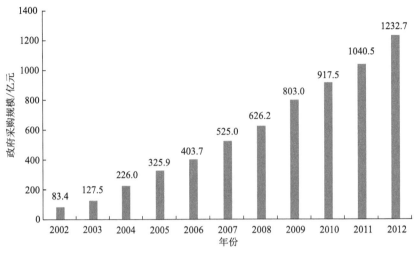

图 4-1 2002～2012 年广东省政府采购规模
资料来源：根据历年《中国政府采购年鉴》整理

判断国家和地区的政府采购规模合理性指标有两个：一是当年采购规模在当年地区生产总值中的占比；二是当年采购规模在当年政府财政支出中的占比。2002～2012 年广东省政府采购规模占广东省地区生产总值和财政支出比重见表 4-1。

表 4-1 2002～2012 年广东省政府采购规模占广东省地区生产总值和财政支出比重

年份	政府采购规模/亿元	财政支出/亿元	广东省地区生产总值/亿元	政府采购规模占财政支出比重/%	政府采购规模占广东省地区生产总值比重/%
2002	83.4	1 521.1	13 502.4	5.48	0.62
2003	127.5	1 695.6	15 844.6	7.52	0.80
2004	226.0	1 853.0	18 864.6	12.20	1.20
2005	325.9	2 289.1	22 557.4	14.24	1.44
2006	403.7	2 553.3	26 587.8	15.81	1.52
2007	525.0	3 159.6	31 777.0	16.62	1.65
2008	626.2	3 778.6	36 796.7	16.57	1.70
2009	803.0	4 334.4	39 482.6	18.53	2.03
2010	917.5	5 421.5	46 013.1	16.92	1.99
2011	1 040.5	6 712.4	53 210.3	15.50	1.96
2012	1 232.7	7 387.9	57 067.9	16.69	2.16

资料来源：根据《广东统计年鉴 2013》整理。

表 4-1 显示，2012 年广东省政府采购规模占财政支出比重为 16.69%，说明政

府采购在本区域内政府财政支出中发挥了重要的经济作用；同时，2002～2012年，广东省政府采购规模占广东省地区生产总值比重从0.62%增长到2.16%，有了飞速增长。

2）政府采购相关主体分析

我国《政府采购法》规定，政府采购当事人是指在政府采购活动中享有权利和承担义务的各类主体，包括采购人、采购代理机构和供应商等（韶关市财政局政府采购监管科，2014）。广义的政府采购相关主体还包括评审专家和监督管理部门等。在政府采购具体执行过程中，广东省财政厅是政府采购的主管部门，通常在其下属部门设置专门的政府采购管理办公室作为集中采购机构，接受采购人的委托，组织招标活动（王帆，2014）。监察部对评审专家等在政府采购中的违规行为进行监督管理，审计部门审计监督政府采购中的资金使用情况。广东省政府采购相关主体及其职能见表4-2。

表4-2　广东省政府采购相关主体及其职能

政府采购相关主体	市场主体特征	采购环节中的职能
采购人	广东省政府组成部门、特设机构及直属机构，不包括省属国有企业	采购需求的提出与落实
采购代理机构	集中采购机构和社会代理机构	组织招标、评标
供应商	向采购人提供货物、工程和服务的国内中小企业为主	投标、中标履约
评审专家	以独立身份从事和参加政府采购有关评审工作的人员	评标
监督管理部门	对政府采购进行审计监督	审计监督

资料来源：根据《政府采购法》整理。

《广东省政府采购工作规范（试行）》规定，采购代理机构、采购人、评审专家或供应商不得相互串通，损害国家利益、社会公共利益和其他相关人的合法权益。在广东省历年的政府采购审计中，省级预算执行和专项资金使用管理等总体情况良好，但是发现了很多问题：首先，政府采购支出超出年初预算；其次，政府采购拨付款项中，挤占专项经费的问题较为突出；最后，虚列支出骗取政府采购资金的情况也经常发生。以上不良现象的发生与政府采购过程中的权利合谋以及寻租行为有密切关系（韶关市财政局政府采购监管科，2014）。

3）政府采购范围分析

政府采购是指各级政府为了开展日常政务活动或为公众提供服务，在财政的监督下，以法定的方式、方法和程序，通过公开招标、公平竞争，由财政部门以直接向供应商付款的方式，从国内、外市场上为政府部门或所属团体购买货物、工程和劳务的行为。《政府采购法》规定的政府采购包括购买、租赁、雇用等，即政府采购货物、服务等项目；同时规定了采购范围和发布机构，即属于地方预算的政府采购项目，其集中采购目录由省级人民政府及其授权机构确定并公布。

广东省政府是我国政府采购的次级中央实体，其采购范围目录需由省财政厅确定并公布。广东省财政厅《关于印发〈广东省 2013 年政府集中采购目录及限额标准〉的通知》中，明确了广东省政府采购货物类、工程类、服务类的具体内容范围。政府采购专业化程度的不断提高以及政府公共服务职能的不断加强和配套法律法规逐渐完善，广东省政府采购范围涉及工程和服务日益增多（表 4-3）（韶关市财政局政府采购监管科，2014）。

表 4-3　2013 年广东省政府采购范围目录

采购范围	通用类目录	部门集中类目录
货物类	计算机设备及软件办公设备、电器设备、办公消耗用品、通用交通工具、多媒体系统、图书档案设备、印刷设备、发电设备、灯光音响设备、电梯、通用家具	图书资料、制服及相关用品、专用家具、专用物资、专用设备、专用交通工具
工程类	装修修缮工程	无
服务类	印刷服务、车辆保险和维修服务、物业管理服务	维修和保养服务、租赁服务、信息技术服务、公共管理服务、商务服务

资料来源：根据《广东省 2013 年政府集中采购目录及限额标准》整理。

广东省政府采购结构的历史趋势变动基本特征与全国一致。值得注意的是，2012 年广东省政府采购服务类超过货物类金额，服务类的比重大大高于全国水平。2012 年，广东省政府实际采购 1232.69 亿元，其中，货物类、工程类、服务类采购金额占比分别为 22%、55%、23%（图 4-2）。2012 年，广东省政府采购服务类比重高于全国平均水平，反映了广东省服务业发展水平和广东省政府在促进政府购买公共服务所做的努力。

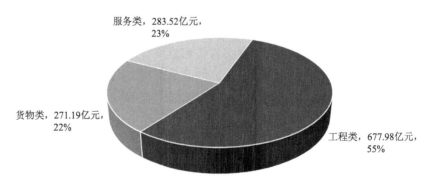

服务类，283.52亿元，23%

货物类，271.19亿元，22%

工程类，677.98亿元，55%

图 4-2　2012 年广东省政府采购结构

资料来源：根据《中国政府采购年鉴》整理

4）政府采购方式分析

《广东省实施〈中华人民共和国政府采购法〉办法》规定：广东省政府采购实

行集中采购和分散采购相结合的采购模式。实行集中采购的政府采购项目由集中采购目录确定，集中采购目录以外、采购限额标准以上的采购项目实行分散采购。广东省人民政府确定并公布集中采购目录和采购限额标准。政府采购的主要方式有：公开招标、邀请招标、竞争性谈判、单一来源采购、询价采购，以及法律、行政法规规定的其他采购方式；政府采购的主要采购方式为公开招标。广东省人民政府确定并公布公开招标的具体数额标准。广东省政府采购模式及招标方式见表4-4。

表 4-4　广东省政府采购模式及招标方式

政府采购模式	采购范围		限额标准	委托采购机构	招标方式
集中采购	政府集中采购目录	通用类目录	货物类和服务类：单次采购单项或批量采购金额≥80万元。工程类：单次采购金额≥100万元	集中采购机构	公开招标
		部门集中类目录	货物类和服务类：单次采购单项或批量采购金额≥20万元	集中采购机构或社会采购代理机构	
分散采购	政府集中采购目录以外		货物类和服务类：单次采购单项或批量采购金额≥20万元。工程类：单次采购金额≥50万元	集中采购机构或社会采购代理机构	邀请招标、竞争性谈判、单一来源采购和询价采购

资料来源：根据《广东省 2013 年政府集中采购目录及限额标准》整理。

2012 年，广东省通过公开招标方式开展的政府采购项目规模为 1031.17 亿元，占总规模的 91.46%。非公开招标采购方式采购金额进一步下降，采用单一来源采购、询价采购、竞争性谈判和邀请招标的采购方式分别占采购项目的 3.55%、2.32%、1.81%、0.86%（图 4-3）。由于制定了合适的集中采购目录和坚持公开招标方式，2012 年广东省节约财政资金 94.61 亿元（中国政府采购年鉴编委会，2013）。

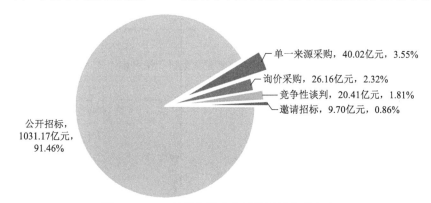

图 4-3　2012 年广东省政府采购招标方式占比
资料来源：根据《中国政府采购年鉴》整理

5）政府采购的政策目标分析

通过研究我国乃至世界各国政府采购法律制度不难发现，主要发达国家政府采购领域都出台了相关优先采购国货、环保节能产品，以及保护中小企业的法律法规，通过立法的形式来鼓励购买本国产品和服务，限制进口，以此达到扶持本国产业和保护本国企业的政策目标；但同时也容易形成政府采购中的贸易保护，使政府采购制度在实际上形成非关税贸易壁垒。《广东省实施〈中华人民共和国政府采购法〉办法》中规定：政府采购应当有助于实现节能环保、支持企业自主创新、扶持特殊地区发展、促进中小企业发展等政策目标。同时，关于政府采购购买国外货物、工程和服务方面实行审核管理制度，对国货实行优先购买的政策。2012 年，广东省为贯彻政府采购政策功能，其政府采购授予中小企业的合同金额达到 931.19 亿元，占政府采购总合同金额的 75.54%。其中，中小企业为政府提供相关专业服务的合同金额达到 268.13 亿元，占政府采购服务类金额的 90.98%。另外，由于工程类的特殊性，中小企业在工程类政府采购合同中只有 65.13%的份额，但涉及合同金额最高（表 4-5）。在支持国产产品方面，2012 年广东省政府采购国产产品占全省采购总规模的 97.92%。其中，工程类政府采购全部由国内企业完成，进口主要集中在货物类相关产品的采购中，服务类进口金额和比重都较少（表 4-6）。在促进节能环保方面，广东省全省采购节能产品 75.46 亿元、环保产品 40.55 亿元，分别占同类产品金额的 79.57%和 47.08%；同时，对中小企业提供政策优惠、信贷支持等帮助，为中小企业参与政府采购活动降低了门槛（程红琳，2013）。

表 4-5　2012 年中小企业中标广东省政府采购合同统计表

项目	货物类	服务类	工程类	合计
中标金额/亿元	224.80	268.13	438.26	931.19
占同类总合同金额比重/%	84.79	90.98	65.13	75.54

资料来源：中国采购与招标网。

表 4-6　2012 年广东省政府采购进口情况统计表

项目	总规模/亿元	国内合同授予		进口合同授予	
		金额/亿元	比重/%	金额/亿元	比重/%
货物类	265.13	239.61	90.37	25.52	9.634
服务类	294.70	294.58	99.96	0.12	0.04
工程类	672.86	672.86	100.00	—	—
合计	1232.69	1207.05	97.92	25.64	2.08

资料来源：中国采购与招标网。

广东省实施政府采购相关政策取得了一定成效,但我国国际合作中存在外资品牌垄断部分产业或行业的情况。据相关调查,对于一些产品如办公软件、电梯等,外资或中外合资企业实现了基本垄断中国政府采购市场的局面,以至于我国虽然未正式开放政府市场,但实际上政府采购市场开放程度却较高。在广东省,这样的情况也相当明显,支持并保护好本土品牌,促进中小企业发展的相关政策亟须落实。

2. 广东省政府采购促进科技创新发展现状

以科技进步和创新为引领的新兴产业蓬勃发展,新一轮科技革命和产业革命蓄势待发。科技创新能力在广东省经济发展中的地位和作用显著提升。政府采购是政府调控经济、促进社会经济发展的一个重要政策工具。近几年,广东省紧跟国家政府采购改革步伐,在国家政策的基础上,根据本省特点,制定了有针对性的省级政策,各地、各部门积极落实支持节能环保、采购国内产品以及促进中小企业发展等政策措施,不断拓展政府采购功能的实施领域,政府采购政策功能及促进科技创新发展成效日益突出。

根据有关统计,中国有200多类产品的产量居世界第一。然而,以自主品牌参与国际市场的份额尚不足10%(何雨欣,2005),具有自主品牌的创新型产业成为中国经济发展的短板。《广东省自主创新产品政府采购的若干意见》和《广东省自主创新产品政府采购清单》的颁布实施,标志着广东省政府采购为自主创新产品开启了一条绿色通道。这一举措相当于为自主创新型企业提供了四两拨千斤的助力(彭国华等,2010)。

作为一种政策工具,政府采购需发挥政府采购政策的引导功能,以及在转变经济发展方式、调整产业结构、推动经济发展的标杆作用。现阶段,广东省在对自主创新和节能环保产业方面给予了一定的倾斜,同等条件下,为中小企业设立了一定的价格评审优惠条件;全面实施和推广电子政府采购平台,实现了政府采购信息的公开化、透明化,为符合政策支持条件的创新型企业提供了更多的竞争机会。广东省将进一步通过政府采购来鼓励创新、扶持创业、促进产业结构调整。

3. 深圳市政府采购促进科技创新发展现状

深圳市作为改革开放的"排头兵",以创新的智慧和敢为天下先的勇气背负着改革重任,践行改革使命,展示改革风采,在诸多方面较好地走在了全国前列。近年来,深圳市大胆改革政府采购制度,发挥市场在资源配置中的决定作用,在完善制度、提高效率、促进交易公平、提高政府采购质量和效率等方面取得新的突破,做出了有益的探索和积极的贡献。主要体现在以下几方面。

1）全面实行"商场供货（含电商）+网上竞价"改革

从 2014 年 4 月 1 日起,深圳市财政委和深圳市政府采购中心对市本级通用类货物采购取消原有的协议采购和预选供应商采购,以预算配置标准代替需求标准,以合理分档代替控管制约,以商场供货代替一事一招,以厘清财政与部门间职责代替财政部门责任包揽,9 月 15 日又引入电商平台,进一步丰富了政府采购的渠道。通过推行商场供货、引入电商的改革,深圳市搭建了公开竞争、完全透明化的采购平台。通过这些措施,深圳市解决了采购价格高、招标时间长、特供商品比价困难等问题。同时,为加快支付进度,深圳市在全国率先推行公务采购卡结算。

2）全面推进公开招标项目实行评定分离改革

深圳市财政委出台了《深圳市政府采购评标定标分离管理暂行办法》,充分体现了菜单式采购、实操性采购,明确采购单位责任,解决程序空转等问题。这项改革是政府采购评标定标操作程序的重大变革,影响深远、意义重大。自 2014 年全面推开改革以来,市本级共组织实施 1321 个政府采购公开招标项目,采购金额合计 19.65 亿元。其中,采用评定分离的项目共 199 个,占总项目数的 15.06%;金额合计 3.26 亿元,占总采购金额的 16.59%,所有评定分离项目暂无有效质疑和投诉,各方满意度普遍得到了提升（深圳市财政委员会办公室,2014）。

3）全面改进高等院校和科研机构政府采购工作

为减少审批流程,也为科研院所及大学提供强有力支持,深圳市财政委出台了进一步落实政府采购对高等院校和科研机构的扶持政策,并将其列入 2014 年度白皮书工作任务。具体内容如下:一是提高科研设备等相关项目的采购上限至 50 万元;二是由深圳市政府采购中心或社会采购代理机构根据评委会意见,审查决定是否将 200 万元以下公开招标失败的项目转为非公开招标,并经市政府采购中心行政首长或社会采购代理机构法定代表确认签字后落实,结束后定期报备深圳市财政委,不需提前经过财政部门审批;三是允许高等院校以及科研机构等一次性全额申报科研设备类采购计划,提前采购;四是"合二为一"简化进口产品项目论证;五是实施事后报备以及事后评估监管机制。首批 7 家试点单位均对此项改革表示欢迎。

4）推动医用通用耗材批量集中采购和战略合作

为真正发挥规模效应,实现物有所值,深圳市财政委和深圳市政府采购中心联合深圳市公立医院管理中心,结合市属公立医院的实际,选取了 5 种临床应用普遍、采购数量和金额较大的通用医疗耗材,在深圳市本级公立医院范围内试点批量集中采购。研究制定印发了《通用医疗耗材批量政府采购工作试行方案》,对工作原则、组织管理、批量采购目录、供应商资质、采购流程、评审专家组成、监督管理等方面内容进行了明确和规范。为使批量采购顺利成功,还专门召开了"医用通用医疗耗材批量采购项目推介会"。通过批量采购,平均成本下降 30%

左右，成效较为显著。另外，还研究选取部分医疗设备来实行战略合作伙伴，真正发挥规模效应，实现最低价采购。

5）优化进口产品审批制度改革

深圳市财政委联合市卫计委印发了《2014年深圳市政府采购医疗设备控制类进口产品目录》和《2014年深圳市政府采购医疗设备允许类进口产品目录》，以正面清单来提高行政审批效率，以负面清单来控制审批范围。通过清单制度和第三方专家"二合一"独立论证制度，充分发挥政府采购政策引导功能，扶持我国（尤其是深圳市）创新型企业的发展，减少审批流程，提高采购效率。

6）优化政府采购预算管理模式

为进一步提升政府采购效率，推动政府采购管理科学化和规范化，深圳市财政委推行项目库和政府采购预算管理方式的改革。采购单位采购项目常年申报、动态管理、分散审核，解决因集中审核人手不够造成审核质量不高、工作效率较低的问题。采购项目实行虚拟指标和实际指标双重管理，采购资金分年度滚动安排，年度常规性采购项目可提前下达虚拟指标来实施采购，甚至可在新年度开始前，完成除履约和支付以外的其他采购程序。

4.1.2　政府采购促进科技创新政策体系

1. 政策体系

广东省、深圳市政府采购促进科技创新的相关政策见表4-7和表4-8。

表4-7　深圳市政府采购促进科技创新有关政策汇总

序号	政策名称	发文单位	发布时间	备注
1	《深圳市节约用水条例》（深圳市人民代表大会常务委员会公告第121号）	深圳市人大常委会	2005年2月	纲领型政策
2	《中共深圳市委 深圳市人民政府关于实施自主创新战略建设国家创新型城市的决定》（深发〔2006〕1号）	深圳市委、市政府	2006年1月	纲领型政策
3	《深圳市自主创新产品认定管理办法》（深府〔2007〕142号）	深圳市政府	2007年6月	2011年底停止执行
4	《深圳市财政局转发财政部关于印发〈自主创新产品政府首购和订购管理办法〉的通知》（深财购〔2008〕2号）	深圳市财政局	2008年3月	2011年底停止执行
5	《关于印发〈深圳市实施财政部《政府采购进口产品管理办法》若干意见〉的通知》（深财购〔2009〕5号）	深圳市财政局、发展改革局	2009年3月	
6	《深圳市财政委员会 深圳市发展和改革委员会关于印发〈深圳市政府采购循环经济产品（服务）目录〉（第一批）的通知》（深财购〔2013〕31号）	深圳市财政委、发改委	2013年12月	

序号	政策名称	发文单位	发布时间	备注
7	《深圳市财政委员会 深圳市卫生和计划生育委员会关于印发〈2014 年深圳市政府采购医疗设备控制类进口产品目录〉和〈2014 年深圳市政府采购医疗设备允许类进口产品目录〉的通知》（深财购〔2014〕8 号）	深圳市财政委、卫计委	2014 年 2 月	
8	《深圳市财政委员会关于进一步改进政府采购进口产品管理有关事项的通知》（深财购〔2014〕26 号）	深圳市财政委	2014 年 7 月	
9	《深圳市人民政府办公厅关于印发〈深圳市新能源汽车发展工作方案〉的通知》（深府办函〔2015〕6 号）	深圳市政府办公厅	2015 年 1 月	纲领型政策
10	《深圳市人民政府关于印发〈深圳市新能源汽车推广应用若干政策措施〉的通知》（深府〔2015〕2 号）	深圳市政府	2015 年 1 月	纲领型政策
11	《关于深圳市开展首台（套）重大技术装备保险补偿机制试点工作的通知》（深经贸信息新兴字〔2015〕13 号）	深圳市经信委	2015 年 3 月	

表 4 8　广东省政府采购促进科技创新有关政策汇总

序号	政策名称	发文单位	发布时间	备注
1	《印发〈广东省促进自主创新若干政策〉的通知》（粤府〔2006〕123 号）	广东省政府	2006 年 11 月	纲领型政策，部分内容 2011 年 8 月停止执行
2	《广东省促进中小企业发展条例》（广东省第十届人民代表大会常务委员会公告第 82 号）	广东省人大常委会	2007 年 9 月	纲领型政策
3	《广东省自主创新产品认定的管理办法》（粤科函政字〔2007〕1120 号）	广东省科技厅、发改委、经济贸易委员会、财政厅、知识产权局、质监局	2007 年 12 月	2011 年 8 月停止执行
4	《关于做好节能、环保产品的政府采购评审与监督工作的通知》（韶财采购〔2008〕12 号）	韶关市财政局	2008 年 10 月	地区性法规
5	《关于进一步贯彻落实自主创新政府采购政策的通知》（粤财采购〔2009〕10 号）	广东省财政厅	2009 年 4 月	2011 年 8 月停止执行
6	《关于广东省自主创新产品政府采购的若干意见》（粤财采购〔2009〕13 号）	广东省财政厅、科技厅	2009 年 6 月	2011 年 8 月停止执行
7	《广东省实施〈中华人民共和国政府采购法〉办法》（广东省第十一届人民代表大会常务委员会公告第 12 号）	广东省人大常委会	2009 年 11 月	纲领型政策
8	《印发〈佛山市发挥政府采购政策功能促进中小企业发展工作措施〉的通知》（佛府办〔2010〕91 号）	佛山市政府	2010 年 5 月	地区性法规

续表

序号	政策名称	发文单位	发布时间	备注
9	《广东省政府采购信用担保试点实施方案》（粤财采购〔2011〕15号）	广东省财政厅	2011年12月	仅发到广州、东莞两市
10	《印发〈广东省推广使用LED照明产品实施方案〉的通知》（粤府函〔2012〕113号）	广东省政府	2012年5月	
11	《关于发布2012版广东省LED照明标杆体系管理规范及实施产品评定的通知》（粤半导体光源协标杆字〔2012〕2号）	广东省半导体光源产业协会	2012年8月	
12	《关于政府采购促进中小企业发展的意见》（江财采购〔2013〕36号）	江门市财政局、经济和信息化局	2013年4月	地区性法规
13	《关于进一步推进政府采购信用担保试点工作的通知》（粤财采购〔2013〕15号）	广东省财政厅	2013年7月	仅发到广州、东莞两市
14	《珠海市政府采购促进中小企业发展办法》（试行）（珠财采通〔2013〕3号）	珠海市财政局	2013年10月	地区性法规
15	《关于促进节能环保产业发展的意见》（粤府办〔2014〕41号）	广东省政府办公厅	2014年7月	纲领型政策
16	《关于加快科技创新的若干政策意见》（粤府〔2015〕1号）	广东省政府	2015年2月	纲领型政策
17	《关于创新产品与服务远期约定政府购买的试行办法》（粤财教〔2015〕91号）	广东省财政厅、科技厅	2015年5月	
18	《关于征集创新产品与服务远期约定政府购买需求的通知》（粤科函高字〔2015〕1352号）	广东省科技厅	2015年9月	
19	《关于征集广东省第一批远期创新产品与服务的通知》（粤科函高字〔2015〕1526号）	广东省科技厅	2015年10月	

2. 具体措施

广东省（深圳市）政府采购促进科技创新的具体措施汇总见表4-9和表4-10。

3. 总结

总体来说，广东省发布了19项相关政策来指导政府采购促进科技创新，深圳市也发布了11项相关政策。相对来说，政策数量较多，但梳理各项政策之后，会发现其政策体系有以下三个方面的特点。

第一，广东省与深圳市的政府采购促进科技创新政策在支持维度上存在一定局限性。比如大部分政策是针对促进科技型中小企业发展、建立支持国货与采购进口产品管理制度和促进节能环保产业发展三方面，并制定了较为具体的措施。但在开展新技术新产品政府采购和推广应用及建立"首购首用"风险补偿机制[包括首台（套）重大技术装备风险补偿机制]两方面，缺乏相关指导和具体措施。

表 4-9　广东省政府采购促进科技创新的具体措施汇总

支持维度	支持措施	支持范围	重点支持领域	支持方式	适用年限	适用地区	政策文件名称	发布时间
促进新技术新产品（服务）推广应用	创新产品与服务的定期约定政府购买制度	①在广东省内注册的独立法人；②单位具有大学专科以上学历的科技人员占单位当年研发人员总数≥30%，其中研发人员占单位当年研发人员总数≥10%；③企业中标前总额占标前一年研发费用总额占营业收入比例≥3%	包括但不限于电子信息、节能环保、新材料、新能源、生物医药与医械等产品，以及信息通信、检验检测认证、环境监测、研究开发、规划与咨询、工程勘察设计与管理等服务	省财政、科技部门会发布远期购买需求，委托第三方机构向社会发布远期购买需求，通过政府购买方式确定创新产品与服务提供商，并在创新产品与服务达到约定合同规模和价格实施购买；购买单位与服务按合同约定的规模和价格实施购买	—	广东省	《关于加快科技创新的若干政策意见》	2015 年 2 月
	举办培训班，为中小企业提供政策和流程指导			①组织政府采购法规规培训，帮助中小企业了解政府采购扶持政策；②加强对中小企业在采购文件、操作流程以及投标实务等方面的业务辅导；③定期分析中小企业参与政府采购数据信息，对产品利服务、质量过硬、履约诚信好、有发展潜力的本地中小企业给予重点扶持，培育江门市中小企业政府采购供应商队伍			佛山市	《印发〈佛山市发挥政府采购政策功能促进中小企业发展工作措施〉的通知》	2010 年 5 月
	为中小企业提供政策和流程指导	符合国家中小企业标准，同时在政府采购活动中提供本企业制造的货物，或者提供其他中小企业制造的货物，不包括提供或使用大型企业注册商标的货物的企业	—			珠海市	《珠海市政府采购促进中小企业发展办法》(试行)	2013 年 10 月
					5 年	江门市	《关于政府采购促进中小企业发展的意见》	2013 年 4 月
促进科技型中小企业发展	建立中小企业政府采购诚信体系			逐步完善中小企业参与政府采购信用档案，联合有关金融机构对企业的经营状况、社会信用状况和资信能力等进行综合评估，对信用等级较高的中小企业在融资担保和评审环节等方面优先给予支持	—	佛山市	《印发〈佛山市发挥政府采购政策功能促进中小企业发展工作措施〉的通知》	2010 年 5 月
					5 年	江门市	《关于政府采购促进中小企业发展的意见》	2013 年 4 月

续表

支持维度	支持措施	支持范围	重点支持领域	支持方式	适用年限	适用地区	政策文件名称	发布时间
	建立政府采购信用担保机制			①可将政府采购合同作为信用担保。②专业担保机构要对政府采购中小企业供应商融资需求进行采购信息，对同时采用投标、履约和融资担保服务或业务的中小企业供应商，要免收投标担保费或业务或者给予费率优惠。③试点期间对于小型和微型企业的政府采购项目，担保费率应当适度下调。④营造良好舆论氛围，做好政府采购信用担保试点工作的引导和监管	2012～2013年（试点）	省本级、广州、东莞市	《广东省政府采购信用担保试点实施方案》	2011年12月
					—	珠海市	《珠海市政府采购促进中小企业发展办法（试行）》	2013年10月
促进科技型中小企业发展	制定"中小企业产品目录"	符合国家中小企业标准，同时在政府采购活动中提供本企业制造的货物、承担的工程或者提供服务，或者提供其他中小企业制造的货物，不包括提供或使用大型企业注册商标的货物的企业	—	①由市经信部门负责制定市"中小企业产品目录"。②重点推荐本市名优产品和服务进入"中小企业产品目录"，定期制定公布"中小企业产品目录"，在同等条件下鼓励采购"中小企业产品目录"的产品	5年	江门市	《关于政府采购促进中小企业发展的意见》	2013年4月
	放宽准入条件			任何单位和个人不得阻路或限制中小企业自由进入本地区和本行业的政府采购市场，不得以注册资本金、资产总额、营业收入、从业人员人数、纳税额等规模条件设置准入门槛，不得对中小企业实行差别待遇或歧视待遇	—	珠海市	《珠海市政府采购促进中小企业发展办法（试行）》	2013年10月
	非专门面向中小企业采购的项目中的评审优惠			对小微企业报价给予一定比例的扣除，用以扣除后的报价参与评审。①对小型、微型企业给予6%的扣除，对微型企业给予10%的扣除。②采用综合评分法的项目，采购文件中对供应商规模条件设置评审因素的分值和评审因素总分值不得超过商务技术总分值的3%	5年	江门市	《关于政府采购促进中小企业发展的意见》	2013年4月
					—	珠海市	《珠海市政府采购促进中小企业发展办法（试行）》	2013年10月

续表

支持维度	支持措施	支持范围	重点支持领域	支持方式	适用年限	适用地区	政策文件名称	发布时间
	非专门向中小企业的采购项目中的评审优惠			对小型和微型企业产品的价格给予6%~10%的扣除，用扣除后的价格参与评审	5年	江门市	《关于政府采购促进中小企业发展的意见》	2013年4月
促进科技型中小企业发展	预留份额与预留合同	符合国家中小企业标准，同时在政府采购活动中提供本企业制造的货物，或者提供其他中小企业制造的货物、承担供应的工程或者服务，不包括使用大型企业注册商标的货物的企业		①对预算金额在50万元以下的政府采购项目，专门面向中小企业采购。②采购人在组织分散采购活动时，应当直接从中小企业采购。③采购人和采购代理机构在组织集中采购活动后，应当在招标文件中注明该项目专门面向中型、小型、微型企业采购。④实施采购后，没有符合条件的中小企业参与采购活动的，允许大型企业参加	—	珠海市	《珠海市政府采购促进中小企业发展办法（试行）》	2013年10月
				①在满足部门行政管理自身运转和提供公共服务基本需求的前提下，预留全年政府采购项目预算总额的30%以上，专门向中小企业采购。②其中，预留给小型和微型企业的比例不低于60%。③对一些经常性业务、技术含量低的通用性产品，且预算金额不超过200万元的政府采购项目，面向中小企业采购。零星政府采购项目，面向中小企业采购	5年	江门市	《关于政府采购促进中小企业发展的意见》	2013年4月
	探索分拆招标做法或鼓励依法分包			以公开招标方式采购的政府采购项目，采购人或采购代理机构可以根据项目的实际情况合理划分包件，鼓励单独面为中小企业组织采购。分包合同金额，计入面向中小企业采购的统计数额	—	珠海市	《关于政府采购促进中小企业发展的意见》	2013年10月

续表

支持维度	支持措施	支持范围	重点支持领域	支持方式	适用年限	适用地区	政策文件名称	发布时间
促进科技型中小企业发展	探索分拆招标做法或鼓励依法分包			鼓励采购人允许获得政府采购合同的大型企业依法向中小企业分包，对一些可以分拆的大宗政府采购项目以同类品目为基础适当分拆，大型企业向中小企业分包的金额计入面向中小企业采购的统计数额	5 年	江门市	《关于政府采购促进中小企业发展的意见》	2013 年 4 月
	鼓励组成联合体参与政府采购	符合国家中小企业标准，同时在政府采购活动中提供本企业制造的货物，或者提供其他中小企业制造的货物，不包括提供使用大型企业注册商标的货物的企业	—	①小型、微型企业的协议合同金额占到联合体协议合同总金额 30%以上的，可给予联合体投标价格 3%的价格扣除，用扣除后的报价参与评审，并要求付款时按联合协议约定比例支付给联合体各方。②联合体视同为小型、微型企业享受专门面向中小企业采购的项目。③组成联合体的各单位之间不得存在投资关系	—	珠海市	《关于政府采购促进中小企业发展的意见》	2013 年 10 月
	费用减免和其他优惠措施			①符合资质条件的中小企业依法组成联合体参与政府采购活动，享受中小企业的各项扶持政策；②大企业与中小企业组成联合体参与政府采购活动，按中小企业在项目中所占份额的比例享受中小企业扶持政策；③组成联合体的各单位之间不得存在投资关系	5 年	江门市	《关于政府采购促进中小企业发展的意见》	2013 年 4 月
				①各采购代理机构可适当减免小型、微型企业的招标文件（含谈判、询价）工本费、投标保证金和交易政府服务费。②采购人在与中小企业签订政府采购合同时，付款方式等方面明确给予中小企业适当支持，采购人应当按照合同约定足额支付采购资金。③采购人在控制履约风险的前提下，对中小企业供应商可以适当提高首付款比例	—	珠海市	《关于政府采购促进中小企业发展的意见》	2013 年 10 月

续表

支持维度	支持措施	支持范围	重点支持领域	支持方式	适用年限	适用地区	政策文件名称	发布时间
促进科技型小企业发展	费用减免和其他优惠措施	符合国家中小企业标准，同时在政府采购活动中提供本企业制造的货物，或者提供其他中小企业制造的货物，不包括提供或使用大型企业注册商标的货物的企业	—	①尽可能减免有关费用，采购代理机构、采购人组织采购活动，一律免收招标文件工本费。②适当降低或免除招标保证金的额度的付款方式。③开辟中标中小企业资金支付绿色通道，在控制履约风险的前提下，首付款比例一般不低于40%，累计付款次数不超过3次。④采购人应按照合同约定及时足额支付采购资金	5年	江门市	《关于政府采购促进中小企业发展的意见》	2013年4月
建立支持国货与采购进口产品管理制度	自主创新产品认定	①在广东省境内具有中国法人资格的企业、事业单位；拥有专门的研究开发机构或部门；上年度销售收入在500万元以上企业。②符合国民经济发展要求和先进技术发展方向，技术或工艺路线国际国内先进、产品性能国际先进、原创，产品核心部件和整机产品已在国内率先开发生产，产品具有其核心技术拥有发明专利，并能够替代进口，引领国内市场和带动广东省产业发展的产品	—	—	2011年8月停止执行	广东省	《广东省自主创新产品认定的管理办法》	2007年12月

续表

支持维度	支持措施	支持范围	重点支持领域	支持方式	适用年限	适用地区	政策文件名称	发布时间
建立支持国货与采购进口产品管理制度	在政府采购评审中实施价格扣除	纳入《广东省政府采购自主创新产品目录》的产品和科技服务	—	①以价格为主评标项目评标，在满足采购需求的招标条件下，优先采购自主创新产品。②其中，自主创新产品价格高于一般产品的，要根据科技含量和市场竞争程度等因素，对自主创新产品给予5%～10%的价格扣除。③自主创新产品企业报价不高于排序第一的一般产品价格企业报价5%的，优先获得政府采购合同。④采用综合评分法的采购项目评审，对自主创新产品给予5%～10%的价格扣除，并按扣除后的报价计算其价格得分	—	广东省	《印发〈广东省促进自主创新若干政策〉的通知》	2006 年 11 月
		纳入《广东省政府采购自主创新产品清单》的货物和技术服务	—	①采用最低评标价法评标的项目，对自主创新产品可以在评审时对其投标价格给予5%～10%幅度不等的价格扣除；②采用性价比法评标的项目，在商务评标项中增加自主创新产品投标报价4%～8%幅度不等的价格扣除；③采用综合评分法评标的项目，对自主创新产品应当增加自主创新评审因素，并在评审时，对技术和价格部分评审基本条件的前提下，在满足基本技术和价格评审总分值和技术评审总分值给予价格评标总分值4%～8%幅度不等的加分	—	广东省	《关于广东省自主创新产品政府采购的若干意见》	2009 年 6 月
	自主创新产品首购	省内企业、科研机构生产或开发的试制品和首次投向市场的产品	—	采购人采购的产品属于首购产品类别的，采购人及其委托的采购代理机构应邀请《广东省政府自主创新产品目录》中列明的首购产品的供应商参加投标，不属于首购产品供应商的，不能参加投标		广东省	《印发〈广东省促进自主创新若干政策〉的通知》	2006 年 11 月

续表

支持维度	支持措施	支持范围	重点支持领域	支持方式	适用年限	适用地区	政策文件名称	发布时间
	自主创新产品订购	需要研究开发的重大创新产品或技术	—	政府订购活动应当以公开招标为主要采购方式；对于特殊情况，经批准后可以采用非公开招标方式				
	政府采购预算中增加自主创新产品的编制	纳入《广东省政府自主创新产品清单》的货物和技术服务	—	①采购人在编制年度部门预算时，应当考虑优先购买自主创新产品，按照《广东省政府采购自主创新产品清单》的范围编制自主创新产品政府采购预算，同时标明自主创新产品。②年度自主创新产品政府采购预算应与预算同时编报，年中追加自主创新产品应当按政府预算审批程序编制自主创新产品政府采购预算。③对于纳入部门预算支出的自主创新产品政府采购项目应优先予以保障。④各级财政部门应当明确提出自主创新产品的政府采购预算编制要求，在部门预算的相关表格中增加反映自主创新产品政府采购的内容，随同编制年度部门预算政府采购的通知一并下发。⑤各级财政部门应当将自主创新产品政府采购预算执行情况纳入预算支出绩效考评范围，在其性考评指标的经济和社会效益指标中，增加采购自主创新产品因素。	—	广东省	《关于广东省自主创新产品政府采购的若干意见》	2009年6月
建立支持国货与采购进口产品管理制度	规范购买进口产品程序	进口产品	—	①采购人应根据《政府采购法》的规定，优先购买本国产品。②采购中国产品。②采购或者外国产品在中国境内无法获取或者采取以合理的商业条件获取的（在中国境外使用除外），在采购活动开始前，需由国家权威认证机构予以确认并出具证明。③采购外国产品时，坚持有利于企业自主创新或消化吸收核心技术的原则，优先购买向广东省转让技术的产品	—	广东省	《印发〈广东省促进自主创新若干政策〉的通知》	2006年11月

续表

支持维度	支持措施	支持范围	重点支持领域	支持方式	适用年限	适用地区	政策文件名称	发布时间
	建立节能、环保产品政府采购评审体系	节能环保产品	—	①在技术、服务等指标同等条件下，优先采购有节能、环保标志的产品。②集中采购机构在编制招标文件中应当明确"优先采购有节能、环保标志产品"原则。③以询价、竞争性谈判方式采购同类型的产品，对具有节能、环保标志的产品，且价格高于其同类采购产品10%以内的，应当确定为中标产品。④以招标方式采购同类型的产品，环保标志的产品评审得分低于其同类的其他同类采购产品10%以内的，应当确定为中标产品	—			
促进节能环保产业发展	对采购人的采购过程进行监督		—	①采购人对政府采购招标文件所注明的"优先采购有节能、环保标志产品"不予确认的，集中采购机构有权拒绝采购人所委托的该项采购业务；②采购人对中标产品的确认结果在预中标产品公示期满不予确认的，集中采购机构将在预中标公示后转为中标公告，直接确定为中标产品（参加政府采购活动的供应商对招标程序提出质疑的除外）；③采购人对中标结果为有节能、环保标志的产品，一个月内不与经营该产品范围内的供应商签订合同的，将在全市范围内对其行为进行通报批评，并按《政府采购法》的相关规定对直接责任人追究法律责任	—	韶关市	《关于做好节能、环保产品政府采购评审与监督工作的通知》	2008年10月

续表

支持维度	支持措施	支持范围	重点支持领域	支持方式	适用年限	适用地区	政策文件名称	发布时间
促进节能环保产业发展	对集中采购机构进行监督	节能环保产品	—	对集中采购机构进行年终考核时，增加"优先采购有节能、环保标志产品"考核内容之一的，在年终考核所得总分内每款扣减5分：①编制招标文件时不按规定明确"优先采购有节能、环保标志产品"评审分数权重确定的价格、产品为中标产品的；②不按规定的；③有节能、环保标志产品被确定有节能、环保标志产品后，不按规定期限向社会发布相关信息的；④集中采购的机构工作人员与采购人或供应商进行内外勾结，阻碍或影响经营有节能、环保标志产品的供应商参加政府采购招标活动的	—	韶关市	《关于做好节能、环保产品的政府采购评审与监督工作的通知》	2008年10月
	建立广东省绿色照明示范城市产品采购推荐目录	—	—	—	—	广东省	《关于发布2012版广东省LED照明标杆体系管理规范及实施产品评定的通知》	2012年8月

资料来源：根据广东省政府采购有关政策文件整理。

表 4-10 深圳市政府采购促进科技创新的具体措施汇总

支持维度	支持措施	支持范围	支持领域	支持方式	适用年限	适用地区	政策文件名称	发布时间
建立支持国货与采购进口产品管理制度	自主创新产品认定	①企业条件：在深圳依法注册的企业法人，提供相应的研发和生产经营的场所、设备等条件，有质量保证措施；具有良好信用记录。②产品条件：符合国家有关法律法规和产业政策，拥有自主知识产权；具有明显的创新性，技术含量高，达到国内先进水平以上；产品生产技术成熟	—	—	—	深圳市	《深圳市自主创新产品认定管理办法》	2007 年 6 月
	自主创新产品首购	经该市认定的自主创新产品符合首购政策精神的	—	—	—	深圳市	《深圳市财政局转发财政部关于印发〈自主创新产品政府首购和订购管理办法〉的通知》	2008 年 3 月
	自主创新产品订购	订购产品投标商必须是在中国境内具有中国法人资格的企业、事业单位	—	订购产品政府采购主要以公平招标方式进行	—	深圳市	《深圳市财政局转发财政部关于印发〈自主创新产品政府订购和订购管理办法〉的通知》	2008 年 3 月

续表

支持维度	支持措施	支持范围	支持领域	支持方式	适用年限	适用地区	政策文件名称	发布时间
	规范购买进口产品程序	进口产品（通过中国海关报关验放，进入中国境内且产自关境外的产品，含已进入中国境内并在国内市场有销售的进口产品）	—	①需要采购进口产品的，一般应限于在中国境内无法获取或者无法以合理的商业条件取得，以及国内产品不能满足需求或采购通用产品的。②纳入集中采购目录的通用办公设备及用品、通用机电设备以及消费类电子产品等应当严格控制采购进口产品。③纳入政府首购和订购，政府直接购买范围的产品优先采购同类进口产品的，原则上不得采购同类进口产品	—	深圳市	《深圳市实施财政部政府采购进口产品管理办法若干意见》	2009 年 3 月
建立支持国货与采购进口产品管理制度	制定《2014 年深圳市政府采购医疗设备控制类进口产品目录》		医疗设备	各有关单位采购《2014 年深圳市政府采购〈进口产品〉内》购医疗设备控制类进口产品时，应主动申报国内产品，直接进入政府采购平台采购；如遇特殊情况，需采购进口产品，要在"深圳市医疗设备信息管理系统"中提出申请，并如实填写技术参数需求表，然后由深圳市卫生和计划生育委员会联合组织专家论证，并由深圳市财政委进行审电	1 年	深圳市	《深圳市财政委员会　深圳市卫生和计划生育委员会关于印发〈2014 年深圳市政府采购医疗设备控制类进口产品目录〉和〈2014 年深圳市政府采购允许类进口产品目录〉的通知》	2014 年 2 月
	制定《2014 年深圳市政府采购医疗设备允许类进口产品目录》	政府采购医疗设备		各有关单位采购《2014 年深圳市政府采购〈进口产品〉内》购医疗设备允许类进口产品时，视同已取得进口产品审批表，不需要再进行审批程序，直接进入政府采购平台采购。集中采购机构和社会采购代理机构应鼓励国内产品参与竞争，不得在采购文件及评审活动中对国内产品实行歧视性待遇，不得对不同来源或不同品牌的进口产品实行差别待遇				

续表

支持维度	支持措施	支持范围	支持领域	支持方式	适用年限	适用地区	政策文件名称	发布时间
	优先采购节水型工艺、设备、器具	—	—	市水务主管部门应当会同有关部门制定节水型工艺、设备、器具用户名录，鼓励单位用户和居民生活用户采用或者使用所列节水型工艺、设备和器具	—	深圳市	《深圳市节约用水条例》	2005年2月
促进节能环保产业发展	采购循环经济产品	纳入①财政部、国家发展和改革委员会制定的节能产品、②财政部、环境保护部制定的环境标志产品政府采购清单的有效补充和完善	—	采购人、集中采购的机构或者社会代理机构应当在政府采购招标文件或者谈判文件、竞价文件中载明对产品的节能环保要求和属于循环经济目录中的产品优先采购的评审标准，对属于循环经济目录中的产品，价格给予10%的扣除，用扣除后的价格参与评审，在竞价、服务等指标同等条件下，应当优先采购循环经济目录所列的产品	—	深圳市	《深圳市政府采购循环经济产品（服务）目录》（第一批）	2013年12月
	推广应用新能源汽车	包括纯电动汽车、插电式（含增程式）混合动力汽车和燃料电池汽车，须列入工业和信息化部颁布的汽车产品公告目录，有关新能源汽车生产企业须承诺随应用规模的提升逐年降低整车售价	—	鼓励单位用户和居民生活用户采用或者使用所列节水型工艺、设备和器具	3年	深圳市	《深圳市人民政府办公厅关于印发〈深圳市新能源汽车发展工作方案〉的通知》	2015年1月
	建立"首购首用"重大技术装备保险风险补偿机制	①中华人民共和国境内注册的独立法人、②具有较强的设计研发和生产制造能力、③具备专业比较齐全的技术人员队伍、④具有申请保费补贴的产品的核心技术和知识产权、⑤申请保费补贴的企业应为从事《首台（套）重大技术装备推广应用指导目录（2015年版）》所列装备产品的制造企业，申请保费补贴的装备产品应符合目录规定的主要技术指标	—	按照工信部《关于开展首台（套）重大技术装备保险补偿机制试点工作的通知》和《首台（套）重大技术装备推广应用指导目录（2015年版）》实施补偿		深圳市	《关于深圳市开展首台（套）重大技术装备保险补偿机制试点工作的通知》	2015年3月

　　第二，广东省省一级出台的政策较少，仅有 10 项政策在全省范围内施行。一方面，我们可以看到广东省各地区响应政府采购促进科技创新的积极性，另一方面，我们也要认识到地区性政策文件的适用范围较窄，这不利于促进全省政策的一致性。

　　第三，纲领型政策较多，具体实施型政策措施较少。比如针对政府采购的首购制度，《佛山市发挥政府采购政策功能促进中小企业发展的工作措施》中提出："三、贯彻落实国家关于政府采购的首购制度。根据国家建立健全自主创新激励机制的政策要求，积极贯彻激励自主创新的政府首购制度，市内企业、科研机构生产或者开发的试制产品和首次投向市场的产品，具有较大市场潜力并符合政府采购需求条件的，经认定，由政府进行直接首购和订购。四、加强对采购单位负责人的行为管理。各级政府和职能部门要通过政策引导，加强对采购人单位主要负责人的政策宣传和教育，培养顾全大局的意识，树立以政府采购促进企业发展的思路，将执行政府采购首购制度情况纳入领导考核内容。"但其没有明确在实际工作中应如何具体执行。

4.1.3　政策实施的经验、问题与建议

4.1.3.1　广东省调研

　　为了深入了解广东省政府采购促进科技创新的政策、经验做法及实施效果，获得广东省在相关政策的制定与实施过程中取得的经验与教训，我们对广东省科技厅高新技术处、财政厅政府采购处进行调研，调研取得成果如下。

　　1. 现状与经验

　　1）新技术新产品（服务）首购、订购方面

　　2011 年底，国家及广东省自主创新产品相关政策因 GPA 谈判停止执行以后，广东省政府在政策文件中也提出过要制定新技术新产品（服务）相关政策，但是一直没有出台具体政策。北京市和广东省情况较不一样，广东省一级政府机关、事业单位、团体组织的职能与北京市相比，较为简单，需求多为维持机关正常运转的货物和服务，对新技术新产品（服务）的需求不多。

　　此外，广东省也考虑过首购、订购政策的重新制定，但没有实施。广东省财政厅认为，首购、订购政策在对科技型企业的扶持方面效果比较好，是一个主要的扶持手段，地方政府应该学习北京市的相关经验，做一些工作尝试。

　　2）政府采购促进中小企业发展方面

　　目前，广东省主要通过小额零星采购项目（如物业管理、咨询评估、家具等

的采购)直接面向中小企业的方式来扶持中小企业发展,因为这类产品或服务可以由中小企业提供,并且通常只有中小企业提供。通过这种办法,可以真正支持中小企业的发展。此外,目前广东省并没有类似鼓励采购供应商向中小企业分包的措施,是否进行分包由供应商自己决定,并没有进行强制。

3)政府采购支持国货方面

广东省财政厅认为,2011年前,政府采购自主创新产品相关政策将外资产品、合资产品都挡在了支持范围之外,政府采购支持国货的效果较好,但是随着相关政策的全部废止,地方层面又很难制定国货的认定标准,目前对国货并没有特定的支持政策。目前,广东省主要通过单一来源采购、竞争性磋商等方式来实现之前自主创新产品政策所发挥出的效果。比如从信息安全的角度,以信息安全为契机,在采购时规定,必须要采购国产产品,这同样支持了自主创新。以奔图打印机为例,其属于中国的第二款自主品牌,之前销售情况一般,但通过政府定点采购,极大地推动了其发展。

4)政府采购促进节能环保产业发展方面

目前,国家层面针对节能环保产业制定的政府采购支持政策及产品清单较为完备,广东省财政厅的政府采购处仅针对其操作流程做了优化设计和细化补充,没有出台新的措施。从实施效果来看,因为政策规定需对节能产品政府采购清单内产品进行强制采购,执行效果较好。

5)其他方面

广东省财政厅没有针对现行的支持政策建立特定的政策执行监督机制。主要可以归纳为以下两个原因:一是如果采购方提出的政府采购需求不符合现有规定的话(政策规定必须要提出明确需求),利益受损供应商会主动进行质疑;二是所有的采购单位、代理机构必须严格执行相关支持政策,如果不执行就属于违法行为,需要承担相应的法律责任。

2. 存在问题

1)首购、订购政策在具体实施操作中会面临一些困难

广东省财政厅认为,首购、订购政策在具体实施过程中均存在一定问题。首先,首购政策为的是定点扶持企业,如果只扶持一家企业,不注意培育另外一家的话,就有可能造成垄断。其次,订购政策的重点在于采购需求,采购需求的提出、认定和遴选等工作由哪个部门负责,是否应制定相应标准,这些问题都需要慎重考虑。

2)政府采购促进中小企业发展政策

(1)现有的支持方式存在一系列问题。广东省财政厅认为,现有政府采购支持中小企业政策在具体支持方式上存在一些问题。首先是价格扣除支持方式。按

照国家相关政策，在政府采购招投标评比中应给予中小企业 6%的价格扣除优惠。但是在其他政策中也提到，在进行政府采购时还应通过一定比例价格扣除的方式扶持科创企业和高科技企业。对企业既是中小企业又是高新技术企业的情况，应该按照什么样的比例进行价格扣除，扣除比例是简单叠加还是采取其他的方式，政策文件中并没有进行明确规定。其次是关于份额预留支持方式。广东省财政厅政府采购处认为，在一个政府采购项目中提取一定比例来强制预留给中小企业的做法可操作性较差，很难实施。因为有些采购项目的工程、产品或服务中小企业根本提供不了，有些采购项目的需求则无法确定中小企业能否提供。最后是政府采购信用担保支持中小企业的方式。广东省的实际支持效果较差，究其原因，供应方和采购方对政策实施的积极性都较低：一方面，采购方不想再多出资金用于支持中小企业；另一方面，供应方更习惯去找民间借贷来解决资金问题。

（2）对中小企业的无差别支持不能有效促进创新。除此之外，广东省财政厅认为，目前政府采购政策对中小企业的工程、产品和服务进行无差别支持，没有考虑到中小企业提供产品或服务质量高低的因素，也没有进行创新型产品和服务的区分，促进创新的效果较差。科技型中小企业较难认定，因为需要建立针对科技型和中小型企业的双重认定标准，需要考虑较多因素。

3）现行的环境标志产品优先采购政策实施效果不太理想

与政策规定对节能产品政府采购清单内产品进行强制采购相比，现有政策仅强调要优先采购环境标志产品政府采购清单内产品。广东省财政厅认为，政策的执行效果不太理想，可以归纳为以下两个原因：一是没有具体的支持操作方法，政府采购单位不能有效贯彻执行；二是清单内产品多为过程性产品，并不是供应商可以直接采购的最终产品，不符合供应商的需求。

4）"首购首用"风险补偿机制不属于政府采购范畴

广东省财政厅认为，首台（套）重大装备保险费资助机制不属于政府采购促进科技创新的范畴。目前该省相关工作由财政厅经济建设司负责。

3. 相关建议

1）政府采购促进中小企业发展方面

（1）应采取价格扣除的方式对中小企业进行支持。根据对现有支持方式实施效果进行比较，广东省财政厅认为，如果能出台科技型中小企业认定标准，并以此标准认定一批科技型中小企业，建议采取价格扣除的方式对科技型中小企业予以支持。

（2）对中小企业的支持应基于采购人的需求。在采购人有需求的情况下，引导采购人对中小企业进行采购。

2）其他方面

（1）应通过制定相关清单来保证政府采购促进科技创新政策的顺利实施。广东省财政厅认为，政府采购政策的顺利实施需要有执行依据，而依据就是由省科技部门所制定的相关清单。目前需要制定的清单有三种：一是"创新产品和服务清单"，广东省科技厅正在做这件事，还需要制定认定标准；二是"创新型企业清单"，目前仅有高新技术企业进行了认定，可以考虑通过制定"创新型企业清单"，进行政府采购来支持创新型企业；三是"首购、订购清单"，该清单主要用于界定可以进行首购、订购的各类型产品。

（2）应加强对 GPA 规则和框架的深入研究，探讨 GPA 背景下中国政府面临的主要挑战，比如中央企业是否应纳入政府采购范畴、如何支持国货等问题，并提出通过政府采购促进科技创新的相关对策建议。

4.1.3.2 广州市调研

为了深入了解广州市政府采购促进科技创新的政策、经验做法及实施效果，笔者对广州市财政局政府采购处开展调研，调研的结果如下。

1. 存在问题

1）政府采购促进中小企业发展政策

（1）中小企业在供应商中占比较高，导致评审优惠方式的支持效果不明显。广州市财政局认为，现行的评审优惠支持中小企业政策在支持效果上存在一定问题，因为目前参与政府采购的大部分供应商都为中小企业，都可以得到评审优惠的支持，造成支持效果不明显。

（2）份额预留方式的可操作性较差，导致政策实施较难。关于份额预留的支持方式：一是因为采购方都为政府机关或事业单位，采购之前需要进行预算，在进行预算时并不能确定最后是否从中小企业中进行采购，造成支持办法不能实施；二是不应该在政策规定中明确提出必须支持中小企业，这与公平的市场竞争精神相悖。

2）政府采购促进节能环保产业发展政策

（1）关于节能产品政府采购清单：出现了清单内产品价格比清单外同类型产品价格较高的问题。虽然政策规定清单内产品应强制采购，但采购方都不太愿意购买，原因是产品进入清单的成本较高。据广州市财政局透露，2014 年该采购清单的认证费达到了 500 万元。

（2）关于环保产品（环境标志产品）政府采购清单：政策规定应优先采购，但没有制定相关的配套政策，属于倡导型政策，实施效果不太好，采购方不太愿意配合该清单的实施。

2. 相关建议

1）严格政府采购进口产品审核制度

目前，广州市严格执行财政部的进口产品管理办法，严格控制采购进口产品。除非确定采购方有非常需要，且国内相关技术较弱，否则不进行进口产品采购。

2）对中小型企业进一步细分支持标准

应在政府采购政策的支持对象中进一步区分中型、小型、微型企业，制定不同的支持标准。

4.1.3.3　深圳市调研

为了深入了解深圳市政府采购促进科技创新的政策、经验做法及实施效果，笔者对深圳市财政局政府采购处开展调研，调研的结果如下。

1. 现状与经验

（1）根据政府采购统计数据，2014 年深圳市对本国产品的采购比例达98.81%，对节能环保产品的采购比例达 82.43%，中小企业中标比例达 89.26%。

（2）通过采购清单等措施扶持节能环保、循环经济等企业和产品。近年来，深圳市财政委在本级政府集中采购目录中，将财政部、国家发改委制定的节能产品政府采购清单，财政部、环境保护部制定的环境标志产品政府采购清单，深圳市人居环境委员会制定的《深圳市节水型工艺、设备、器具名录》所列示的各项企业和产品以及符合财政部、工信部制定的《政府采购促进中小企业发展暂行办法》的中小企业产品列入深圳市政府优先采购清单。2013 年底，深圳市财政委会同深圳市发改委经公开征集、初审、复审和公示程序，制定了第一批《深圳市循环经济产品（服务）目录》，并于 2014 年 1 月 1 日起实施。这是国内首次出台对再生资源和新材料等循环经济产品的扶持政策，进一步拓展和完善了深圳市政府采购扶持产业发展的成果，体现政府采购的宏观政策功能。在政府采购组织实施中，对列入深圳市政府优先采购清单中的产品通过在采购文件上的分数设置予以倾斜或在评审环节给予一定幅度的价格扣除等形式，以提高清单内产品获得中标成交的概率，从而实现扶持和激励节能、节水、环保、自主创新和中小企业产品的政策导向。

（3）在政府采购文件制定及组织实施中积极落实相关政策。一是在招标文件的参数设定上，要求集中采购机构及采购代理机构严格把关，防止设置过高的资质门槛及倾向性条款，给广大的创新型企业以公平竞争的机会。二是在部分采购项目中明确将环保节能要求作为投标报名的必要条件，在设置采购项目评分标准时，增加环保节能因素及比重，通过在采购文件上的分数设置予以倾斜或在评审环节给予一定幅度的价格扣除，以提高清单内产品中标概率。如深圳市在办公用纸协议采购中将再生纸列入政府采购产品；在计算机及外围设备、服务器项目、空调项目招标公告中明确要求，属于强制采购节能产品的计算机和打印机必须是纳入节能产品政府采购清单的型号才可参与投标；在节能路灯招标、公务车定点维修、公务住宿与会议定点接待等项目中也规定了相关的强制采购绿色环保条款。

（4）招标文件不得设置限制性、倾向性条款。深圳市严格按照《深圳经济特区政府采购条例》以及相关制度规定，落实政府采购有关政策，招标文件不得设置限制性、倾向性条款。具体落实时，采购单位是招标文件中产品入门条件和技术指标的责任单位，采购中心及采购代理机构是审核单位，财政部门是监管单位。根据深圳市政府采购中心意见，其作为深圳市政府采购的具体执行机构，在采购单位向中心申报采购需求时，中心依据政府采购法律法规对采购单位提出的招标文件需求作合规性检查，严格禁止采购文件中含有倾向性、限制性或排斥潜在投标供应商等有违公平竞争的规格标准或技术条款。

2015年以来，深圳市财政委会同深圳市政府采购中心开展了货物、工程和服务招标标准模板的研究工作，相关标准模板已经初步制定完成，减少了采购单位对入门条件和技术参数的制定权限，严格禁止各类限制性、倾向性条款。对于重大采购项目，已采取和将采取现场推荐会、网上征集社会意见、加大公示范围、延长公示时间、引入听证程序等一系列措施，以保证相关扶持政策的有效落实。

2. 存在问题

1）首购、订购政策在推动实施过程中存在困难

首购、订购政策在推动实施过程中存在困难，主要原因可归纳为以下三条：①采购方的意愿不强烈，不想因试用新产品而冒风险；②远期约定政府购买要求的三年后支付款项与目前的财政体系不太一致；③因为用户习惯的问题，即使产品之间的性能差别较小，采购方也不想使用新产品。

首购、订购政策的天生缺陷是让采购主体试用非成熟产品，这与采购方的意愿是相违背的。目前首购政策做得比较好的案例是江苏省的"龙芯"电脑，江苏省通过首购政策支持全省中小学统一配备"龙芯"电脑。但该案例能成功也是因为电脑仅在中小学范围内推广，即使产品不成熟、出现错误，总体来说不会造成太大的损失。如果因为试用新产品而影响政府工作，代价实在太大，各部门都不愿意冒这个风险。

2）政府采购促进中小企业创新效果较差

从深圳市情况来看，政府采购政策促进中小企业创新的效果较差，主要原因可归纳为以下两点：①在目前的国际规则下，政府采购主要支持弱势群体，支持可持续发展，中小企业算其中的一部分，但是不能认为促进中小企业发展等同于促进创新，这是两个不同的概念。②中小企业本就是政府采购供应商的主体，政

府采购促进中小企业相关政策的实际意义不大。

3）政府采购政策对创新的促进作用有限

政府采购政策可以促进科技创新，但实际作用并没有设想中那么大。目前对其理解有偏差。

3. 相关建议

1）应通过上层领导，推动首购、订购政策实施

从深圳市来看，首购、订购相关政策应由市政府领导、推动才有效果，依靠单个部门的推动不一定能保障其顺利实施。

2）不能专门针对创新型企业制定政府采购支持政策

深圳市财政委建议，不专门针对创新型企业制定政府采购支持政策，原因有如下三点：①专门针对创新型企业制定政府采购支持政策，容易造成该创新型企业在其行业的垄断；②不容易辨别哪些企业更有创新实力；③并不是企业的每项产品都属于创新。

3）应根据各产业特点制定不同的支持政策

深圳市财政委通过对本市的政府采购情况进行考察总结，认为不同产业领域应采取不同的扶持政策，尤其是传统产业领域和新兴领域的扶持政策应有所区分。

4）建立符合国际规则的支持采购创新产品和服务的制度

国家有关部门应研究建立健全符合国际规则的支持采购创新产品和服务的制度。对重点创新项目、重点创新产品试行政府采购首购、订购，采购预算预留，采购评审加分，采购价格倾斜，非公开招标采购等政策，提高政府采购创新产品和创新服务的力度。

5）与重点创新企业实行政府采购战略合作

针对深圳市在全国乃至全世界具有领先优势的信息化企业、医疗器械企业、智能设备企业、新材料企业、新能源开发及利用企业等创新型企业，深圳市财政委与科技主管部门、产业主管部门共同研究制定创新企业目录，对重点创新企业实行政府采购战略合作，建立长期合作关系，直接采购创新产品和创新服务。

4.2 江苏省政府采购促进科技创新的现状与政策分析

4.2.1 政府采购发展现状

1. 总体现状

2014 年，江苏省政府采购贯彻党的十八届四中全会和全国政府采购工作会议精

神，紧紧围绕江苏经济社会发展大局，积极落实厅党组"扩大领域、扩充范围、扩展手段"的总体要求，扎实推进政府采购制度创新，努力扩大政府购买公共服务范围，强化监管，依法采购，规范操作。2014 年，全省政府采购规模达 1725.16 亿元，占 2014 年全省财政一般预算支出的 20.95%，约占全省地区生产总值的 2.69%，节约资金 263.05 亿元，资金节约率为 13.23%（江苏省财政厅政府采购管理处，2015）。

1）政府采购规模继续保持增长，增幅趋缓

2004～2014 年，江苏省政府采购范围和规模逐年稳步增长，江苏省政府采购规模占地区生产总值和财政支出的"两个比重"也总体呈现上升态势，如图 4-4、图 4-5

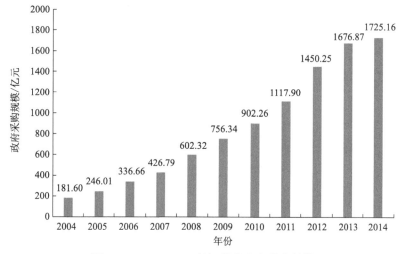

图 4-4　2004～2014 年江苏省政府采购规模

资料来源：Wind 数据库

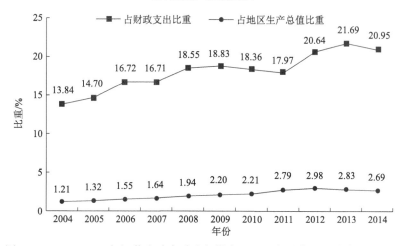

图 4-5　2004～2014 年江苏省政府采购规模占地区生产总值和财政支出的比重

资料来源：Wind 数据库

所示。可以看出，2004~2014 年，政府采购规模以较高速度保持平稳增长，2013~2014 年，增长速度减小。追其原因，通过近些年的发展，政府在某些产品方面的采购达到了一定饱和，在政府采购促进科技创新政策下，需要进行改革。政府采购规模占财政支出比重呈现阶段性增长，2012~2014 年处于平稳阶段。

2）工程项目有所增加，服务类项目增长明显

根据 Wind 数据库，2014 年，工程类、货物类和服务类政府采购分别实现 1195.65 亿元、399.06 亿元和 130.45 亿元，所占比重分别为 69.31%、23.13% 和 7.56%。工程类项目采购金额比上年增长 1.22%，货物类项目采购金额比上年减少 1.25%，服务类项目采购金额比上年增长 42.58%。

从图 4-6 统计数据可以看出，政府采购项目构成发生了一定的变化，2014 年的货物类、工程类比重有所下降，服务类比重尽管不大，但上升趋势明显，与 2012 年相比，服务类占比将近增加了 1 倍。这得益于江苏省强化组织保障体系，深化制度体系建设，以项目为抓手，把政府采购服务工作落到了实处。

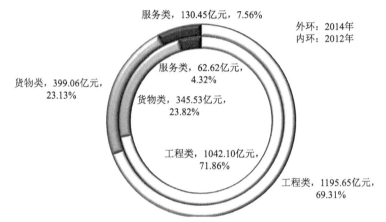

图 4-6　2012 年和 2014 年江苏省政府采购项目构成情况
资料来源：Wind 数据库

2014 年较大规模的各类政府采购明细如表 4-11 所示。

表 4-11　2014 年较大规模的各类政府采购明细

采购项目		采购金额/亿元
货物类	计算机	11.01
	计算机网络设备	6.87
	轿车	2.82
	专用车辆	7.73
	专用设备	44.01
	家具用具	10.44

续表

采购项目		采购金额/亿元
工程类	建筑物施工	361.83
	构筑物施工	362.84
	建筑安装工程	25.72
	装修工程	29.31
	修缮工程	30.01
服务类	信息技术服务	18.05
	维修和保养服务	6.06
	金融服务	8.64
	物业管理服务	12.15

资料来源：江苏省财政厅。

3）地区采购规模增加，各市采购规模再创历史新高

2014年，各市政府采购规模为1725.16亿元，同比增加68.51亿元，增长4.21%。各市采购分布如图4-7所示。

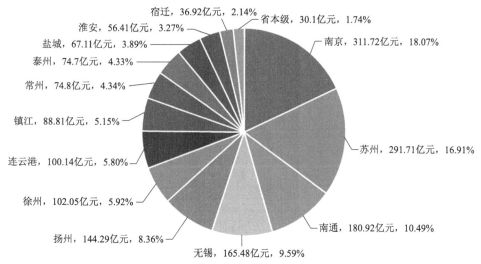

图 4-7　2014 年江苏省政府采购规模分地区情况
资料来源：Wind 数据库

其中，规模最大的为南京市，其采购规模突破 300 亿元，为 311.72 亿元；苏州为 291.71 亿元，仅次于南京；采购规模在 100 亿～200 亿元的有南通、无锡、扬州、徐州和连云港，分别为 180.92 亿元、165.48 亿元、144.29 亿元、102.05 亿元和 100.14 亿元，采购规模百亿元以上的省辖市从 2013 年的 5 个增加到 2014 年

的 7 个。省本级政府采购规模为 30.1 亿元，同比减少 20.85 亿元，减少 40.92%。与 2013 年相比，2014 年缺少像 2013 年金额达 8.8 亿元中小学免费教材的大项目采购，工程采购减少 3.13 亿元，此外中央八项规定和车改等原因使汽车等货物采购减少约 6 亿元（江苏省财政厅政府采购管理处，2015）。

2014 年，全省多市政府采购规模增幅趋缓，如图 4-8 所示。其主要原因有以下两点：一是经济发展和财政收支规模的增长相应地带动了政府采购规模的增长。二是经济增长幅度变窄导致政府采购规模增幅趋缓。随着江苏省经济增长速度从高速转向中高速，经济发展方式从规模速度型粗放增长转向质量效率型增长，该省经济发展进入了增速变化、结构调整、动力转换的阶段性调整期，政策性采购的压缩，工程采购减少幅度较大，尤其是一次性大项目减少，如无锡市工程采购量 2014 年比上年减少 45.27 亿元，泰州市本级 2014 年在基础设施、校园区建设、医院新建（2013 年医院基建预算为 31 亿元）等方面减少约 48 亿元。因此，经济发展新常态在 2014 年江苏省政府采购中也有所体现（江苏省财政厅政府采购管理处，2015）。

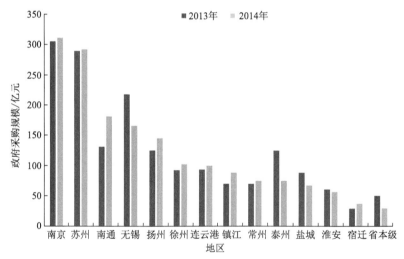

图 4-8　2013 年和 2014 年江苏省政府采购规模对比

资料来源：Wind 数据库

4）政府采购公开透明化程度进一步提升

随着政府采购相关政策的制定和落实，江苏省政府采购方式逐渐规范透明。从采购方式来看，2014 年江苏省公开招标规模为 1612.48 亿元，邀请招标为 11.21 亿元，竞争性谈判为 33.47 亿元，单一来源采购为 22.78 亿元，询价采购为 26.49 亿元，协议供货为 14.96 亿元，定点采购为 3.78 亿元，其中主要为公开招标（江苏省财政厅政府采购管理处，2015），如图 4-9 所示。

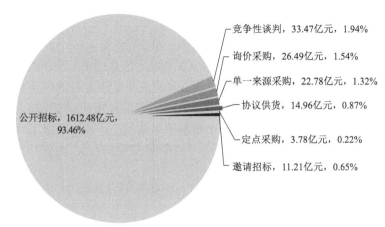

图 4-9　2014 年江苏省政府采购方式占比情况

资料来源：Wind 数据库

公开招标比例较高的原因有以下两点：一是占采购总规模比例较高的工程项目主要通过公开招标方式采购；二是江苏省加大了批量集中采购范围和力度，2014年不仅继续将台式计算机、便携式计算机和打印机等办公设备执行批量集中采购，而且还将预算 50 万元以上的空调纳入省级批量集中采购项目，批量集中采购基本采取公开招标方式（江苏省财政厅政府采购管理处，2015）。

从采购组织形式看，集中采购规模占比较高。2014 年，江苏省政府集中采购为 1031.32 亿元；部门集中采购为 375.50 亿元，其中 81.55% 是政府或者所属部门集中采购（江苏省财政厅政府采购管理处，2015），如图 4-10 所示。

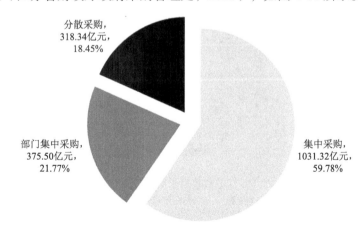

图 4-10　2014 年江苏省政府采购组织形式占比情况

资料来源：Wind 数据库

各级财政部门和集中采购机构通过调整集中采购目录，推进批量集中采购，改进协议供货，进一步优化集中采购模式，规范集中采购行为，提高集中采购效率，使得集中采购规模占比较高。

5）政府采购基础工作不断加强，监管机制不断完善

江苏省政府采购的基础工作体现在评审专家、信息公告、投诉处理等方面。

在评审专家方面，截至 2014 年底，江苏省政府采购评审专家库现有专家 9208
人，实行集中管理、全省共享。2014 年，江苏省政府采购评审专家库抽取专家项
目为 24 108 个，比 2013 年的 11 865 个增长了 1 倍以上；抽取专家 120 449 人次，
比 2013 年的 72 274 人次增长了 66.66%；专家参评 62 655 人次，比 2013 年的 40 533
人次增长了 54.58%。

在信息公告方面，2014 年，全省信息公告数量为 73 490 条，比 2013 年的 52 376
条增长了 40.31%。2014 年，发布采购需求信息公告 39 715 条，中标、成交结果
公告 33 333 条，政策法规公告 388 条，处理决定公告 54 条（江苏省财政厅政府
采购管理处，2015）。近年来，各级财政部门加强政府采购信息公开工作，不断
扩大信息公开内容和范围，加强了社会监督，有效预防了腐败行为的发生。

在投诉处理方面，各级财政部门十分重视投诉处理工作，政府采购争议处理
机制更加完善。2014 年，全省政府采购监管部门收到供应商投诉 48 起，其中受
理 47 起、不予受理 1 起。受理的 47 起投诉中，作出处理决定的有 36 起（维持原
有采购结果的有 20 起，改变原有采购结果的有 16 起），驳回 7 起，供应商撤诉
4 起（图 4-11）（财政部国库司，2015a）。

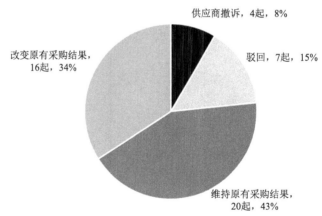

图 4-11　2014 年江苏省政府采购供应商投诉处理情况

资料来源：（财政部国库司，2015a）

2014 年，政府采购项目投诉率下降，政府采购操作规范性进一步提高。2014
年，全省受理政府采购投诉案件比 2013 年增加了 12 起，但项目投诉率仅为 0.19%
（2013 为 0.29%），政府采购的规范操作在投诉方面得到了一定体现。2014 年，
全省政府采购受理投诉中，供应商撤诉、驳回和维持原有采购结果的约占 2/3，

不过仍有约 1/3 的政府采购项目改变原有采购结果，说明政府采购操作规范性基本受到认可（江苏省财政厅政府采购管理处，2015）。

总之，随着政府采购政策的制定与落实，2014 年江苏省政府采购执行情况较好，政府采购制度改革进一步向纵深推进。江苏省政府采购范围已经全面覆盖货物、工程和服务三大类，但仍然存在货物、工程和服务三大类采购比例不平衡情况，服务类采购规模虽比 2013 年有较大幅度提高，但比例仍然偏低，拓展的潜力和空间很大；政府采购占地区生产总值和财政一般预算支出的比重还很低；政府采购预算约束力还有待进一步加强；政府采购政策功能各地发展还不平衡，支持力度不够大，还有很多的发展空间。部分供应商以虚假材料投标、恶意投诉和举报、违约等现象时有发生，政府采购诚信建设有待进一步加强。对此，江苏省需高度重视，通过创新和完善政府采购监管体制及方法，强化监管、规范操作，推进信息化建设，促进政监管水平进一步提高（江苏省财政厅政府采购管理处，2015）。

2. 政府采购促进科技创新发展现状

近几年来，江苏省紧跟国家政府采购改革步伐，在国家政策的基础上，根据本省特点，制定了有针对性的省级政策，各地区、各部门主动落实节能环保、采购国内产品并促进中小企业发展等措施，不断扩大政府采购的实施领域，促进科技创新发展成效日益突出。

1）中小企业在政府采购中占绝对份额

江苏省政府采购政策重视对中小企业的帮扶，采取了多项措施，鼓励中小企业积极开拓市场，帮助其参与政府采购，包括制定自主创新产品管理认定办法方案、帮助中小企业申报自主创新产品，并采用印发自主创新产品宣传册、通过政府采购网站公布产品目录等方式，提高中小企业及其产品的知名度，切实增强中小企业的核心竞争力。江苏省各地市普遍反映，其政府采购中标企业大多属于中小企业，中标率普遍超过 99%，同时中小企业在集中采购机构登记备案的供应商中占比也较大。因此，从整体来看，中小企业在政府采购方面占据绝对的优势（江苏省中小企业参与政府采购情况课题组，2010）。

2010 年，江苏省政府与中小企业签订的采购合同金额为 759.45 亿元，占合同总金额的 84.17%。据统计，全省通过政府采购合同的抵押方式帮助中标、成交的中小企业实现贷款规模 1.4 亿元，其中由中国民生银行南京分行推出的政府采购融易贷有 0.75 亿元，中国建设银行苏州分行推出的"采购通"有 0.3 亿元，为解决中小企业融资难问题发挥了积极作用（中国政府采购年鉴编委会，2011）。

2011 年，江苏省继续加强创新意识，抓好中小企业政府采购融资平台建设。鉴于江苏省率先建立帮扶中小企业的政府采购信用融资平台，2011 年被列入全国试点省份之一。江苏省结合信用融资工作的进展，进一步强化研究和深入推进发展。江苏省不仅第一个向财政部提交了实施方案，还初步建立了两个集中采购机构、6 个省辖市融资平台。

2012 年，江苏省政府与中小企业签订的采购合同金额高达 1155.43 亿元，占据合同总金额的 79.80%。2010 年、2012 年、2014 年，江苏省政府与中小企业签订采购合同金额占比如图 4-12 所示，2014 年江苏省政府采购合同授予情况（按企业规模划分）如图 4-13 所示。

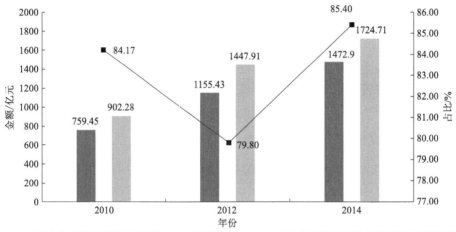

图 4-12　2010 年、2012 年、2014 年江苏省政府与中小企业签订采购合同金额占比

资料来源：Wind 数据库

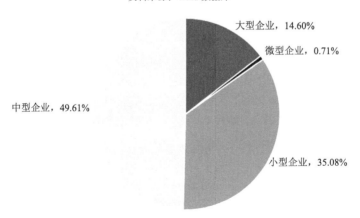

图 4-13　2014 年江苏省政府采购合同授予情况（按企业规模划分）

资料来源：Wind 数据库

尽管近年的统计数据显示，江苏省中小企业在政府采购中中标的绝对份额大，但是江苏省政府采购工作在促进中小企业创新发展方面仍存在一定问题，如中标中小企业的结构严重失衡，扶持中小企业发展的政策过于原则等。江苏省财政厅政府

采购管理处工作人员提出，仍需加强以下工作：切实落实政府采购扶持中小企业综合信息平台建设，积极为中小企业参与政府采购工作提供具体服务，努力降低中小企业参与政府采购进入门槛，全方位探讨优先支持中小企业的方法等。

2）国内产品采购量占比大且保持稳定增长

在政府采购促进国内产品方面，江苏省积极实施政府采购进口产品的审核与管理相关制度，引导并鼓励政府部门优先采购国内品牌产品，同时对进口产品的政府采购行为实行严格的规范，努力扶持民族企业的发展与振兴（江苏省中小企业参与政府采购情况课题组，2010）。

2006年4月18日，江苏省政府发布《省政府关于鼓励和促进科技创新创业若干政策的通知》，于2009年12月正式启动政府首购"龙芯"电脑程序，"龙芯"电脑程序成为江苏省首个自主创新首购产品（龚云峰，2010）。"龙芯"系列是目前我国第一款自主研发的高性能通用处理芯片。2007年，"龙芯"电脑入选江苏省首批自主创新产品，2009年入选国家级自主创新产品，开创了江苏省自主创新产品政府首购的先例，体现了坚持服务财政的工作重点，为建立自主创新政府首购积累了丰富的实战经验。

据江苏省政府采购统计数据，政府采购国内产品政策卓有成效，政府采购以本国产品为主。2010年，政府采购进口产品金额为8.84亿元，仅占采购规模的0.98%。2011年，经过试点推进，基本完成进口产品审核工作的信息化改进，并推广至南京市。2012年，全省继续认真执行政府采购进口产品管理有关规定，全年采购本国产品共1437.59亿元，占采购总规模的99.13%，比上年度略有增长，进口产品占采购总规模的0.87%（江苏省中小企业参与政府采购情况课题组，2010）。2014年，全省继续认真执行政府采购进口产品的有关规定，2014年采购国内产品1717.44亿元，占采购总规模的99.55%，与2013年的99.40%相比仍有所增长；采购进口产品7.73亿元，占采购总规模的0.45%，比2013年仍有所下降，如表4-12所示。

表4-12　2012～2014年江苏省政府采购国内/进口产品占比情况（%）

年份	国内产品	进口产品
2012	99.13	0.87
2013	99.40	0.60
2014	99.55	0.45

2010年6月，由江苏省人大常委会副主任丁解民等督办组各位成员对该省人大代表提出的政府采购推进自主创新产品有关建议进行了重点督办。他们指出：近年来，在实践中有关政府采购促进自主创新的政策措施得到了较好的落实，特别是省财政厅做了大量工作，率先制定了自主创新产品认定方案，及时公开了省

级自主创新产品目录，出台了政府采购"融易贷"项目来协助解决企业融资等实际困难，对"龙芯"电脑实施政府首先采购等工作成效显著（赵会平，2010）。

3）推动节能环保产品采购

2014 年，江苏省积极落实节能环保、采购国内产品并促进中小企业发展等措施，不断扩大相关政策的实施领域，成效日益突出。

江苏省在推进节能环保产品的政府采购工作中主要依据财政部、国家发改委和国务院办公厅等部门制定的政策，在江苏省颁布的政策中提及节能采购的较少，但江苏省政府采购推动节能产品发展依然取得了一定的成效，且 2014 年成效最为显著。据统计，2010 年江苏省节能环保产品采购额度已逾 80 亿元，约占总规模的 1/10；2011 年全省采购节能环保产品达 87.06 亿元，约占全部采购金额的 7.79%。江苏省采购中心在 2010 年节能产品采购合同金额为 1.02 亿元，2011 年和 2012 年分别为 1.25 亿元和 2.82 亿元，主要产品为计算机、汽车、空调等，近年来政府采购节能合同金额整体呈现上升态势。2014 年，全省政府采购节能、节水产品共 91.48 亿元，采购金额占同类产品的 74.64%；环保产品共计 69.77 亿元，采购金额占同类产品的 68.04%。节能产品中政府采购规模较大的有计算机设备（7.42 亿元）、车辆（6.55 亿元）、空调设备（2.31 亿元）。环保产品中政府采购规模较大的有车辆（6.73 亿元）、台式计算机（6.07 亿元）（江苏省财政厅政府采购管理处，2015）。节能环保产品的政府采购比例较高，主要存在两方面的原因：一是政府采购支持节能环保措施执行有力，在政府采购评审活动中严格执行支持节能环保的优惠措施，促成节能环保产品中标、成交率大幅上升；二是采购人节能环保意识日渐增强，相当一部分采购人在采购需求中自觉提出节能环保要求。

江苏省落实节能政府采购的具体措施主要体现在：一是在评标办法中对节能产品施予一定程度的加分；二是对供应商竞争激烈的项目，把节能产品作为资质要求，强制采购指定产品；三是通过了一批省级机关节能项目。

近年来，江苏省采购的较具影响力的节能产品主要来自以下几个项目。①全省公务用车协议供货联动项目，并对属于节能产品的给予加分。②江苏省省级单位计算机、打印机集中采购项目，打印机和计算机在投标资格条件中要求投标产品必须为最新一期节能产品清单中的产品，而于一体机则属于给予加分的产品。③中医药大学空调采购项目，为发挥政府采购节能政策功能采取了以下措施：一是投标资格条件规定了投标产品必须进入节能产品政府采购清单的要求；二是在采购需求中对能效等级及能效提出明确要求；三是在评分标准中设置能效评估分项。④江苏省监察能力建设设备采购项目、南京中医药大学节能监管平台建设项目。这两个项目都在评标标准中加入了节能产品的加分项。以上项目的采购，反映了江苏省对节能工作的重视程度逐渐提高，积极采购节能产品的主动意识逐渐增强（中国政府采购年鉴编委会，2013）。

4）推动"首购首用"风险补偿机制落实

2015 年 5 月，江苏省经济和信息化委员会、江苏省财政厅、中国保险监督管理委员会江苏监管局（简称江苏保监局）联合开展省重大装备（首台套）保险试点工作，并下发了《关于开展江苏省重大装备（首台套）保险试点工作的通知》。该政策是当年的新政策，实施时间不长，但也分别在盐城市和高邮市取得了一定成效。

2015 年 6 月，中国人民财产保险股份有限公司东台分公司为江苏省江佳机械有限公司研发的 AM1560A 型全自动梳齿直接生产线提供风险保障 80 万元，成为公司助力"盐城创造"走向市场的第一步。这也是江苏省首张"首台（套）重大技术装备"保险出单。江佳机械有限公司创立于 1958 年，在中国木工机械行业，江苏省江佳机械有限公司成为研发实力领军人，而每次推出新产品时，没有客户愿意第一个"吃螃蟹"，由此导致的市场推广问题困扰着该公司（王宝荣和祖兆林，2015）。这次收单，不仅解决了江佳机械有限公司的问题，还开启了后续江苏省首台（套）重大技术装备保险的征程。

中国人民财产保险股份有限公司盐城市分公司积极与入围的首台（套）重大装备及关键部件名单中企业进行对接，其中包括艾雷奥特（江苏）飞机有限公司等在内的多家企业表示有签单意愿，有望助力更多"盐城创造"走向市场。

2015 年 7 月，高邮市财政局扎实推进省重大装备（首台套）保险试点，培育扶持高新技术企业，落实国家、省首台（套）重大技术装备保险补偿机制政策。扬州市邮谊工具制造有限公司研发生产并已销售的两台 BM-2600 型高精度数控成型专用磨床，成为高邮市首单符合首台（套）重大装备技术的综合保险产品。保险分产品质量风险和产品责任风险两部分，总保额达 500 余万元，企业仅需支付保费的 20%，其余部分均由财政承担，为购买方和使用者打消了对产品性能的顾虑，有效促进了企业创新成果的应用与发展（裴鸿翔和殷朝刚，2015）。

4.2.2 政府采购促进科技创新政策体系

1. 政策体系

江苏省政府采购促进科技创新的政策汇总见表 4-13。

表 4-13　江苏省政府采购促进科技创新有关政策汇总

序号	政策名称	发文单位	发布时间	备注
1	《省政府关于鼓励和促进科技创新创业若干政策的通知》（苏政发〔2006〕53 号）	江苏省政府	2006 年 4 月	纲领型政策
2	《关于增强自主创新能力建设创新型省份的决定》（苏发〔2006〕13 号）	江苏省委、省政府	2006 年 4 月	纲领型政策
3	《江苏省自主创新产品认定管理办法（试行）》（苏科高〔2006〕407 号）	江苏省科技厅、财政厅	2006 年 10 月	2011 年 12 月停止执行

续表

序号	政策名称	发文单位	发布时间	备注
4	《江苏省自主创新产品政府采购实施意见》（苏财购〔2007〕6号）	江苏省财政厅、科技厅	2007年3月	2011年12月停止执行
5	《关于进一步发挥政府采购政策功能的意见》（苏财购〔2007〕2号）	江苏省财政厅	2007年10月	纲领型政策
6	《转发财政部办公厅关于政府采购进口产品管理有关问题的通知》（苏财购〔2008〕14号）	江苏省财政厅	2008年8月	
7	《印发关于促进中小企业平稳健康发展意见的通知》（苏政发〔2008〕89号）	江苏省政府	2008年9月	纲领型政策
8	《关于政府采购促进中小企业发展的意见》（苏财购〔2009〕34号）	江苏省财政厅	2009年10月	
9	《关于在省级部门试运行政府采购进口产品申请在线填写的通知》（苏财办购〔2010〕4号）	江苏省财政厅	2010年4月	
10	《江苏省装备制造业重点领域首台（套）重大装备及关键部件认定实施细则》（苏经信装备〔2010〕369号）	江苏省经信委	2010年5月	
11	《关于进一步促进中小企业发展的实施意见》（苏政发〔2010〕90号）	江苏省政府	2010年8月	纲领型政策
12	《江苏省自主创新产品政府首购和订购实施办法（试行）》（苏财规〔2010〕29号）	江苏省财政厅、科技厅	2010年9月	2011年12月停止执行
13	《关于做好中小企业政府采购信用担保融资工作的通知》（苏财购〔2010〕15号）	江苏省财政厅	2010年9月	
14	《关于停止执行〈江苏省自主创新产品认定管理办法（试行）〉等文件的通知》（苏财购〔2011〕24号）	江苏省财政厅、科技厅	2011年12月	
15	《江苏省首台（套）重大装备及关键部件认定管理实施细则》（苏经信装备〔2012〕386号）	江苏省经信委	2012年5月	2012年修订
16	《关于全面推进江苏省政府采购信用担保融资工作的实施意见》（苏财购〔2012〕25号）	江苏省财政厅	2012年12月	
17	《关于进一步加强新技术新产品推广应用的意见》（苏政发〔2012〕96号）	江苏省政府	2012年7月	
18	《关于印发省重点推广应用的新技术新产品指南（第一批）的通知》（苏新联办发〔2012〕1号）	江苏省新技术新产品推广应用工作联席会议办公室	2012年11月	
19	《关于加快发展现代保险服务业的实施意见》（苏政发〔2014〕124号）	江苏省政府	2014年12月	纲领型政策
20	《关于开展江苏省重大装备（首台套）保险试点工作的通知》（苏经信科技〔2015〕277号）	江苏省经信委、财政厅、江苏保监局	2015年5月	

2. 具体措施

江苏省政府采购促进科技创新的具体措施参见表4-14。

表 4-14　江苏省政府采购促进科技创新具体措施汇总

支持维度	支持措施	支持范围	重点支持领域	支持方式	适用年限	适用地区	政策文件名称	发布时间
促进新技术新产品（服务）推广应用	首台（套）重大装备及关键部件的认定管理	①价值每套在100万元以上，单机价值每台在50万元以上。②申请单位是在江苏省行政区域内注册并具有独立法人资格的工业生产企业；通过其自主掌握的技术创新活动在我国依法拥有知识产权的所有权；具备产品设计及主要关键部件的制造、组装能力，以及具备批量生产的基础条件；掌握产品生产的核心技术和关键工艺或应用新技术原理、新设计构思，在结构、性能、工艺等方面对原有产品率先进行根本性改进。③在同类产品中应达到国际先进水平或国内领先水平	①新能源、新材料、生物技术和新医药、节能环保、物联网等；②工程机械、新型电力装备、轨道交通装备、数控机床、环保设备、农业机械、自动化装备、大型关键铸锻件、专用装备等领域	①对取得《首台（套）重大装备及关键部件认定证书》的研制单位，按一定比例给予分档奖励。②对域内空白和为新兴产业发展研制的首台（套）高新技术装备及关键部件，可适当提高奖励额度。③首台（套）重大装备应用示范项目按照示范应用的具体情况予以奖励	—	江苏省	《江苏省首台（套）重大装备及关键部件认定及管理实施细则》	2012 年 5 月
	新技术新产品推广应用（具体实施措施有待发布）	—	新能源、节能环保、两化融合、智慧城市、电子政务、智能交通、建筑节能改造、生态环保等领域	①实施新技术新产品"首购首用"、高端装备首台（套）试验和示范项目。②制定财政资金采购新技术新产品实施细则，将重点新技术新产品优先纳入政府采购目录。③对虽无销售业绩，但经相应资质机构验证，符合国家有关技术质量规范要求的新技术新产品，应允许参加相关工程的投标	—	江苏省	《关于全面推进江苏省政府采购信用担保融资工作的实施意见》	2012 年 12 月

续表

支持维度	支持措施	支持范围	重点支持领域	支持方式	适用年限	适用地区	政策文件名称	发布时间
	清理不合理限制	—	—	采购人及政府采购代理机构制定的评标办法和标准，要体现扶持中小企业的政策，将中小企业诚信经营、依法纳税和职工社会保险缴纳等情况作为评分内容	—	江苏省	《关于政府采购促进中小企业发展的意见》	2009 年 10 月
	明确中标份额比例标准	—	—	安排一定的比例向中小企业购买货物、工程和服务。具体比例由同级地方人民政府根据实际情况确定	—	江苏省	《关于政府采购促进中小企业发展的意见》	2009 年 10 月
促进科技型中小企业发展	保证优先获得政府采购合同	符合国家中小企业标准，同时在政府采购活动中提供本企业制造的货物或者其他中小企业制造的货物，或者直接提供工程、服务的各类企业	—	①采用最低评标价评标法评标的项目，应当明确在评标时给予中小企业投标报价格 5%~10% 的价格扣除。②采用综合评分法评标的项目，在满足基本技术条件的前提下，应当明确给予中小企业在价格评标项中分别给予中小企业总分值 4%~8% 的加分。③采用价格比法评标评标的项目，应当增加中小企业评分因素利给予 5%~10% 的价格扣除。④中小企业在投标产品系自主创新、环保节能等产品的，一律按照相应政策规定给予最高标准同时给予价格优惠。⑤采用竞争性谈判、询价采购方式的项目，在满足采购需求的前提下，应当优先确定中小企业参加谈判、询价，中小企业报价不高于大企业最低报价 10% 的，应当将合同授予中小企业	—	江苏省	《关于政府采购促进中小企业发展的意见》	2009 年 10 月

续表

支持维度	支持措施	支持范围	重点支持领域	支持方式	适用年限	适用地区	政策文件名称	发布时间
	专门面向中小企业组织开展定向采购			①对中小企业有能力提供的通用性强、标准或规格较为统一的货物、工程和服务项目，应当面向中小企业采购。②在满足采购需求的前提下，预算金额不超过200万元的小额、零星政府采购项目应当向中小企业采购。③家具、印刷、物业管理、软件服务等货物和服务采购项目，可以依法面向中小企业定点采购	—	江苏省	《关于政府采购促进中小企业发展的意见》	2009年10月
促进科技型中小企业发展	减轻中小企业参与政府采购的负担	符合国家中小企业标准，同时在政府采购活动中提供本企业制造的货物或者其他中小企业制造提供的货物，或者直接提供工程、服务的各类企业		①尽可能减免有关费用。②开辟政府采购项目中标中小企业资金支付绿色通道，在控制履约风险的前提下，首付款比例一般不低于50%，累计付款不超过3次。③集中采购机构，采购人组织政府采购，一律免收中小企业招标文件工本费、投标保证金。履约保证金数额应合理确定并可以免除或者尽可能减免中小企业的相关费用。④政府采购代理机构也要尽可能减免中小企业的相关费用，禁止向中小企业收取额外费用。⑤禁止违规制定强制中小企业提供费用或者直接受有偿服务等	—	江苏省	《关于政府采购促进中小企业发展的意见》	2009年10月
	鼓励中小企业组成联合体来参与政府采购			①对中小企业组织开展政府采购的业务培训，定期分析中小企业参与政府采购数据信息，帮助中小企业了解政策，熟悉参与流程。②对产品和服务质量过硬，履约诚信好、有发展潜力的中小企业给予重点扶持，引导中小企业更新发展观念，调整经营结构，提高核心竞争力，积极培育政府采购优秀中小企业供应商队伍	—	江苏省	《关于政府采购促进中小企业发展的意见》	2009年10月

续表

支持维度	支持措施	支持范围	重点支持领域	支持方式	适用年限	适用地区	政策文件名称	发布时间
促进科技型采购中小企业发展	建立中小企业参与政府采购诚信体系	符合国家中小企业标准，同时在政府采购活动中提供本企业制造的货物或者代理销售其他中小企业制造的货物，或者直接提供工程、服务的各类企业	—	逐步完善中小企业参与政府采购的信用档案，联合有关金融机构对企业的经营状况、社会信用状况和资信能力等进行综合评估，对信用等级较高的中小企业在融资担保等方面优先给予支持	—	江苏省	《关于政府采购促进中小企业发展的意见》	2009年10月
	中小企业政府采购信用担保融资		—	以政府采购作为平台，帮助中小企业融资。政府采购的中小企业供应商，以中标、成交通知书和政府采购合同作为抵押凭据，直接向银行贷款，或通过担保公司担保后向银行贷款，或通过政府采购中标、成交的资金中小企业在履行合同过程中过度的资金困难	—	省辖市一级（试点）	《江苏省自主创新产品政府首购和订购实施办法（试行）》	2010年9月
建立支持国货与采购进口产品管理制度	自主创新产品认定	①符合国民经济发展要求和先进技术发展方向；②技术或工艺路线国际原创、产品性能国际先进、核心部件和整机产品已在国内自主开发生产；③产品率先在国内提出技术标准或其核心技术拥有发明专利，并能够替代进口，引领国内市场和带动江苏产业发展的产品	—	省各级政府机关、事业单位和团体组织用财政性资金进行政府采购时，应优先购买列入《江苏省自主创新产品目录》的产品	3年	江苏省	《江苏省自主创新产品认定管理办法（试行）》	2006年10月

续表

支持维度	支持措施	支持范围	重点支持领域	支持方式	适用年限	适用地区	政策文件名称	发布时间
建立支持采购国货与采购进口产品管理制度	自主创新产品政府采购	①财政部和科技部公布的纳入《政府采购自主创新产品目录》的产品；②《江苏省自主创新产品目录》公布的产品	—	进行政府采购时应当优先采购自主创新产品：①以价格为主的采购项目，在满足采购需求的条件下，根据科技含量和市场竞争程度等因素，自主创新产品企业报价不高于一般的一的价格时，可优先获得采购合同。②以综合评价为主的采购项目，要增加自主创新评分内素并合理设置分值比重。③经认定的自主创新技术含量高、技术规格和价格难以确定的服务项目采购，报经财政部门同意后可采用竞争性进行的政府采购方式，将采购合同授予具有自主创新能力的企业。④有关部门应将该项采购项目作为重大项目申报立项的条件，并明确采购的具体要求。⑤在政府投资的重点工程中，国产设备采购比例一般不得低于总价值的60%	2011年底废止	江苏省	《江苏省自主创新产品政府采购实施意见》	2007年3月
	自主创新产品政府首购	①财政部和科技部公布的纳入《政府采购自主创新产品目录》的首购产品；②《江苏省自主创新产品目录》公布的江苏省政府首购产品	—	首购产品能满足采购人采购需求的，采购人及其委托的采购代理机构应当购买《政府采购自主创新产品目录》或《江苏省自主创新产品目录》列明的自主创新产品	2011年底废止	江苏省	《江苏省自主创新产品政府首购和订购实施办法（试行）》	2010年9月
	自主创新产品政府订购	江苏省需要研究开发的重大创新产品、技术、软科学研究课题等，符合财政部《自主创新产品政府首购和订购管理办法》中订购产品条件	—	政府订购活动应当以公开招标为主要采购方式；对于特殊情况，经批准后可以采用非公开招标方式	2011年底废止	江苏省	《江苏省自主创新产品政府首购和订购实施办法（试行）》	2010年9月

续表

支持维度	支持措施	支持范围	重点支持领域	支持方式	适用年限	适用地区	政策文件名称	发布时间
建立支持国货与采购进口产品管理制度	政府采购进口产品管理制度	进口产品	—	①采购人采购进口产品时，必须在采购活动开始前，向财政部门提出申请并获得财政部门审核同意后，才能开展采购活动；②采购时，不得出现具体品牌、型号等；③经财政部门审核同意购买进口产品的，应当在采购文件中明确规定可以采购进口产品；④财政部门的审核意见不涉及对具体品牌、型号等政府采购方式应用事项的审批意见	—	江苏省	《转发财政部办公厅关于政府采购进口产品管理有关问题的通知》	2008年8月
促进节能环保产业发展	优先采购	①节能产品政府采购清单内产品、②环境标志产品政府采购清单内产品	节能环保	结合本地政府采购工作实际，优先采购政府采购政策功能落实产品清单中的产品	—	江苏省	《关于进一步发挥政府采购政策功能的意见》	2007年10月
建立"首购首用"风险补偿机制	建立省首台（套）重大技术装备保险补偿机制	①列入工信部发布的《首台（套）重大技术装备推广应用指导目录（2015年版）》、②2012年以后（含2012年）获得省经济和信息化委江苏省首台（套）重大装备及关键部件认定、③围绕智能制造、绿色制造发展需求，具有引领支撑产业转型升级、推动装备产业结构优化、市场潜力大、技术含量高、带动性强的战略性新兴产业和高端产品、④成套单机装备每台价值在500万元以上、关键单机装备每台价值在50万元以上，并原则上产品已实现销售；⑤纳入保险补贴试点企业的管理水平和持续创新能力在行业中处于领先地位，拥有自主知识产权，产品具有良好的经济效益和广阔的市场前景	战略性新兴产业和高技术产业	①对重大成套设备的保险费用支出给予补贴，补贴数量限3台（套），补贴年限最长至设备用户验收合格止，补贴年限最长不超过3年；②对单台（套）设备的保险费用支出给予补贴，补贴数量累计不超过100台（套），补贴比例为当年保险费的80%，补贴年限不超过3年	最长3年	江苏省	《关于开展江苏省重大装备（首台套）保险试点工作的通知》	2015年5月

资料来源：根据江苏省政府采购的有关政策文件整理。

3. 总结

总体来讲，江苏省各相关部门共制定了 20 项政策来规范和引导政府采购促进科技创新，涉及范围包括促进新技术新产品（服务）推广应用、促进科技型中小企业发展、建立支持国货与采购进口产品管理制度、促进节能环保产业发展以及建立"首购首用"风险补偿机制五个方面，其中促进科技型中小企业发展和建立支持国货与采购进口产品管理制度方面政策较多，建立"首购首用"风险补偿机制的政策虽然不多，但发布时间最新，且政策的针对性较强，规范较为具体。在促进新技术新产品（服务）推广应用、促进节能环保产业发展两方面的政策则较为笼统，多为纲领型政策，其中内容仅为概括性规范，没有具体措施和实质性内容。

4.2.3 政策实施的现状、问题与建议

为了深入掌握江苏省政府采购促进科技创新的政策、实施经验及效果，笔者对江苏省省级行政机关政府采购中心进行全面调研，调研的结果如下所示。

1. 政府采购中心现状

江苏省省级行政机关政府采购中心成立于 2001 年 5 月份，隶属于江苏省省级机关事务管理局，负责省级机关政府采购的组织实施工作。政府采购中心对公共服务采购比较重视，供应商多为研究机构、大学。针对政府采购效果的评估主要由采购人来做，财政部门主要负责资金绩效考核。

从江苏省的情况来看，中小企业参与政府采购的积极性较高。至 2016 年，省级机关政府采购中心还没有进行首台（套）重大装备保险补偿工作。

2. 存在问题

1）总体来说目前部分政策落实不到位

有些政策文件仅指出要扶持创新或扶持发展，但并没有给出具体的实施办法，不易操作。如果没有公开的政策文件，地方政府或地方采购中心就没有办法执行，不同省份对政策的理解也会出现偏差。

2）采购方采购新技术、新产品动力不足

目前的情况是供应商积极性很高，但采购人在这方面没有动力。因为采购人是政府机关、事业单位性质，如果购买新技术、新产品，采购人可能要承担一定的风险，因此采购人往往为了求稳，会去采购较为成熟的、之前已被多次采购过的产品。

3）政府采购对创新的支持有其局限性

毕竟政府采购要体现公平、公正、公开的原则，对科技型中小企业的支持应

该在其前端研发和产业化方面给予补贴。如果在采购方面过分鼓动创新，政策效果可能不显著。

4）政府采购促进中小企业发展不一定能够促进创新

在政府采购促进中小企业方面，不是只有中小企业才能创新，大企业也有创新，不应过分强调中小企业的创新效果。大企业有社会责任，也更有创新优势。只要进行创新的都应该支持。

5）政府采购促进节能环保产品采购效果不好

首先，强制采购节能产品和优先采购环保标志产品政策在刚颁布时由于没有进行关于政策落实的监督，各地的政策执行度不统一。有些省（自治区、直辖市）根本不实行强制采购政策，江苏省在这方面执行得较好。目前随着监督力度加大，各地均已实施开来。其次，关于目前发布的节能产品、环保标志产品等产品采购清单存在申请时间较长、时效性较差的问题，比如供应商要申请进入采购清单，必须要进行认证，认证要交一笔费用，还需要一段时间审核，存在一定的时间滞后性，等认证完成后可能市场上的产品已经更新换代，申请认证的产品已经被淘汰。

3. 相关建议

1）注意政策的配套

在发布一项政策措施时，政府应该注意政策的配套，保持管理规定协调统一，以便操作。例如，可以通过建立清单来促进采购方采购，建立详细的清单目录产品认定方法包括认定标准等内容，给出产品清单、具体的针对清单目录内产品的支持办法和监督办法。同时，这些措施须由政府部门出台，之前协会给出产品清单的情况，实施效果较差。

2）加强政府采购宣传，转变采购人创新意识

比如应建立针对采购人的奖励、激励机制或风险免责机制，让采购人愿意采购新技术新产品。这使得采购方和需求方都有了积极性，政策实行效果会更好。

3）提高创新清单内产品的审核标准

应提高关于创新产品的审核标准，使得供应商提升自己的产品质量，等产品更成熟以后，再进入采购市场。如果产品不成熟，则应列明为"试用品"。供应商本身也应积极对接供应商的产品需求。

4）加大对政策执行的监督和管理

加大对创新型政府采购政策执行的监督和管理力度。在对政府采购中心进行考核评估时，应该将政府采购促进科技创新工作作为一个专项进行考核，建立全过程评估机制，包括动态评估、终止机制等内容。

5）强化知识产权意识

应强化知识产权意识，通过知识产权管理鉴别真正有创新实力的中小企业。

目前有些小企业只是单纯地抄袭他人技术，依靠政策扶持发展。对有自主知识产权的企业，应在采购招标中给予一定加分。

6）防止政府部门的不合理介入

应该防止政府部门的不合理介入，否则会对促进创新起到一定的反作用。

4.3 上海市政府采购促进科技创新的现状与政策分析

4.3.1 政府采购发展现状

1. 总体现状

根据《中国政府采购年鉴》，2012 年，上海市政府采购规模达到 432.9 亿元，比上年增加 32.3 亿元，同比增长 8.1%；市、区两级共签订政府采购合同 10.69 万个，比上年增加 2.48 万个，同比增长 30.2%；节约资金 36.2 亿元，资金节约率为 8.5%，同比上升 0.2 个百分点。在 432.9 亿元的政府采购金额中，货物类采购金额为 101.9 亿元，较上年增加 11.3 亿元，同比增长 12.5%，占全部采购金额的 23.5%；工程类为 249.6 亿元，较上年增加 0.4 亿元，同比增长 0.2%，占全部采购金额的 57.7%；服务类为 81.4 亿元，较上年增加 20.6 亿元，同比增长 33.9%，占全部采购金额的 18.8%。其中，服务类采购增长势头突出，占全部采购金额的比重比上年增加 3.6 个百分点，与上海市促进服务产业发展、支持上海"四个中心"建设、实现"转方式、调结构"目标保持一致（中国政府采购年鉴编委会，2013）。

上海市政府通过尝试引入集中采购和批量议价等多种采购方式，提高政府采购效率和质量，继续加大节能环保产品的政府采购力度，落实促进中小企业发展等相关政策文件，积极开展信用担保试点，充分发挥政府采购政策功能（中国政府采购年鉴编委会，2013）。

1）政府采购规模

从统计数据来看（表 4-15，图 4-14），2005～2012 年，上海市政府采购金额整体呈上涨趋势，自 2005 年 69.3 亿元增长至 2012 年 432.9 亿元，增长幅度较大。

表 4-15　上海市政府采购规模汇总　　　　　　　　　　（单位：亿元）

项目	2005年	2007年	2008年	2010年	2011年	2012年
政府采购金额	69.3	277.8	332.3	408.3	400.6	432.9
节约资金	12.0	24.9	45.1	37.6	36.5	36.2

资料来源：历年《中国政府采购年鉴》。

注：因 2006 年、2009 年相关数据无法找到，表中没有显示其信息。

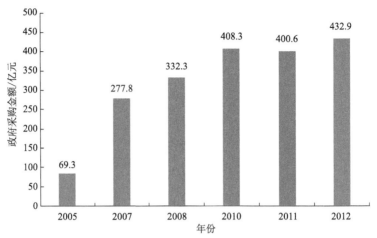

图 4-14   2005～2012 年上海市政府采购预算规模增长情况

资料来源：历年《中国政府采购年鉴》

注：因 2006 年、2009 年相关数据无法找到，图中没有显示其信息

2）政府采购结构

2012 年，上海市政府采购中心按照"提高政府采购资金效益和采购效率，实现政府采购物有所值"的要求，开展各项业务。图 4-15 显示，2012 年上海市政府采购以工程类为主，并正在向拓宽服务类采购过渡，其中采购服务金额占全年采购金额的 19%。

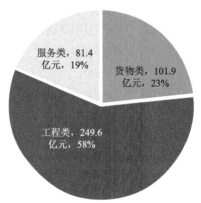

图 4-15   2012 年上海市政府采购结构图

资料来源：历年《中国政府采购年鉴》

3）监督检查力度有效强化

根据财政部、监察部、审计署、国家预防腐败局《关于开展全国政府采购执行情况专项检查督导工作的通知》，2008 年 5 月至 10 月，上海市开展了全市政府采购执行情况专项检查。该检查主要分为自查自纠、重点检查、整改提高和验

收总结四个阶段，重点对各级采购人、集中采购代理机构、乙级政府采购代理机构进行检查，摸清和掌握政府采购领域中存在的问题，查找法律制度、管理体制、操作执行方面存在的缺失和薄弱环节。

2. 政府采购促进科技创新发展现状

1）政府采购支持中小企业发展现状

为鼓励和支持中小企业积极参与上海市政府采购活动，《上海市政府采购促进中小企业发展暂行办法》于 2010 年 1 月 1 日起正式实施。一是明确规定在上海市政府采购活动中对中小企业采取"优先采购、优先安排"，对预算金额在 200万元以下的政府采购项目，应当从中小企业中采购，为中小企业预留市场份额。二是对中小企业参与上海市集中采购机构组织的政府采购项目，免收招标文件工本费；对中小企业参与的政府采购项目，采购人或采购代理机构可以在招标文件中规定中小企业免缴纳投标保证金；对规格标准统一、现货货源充足且价格变化幅度较小的货物采购项目，采购人或采购代理机构可以免除中小企业缴纳履约保证金的义务。2010 年，在上海市政府采购活动中授予中小企业的合同数为 55 037件，占全部合同数的 93.4%；合同金额为 355.9 亿元，占全部合同金额的 87.2%。积极参与配合上海市中小企业政府采购融资担保政策文件制度的研究和制定，按照国家和上海新的政府采购促进中小企业发展政策，完成相关采购文件模板的修改，配套出台了 8 项政策衔接措施，协助市财政监管部门推进融资担保工作。全年扶持中小企业政策采购金额占全年采购总金额的 83.53%（中国政府采购年鉴编委会，2011）。

2）政府采购推动科技金融服务发展现状

加大科技创新融资担保支持力度，以国有投资公司投资参股等形式，重点引导商业性融资担保机构为科技型中小企业服务。鼓励具备科技金融服务能力的社会资本参与设立融资担保公司。鼓励商业银行与担保公司、科技园区开展科技融资服务业务合作，简化信贷手续。进一步扩大市、区两级财政的中小企业融资担保专项资金规模，加大对商业性担保机构的风险补偿力度。让商业性融资担保机构为上海张江高新技术产业开发区、上海紫竹国家高新技术产业开发区、上海杨浦国家创新型试点城区等区域内的科技型中小企业提供融资担保所发生的代偿净损失，在按照有关规定提供风险补偿的基础上，由市、区两级财政进一步加大风险补偿力度，补偿比例从现行的 20%～40% 提高到 40%～60%。进一步鼓励区开展科技型中小企业政策性融资担保业务。市级财政在现有政策性担保风险代偿市、区分担比例的基础上，通过财政专项转移支付方式，对区开展的政策性中小企业融资担保业务发生的代偿损失给予适当扶持。区级政府进一步完善科技型企业改制上市支持政策和工作推进机制，加大对科技型企业改制上市的资金支持力度。市财政将通过中小企业发展专项转移支付项目，重点对各区实际发生的支持中小企业改制上市经费补助支出给予专项转移支付扶持。继续推动科技型企业发行中小企业集合债券、集合票据和集合信托等产品，重点缓解科技型企业的中长期融资困难。全力推进上海股权托管交易中心的建设，为上海市非上市科技型企业的改制、股权登记、托管及非公开转让交易等提供服务，为多层次资本市场培育更多的上市科技型企业资源。积极推动上海张江高新技术产业开发区内具备条件的非上市企业进入代办股份转让系统，进行股份转让。

4.3.2 政府采购促进科技创新政策体系

1. 政策体系

上海市政府采购促进科技创新的有关政策见表 4-16。

表 4-16 上海市政府采购促进科技创新有关政策汇总

序号	政策名称	发文单位	发布时间	备注
1	《关于实施〈上海中长期科学和技术发展规划纲要（2006—2020 年）〉若干配套政策的通知》（沪府发〔2006〕12 号）	上海市政府	2006 年 5 月	纲领型政策
2	《上海市重大基础设施采购自主创新成果的试行办法》（沪建交联〔2006〕796 号）	上海市城乡建设和管理委员会、发改委、科学技术委员会（简称科委）	2006 年 10 月	2011 年 6 月停止执行
3	《上海市政府采购支持自主创新产品暂行规定》（沪财库〔2006〕39 号）	上海市财政局	2006 年 12 月	2011 年 5 月停止执行
4	《上海市鼓励重大技术装备首台业绩突破实施办法》（沪经装〔2007〕251 号）	上海市经信委	2007 年 9 月	
5	《上海市重大技术装备首台业绩突破项目认定办法（试行）》（沪经装〔2007〕625 号）	上海市经济委、发改委、科委、财政局、城乡建设和管理委员会	2007 年 11 月	
6	《上海市鼓励重大技术装备首台业绩突破实施办法（试行）补充规定》（沪经信装〔2008〕83 号）	上海市经信委、发改委、财政局、城乡建设和交通委员会、科委	2008 年 12 月	
7	《上海市政府采购自主创新产品操作规程（试行）》（沪财库〔2009〕8 号）	上海市财政局、科委	2009 年 3 月	2011 年 6 月停止执行
8	《关于本市进一步加强政府采购管理工作的实施意见》（沪府办发〔2009〕38 号）	上海市政府办公厅	2009 年 9 月	纲领型政策
9	《上海市政府采购促进中小企业发展暂行办法》（沪财库〔2009〕51 号）	上海市财政局、经信委	2009 年 11 月	

续表

序号	政策名称	发文单位	发布时间	备注
10	《上海市人民政府贯彻〈国务院关于进一步促进中小企业发展若干意见〉的实施意见》（沪府发〔2010〕11 号）	上海市政府	2010 年 4 月	纲领型政策
11	《关于本市开展政府采购融资担保试点工作的通知》（沪财企〔2012〕54 号）	上海市财政局	2012 年 6 月	试点时间至2013 年 12 月底
12	《上海市企业自主创新专项资金管理办法》（沪经信法〔2013〕353 号）	上海市经信委、财政局、商务委员会	2013 年 6 月	2007 年颁布的同名政策已废止
13	《关于组织实施 2013 年度上海市重大技术装备研制专项和首台业绩突破风险补贴项目的通知》（沪经信装〔2013〕392 号）	上海市经信委	2013 年 7 月	2014 年继续实施
14	《关于深化政府采购改革创新实施意见的通知》（沪府办发〔2015〕7 号）	上海市政府办公厅	2015 年 1 月	纲领型政策

2. 具体措施

上海市政府采购促进科技创新具体措施见表 4-17。

3. 总结

从数量上看，上海市共发布了 14 项相关政策来指导政府采购促进科技创新。

从发布年份上看，在促进科技型中小企业发展和建立"首购首用"风险补偿机制两个方面的政策较新，而在促进节能环保产业发展、建立支持国货与采购进口产品管理制度、促进新技术新产品（服务）推广应用这三个方面，尤其是前两个方面，最新政策仅在 2009 年发布，近年来没有新政策的出台。

从政策类型上看，以纲领型政策为主，而关于具体实施细则的政策很少。比如促进节能环保产业发展方面，基本都是纲领型政策，关于具体措施和具体规定较少，在指导方面具有一定的局限性。

从整体扶持力度来看，上海市在采购自主创新产品方面的扶持力度较大，但相关政策由于国家的总体要求已在 2011 年底停止执行，此外政府采购扶持中小企业的相关政策发布时间较早，需要根据目前实际情况进行更新完善。

4.3.3 政策实施中经验、问题与建议

为了深入把握上海市政府采购促进科技创新的政策、实施做法及效果，笔者对上海市有关部门和研究机构进行了实际调研，调研的结果如下所示。

表 4-17　上海市政府采购促进科技创新具体措施汇总

支持维度	支持措施	支持范围	重点支持领域	支持方式	适用年限	适用地区	政策文件名称	发布时间
促进新技术新产品（服务）推广应用	重大技术装备首台套业绩突破项目认定	①在上海市注册的具有法人资格的企业、事业单位。②年度销售收入≥3000万元，或注册资本≥1000万元。③符合规定。④围绕国家和本市振兴装备制造业的重点领域，由本市企业通过承担国家及地方研制任务或通过自主研发、首次制造并具有重大影响的项目。⑤属原始创新、集成创新，或消化吸收再创新，且知识产权权益状况明晰。⑥技术先进，处于国内领先水平。⑦自上一年度以来首次投用的依托工程，并已签订有效的供货合同。⑧通过国家认证或本市质量技术监督部门认定的依托的实验室和检查机构的检测	国家和本市振兴装备制造业的重点领域	作为给予本市用户单位风险补贴的重要依据	—	上海市	《上海市鼓励重大技术装备首台套业绩突破实施办法（试行）补充规定》	2007 年 11 月
促进科型中小企业发展	优先采购	上海市中小企业供应商子库中企业	—	采购人使用财政性资金采购货物、工程和服务的，应当在采购文件中明确规定，在同等条件下优先从中小企业采购	—	上海市	《上海市政府采购促进中小企业发展暂行办法》	2009 年 11 月

续表

支持维度	支持措施	支持范围	重点支持领域	支持方式	适用年限	适用地区	政策文件名称	发布时间
促进科技型中小企业发展	优先安排	上海市中小企业供应商子库中企业		①对预算金额≤200万元的政府采购项目，应当从中小企业中采购；②采用公开招标方式的，应当仅接受中小企业投标；③采用邀请招标方式的，应当邀请符合条件中小企业参加；④采用竞争性谈判或询价购方式的，应确定中小企业参加谈判或询价；⑤对预算金额≥200万元的政府采购项目，根据情况采购人可从仅从中小企业采购	—	上海市	《上海市政府采购促进中小企业发展暂行办法》	2009年11月
	合理划分包件			在公开招标政府采购项目中，采购人或采购代理机构应根据项目实际情况合理划分包件，以利于中小企业参加投标		上海市		
	禁止规定			采购人或采购代理机构应根据政府采购项目的情况，合理设置供应商的资格条件，不得排斥和限制中小企业参与投标		上海市		
	获取招标文件的优惠			中小企业参加本市集中采购机构组织的政府采购活动，免收招标文件工本费		上海市		
	培训服务			本市政府采购代理机构应当对参加其组织的政府采购活动的供应商进行有关政府采购文件编制规范等方面的辅导，及时解答中小企业提出的咨询，支持中小企业参加本市政府采购活动		上海市		
	保证金免除			采购人或采购代理机构应根据采购项目具体情况合理设置履约保证金金额，部分条件下可免除中小企业供应商缴纳履约保证金义务		上海市		

续表

支持维度	支持措施	支持范围	重点支持领域	支持方式	适用年限	适用地区	政策文件名称	发布时间
促进科技型采购中小企业发展	款项支付	上海市中小企业供应商子库中企业	—	①采购人和采购代理机构应根据项目具体情况合理设置履约付款期限、方式。②采购人在控制履约风险前提下,对中小企业供应商提高首付款比例。③规格、标准统一、且交货时间短于15日的货物,政府采购项目的首付款比例一般应在50%以上	—	上海市	《上海市政府采购促进中小企业发展暂行办法》	2009年11月
	融资担保业务	①在本市注册、具有法人资格的中小企业;②应在贷款银行开设账户作为接受政府采购付款的唯一账户,并由银行对该账户进行全程监管;③拨付政府采购合同金额自筹不少于10%的履约资金;④企业财务状况、信用记录及参与政府采购的相关记录良好;⑤担保金额在200万元以上的,需按规定的要求提供反担保措施	农业、教育、文化、社会保障、医疗卫生、科学技术、计划生育、环境保护等	①为单个中标供应商提供融资担保的金额≤1000万元。②对担保金额≤200万元,且属重点支持领域和小型、微型企业的政府采购项目,优先予以支持。③担保机构对政府采购融资担保贷款本金提供85%信用担保,银行承担15%风险责任。④担保机构代偿损失,由发生担保代偿业务所在本市政策性中小企业融资担保业务,参照目前本市相关政策,由市区县财政承担。⑤对支持领域≤200万元,且属重点支持领域由市级专项资金专项承担,其中保代偿损失由市级专项资金专项承担	2012年7月至2013年12月(试点)	上海市	《关于本市开展政府采购融资担保试点工作的通知》	2012年6月
建立支持国货与采购进口产品管理制度	自主创新产品认定	用于风险高和难度大的重大基础施工工程,并且通过原始创新、集成创新和引进消化吸收再创新而形成的装备、软件等产品和技术工艺、施工技术、信息技术	—		2011年6月且停止执行	上海市	《上海市实施政府采购自主创新成果的试行办法》	2006年10月

续表

支持维度	支持措施	支持范围	重点支持领域	支持方式	适用年限	适用地区	政策文件名称	发布时间
建立支持采购国货与采购进口产品管理制度	自主创新产品政府采购	根据《上海市自主创新产品认定管理办法（试行）》，由市发展改革委会同市科委、市财政局确定的《上海市政府采购自主创新产品目录》的产品	—	①采用性价比法实行综合评价、评标的项目，增加自主创新评分因素和给予一定幅度的价格扣除。②在技术评标中增加自主创新产品评分标准，给予自主创新产品的自评评分值8%的价格性扣除。③采用竞争性谈判、询价采购方式采购的，应将对产品的自主创新要求作为谈判、询价的内容。④在满足同等条件下，不高于非自主创新产品当次报价的最低报价10%的，应当确定自主创新产品供应商为成交供应商。⑤在国家和地方政府投资的重点工程中，国产设备采购比例≥60%	—	上海市	《上海市政府采购自主创新产品操作规程（试行）》	2009年3月
	自主创新产品首购	国内企业或科研机构生产或开发的、暂不具有市场竞争力，但符合国民经济和社会发展要求、代表技术先进水平的面向首次投向市场的产品	—	列入自主创新产品目录中的首购产品，可以在有效期内实行首购	—	上海市		
	自主创新产品订购	—	—	政府订购以公开招标为主要采购方式，因特殊情况需要采用公开招标以外的采购方式的，按照《政府采购法》有关规定执行	—	上海市		
促进节能环保产业发展	推动节能环保产品采购	节能环保产品或政府采购清单（目录）内产品	—	落实节能环保等政府采购政策，加大强制采购节能环保产品的力度。凡采购产品涉及节能环保产品政府采购清单（目录）的，必须严格按照清单（目录）要求实施采购	—	上海市	《关于本市进一步加强政府采购管理工作的实施意见》	2009年9月
建立"首购首用"风险补偿机制	重大技术装备首台套业绩突破风险补贴	纳入年度重大技术装备首台（套）业绩突破风险补贴计划的项目	战略性新兴产业、先进制造业等	由专项资金对首台（套）装备的本市使用单位给予风险补贴支持，支持标准不高于所购设备价格的10%或者购置额的50%，金额最高不超过800万元	试点至2017年底	上海市	《上海市企业自主创新专项资金管理办法》	2013年6月

资料来源：根据上海市政府采购的有关政策文件整理。

1. 现状与经验

上海市于 2011 年停用自主创新产品目录，直到 2014 年下半年，上海市在做配套政策研究的时候又重新出现自主创新产品的相关表格；上海市发改委提出，要学习英国的远期约定采购，学习欧盟提出的一些商业化前采购等政策工具，同时科委也提出相关说法，但意见并未统一。市政府 2015 年 3 月的 22 条意见分工表明，自主创新产品的认定工作是由经信委和科委协同配套工作的。科委计划处与经信委配合工作，在参鉴北京的新技术新产品认定办法的基础之上出台了上海版的认定办法，并将认定的对象称为创新产品，同时附有服务办法。目前，关于产品认定的工作尚未展开，处于交流状态，并且认为短期内很难完成配套文件。

财政局方面，按照规定，要求受 WTO 限定的市场化采购机构必须按照 WTO 的原则开展认定和采购工作。为了应对 GPA 谈判，财政局设立了政府采购管理处，以专门负责采购方面事宜。

在政策操作方面，上海市对新技术新产品的认定是普遍不欢迎的，对中小企业的扶持，无论是不是科技创新型企业，只要是小企业就进行支持。目前，上海也在做首台（套）重大技术装备风险补偿机制，这个是国家鼓励的，"首购首用"是按照国家的要求，上海市财政局来负责。至于上海市发改委，则处于一个居中的角色。

2. 存在问题

1）政策路径始终没有区分开

在政策路径上，我国的订购是跟首购绑在一起的，一定要有一个认定的目录，然后首购、订购一起。从国家而言，政策路径始终没有区分开，一直绑在一起，使得具体工作展开较为麻烦。

2）认定方式尚存在诸多不合理

从研究的角度来讲，政府部门比较想实现认定。但认定的过程如同审批过程，保有审批的方式和思路。并且从另一个角度讲，标准不能限定得过于严格和死板，毕竟即使规范再细，难免会有漏网之鱼，难免会存在不合理的地方。

3）政府职能分工不清晰

从国际规则看，对创新产品的认定实际上是符合 WTO 的相关规定的。广东省曾发布一个关于远期约定采购的试行办法，各市也出台相应的远期约定采购办法，可以不再通过对创新产品认定的方式，面向全社会发布远期约定采购新产品的需求，美国的商业化前期采购就是采用的类似的做法。广东远期约定采购的理念是值得借鉴的。但是，上海市政府采购方面的职能始终由财政局负责，以财政局为主导，其他管理部门难以介入，因此在创新产品认定和远期约定采购方面的政策没有建树。

4）关于政府购买和政府购买服务的概念易混淆且有概念重叠

全市层面出台了关于政府购买服务方面的规章。关于政府购买服务，对研究人员来讲，政府购买跟政府购买服务这两个概念始终是比较混淆的，有一定的重合。政府采购的本意是提升自主创新能力，而这里面有自主创新的成分很少，所以这两者是不一样的。

5）没有有效利用支持国货的政策

政府采购支持国货是世界上通行的做法，包括美国在内的主要发达国家政府采购在支持国货方面都有明确的政策法规，这一方面的政策我们没有研究清楚和有效利用。

6）关于政策之间的协调存在一些问题

政策是不是真正鼓励创新的小企业，小企业享受政策之后是不是应该到市场上参与竞争，或者应该进行普通采购，就没必要继续享受政策支持了，这是需要考虑的一个问题。可能不只有政府采购存在这种问题，一般的资金支持都会存在这种问题。此外，很多的资金支持实际上有很多漏洞，甚至催生了一批中介机构。

7）项目甄别过程存在问题

政府在甄别一个项目在将来是否有用时，其甄别过程很容易存在问题，包括专家评审过程、资金验收过程都难以避免。但是基于我们国家现在所处的发展阶段，如果把这些资金的扶持都去掉的话，在有些产业的发展上，就有可能落后。我们不像美国的企业科技水平那么高，如果没有科研项目提供一些支持，那么科技产业的发展会受到影响。

3. 相关建议

1）政府采购与支持研发相结合

只要有做研发，政府就可以去购买，这种研发引导就是鼓励研发和社会的资本进度。国际上不会做新技术新产品认定。比如在未来三年之内要出这个产品，然后有关方面会对研发阶段进行支持，可能是对好几个企业进行支持，支持到一定阶段以后，根据它们的成果，选出表现好的，进行真正采购。这开始不属于采购，只属于支持研发。把采购和研发项目进行结合，等于是将采购嵌入整个研发活动中去，不只是到终端产品。针对中小企业，固定份额预留是国际上通用的做法，并且一般只面对小企业。

2）支持国货，有效利用政策措施

政府采购在一定程度上对本国企业的产品特别是创新产品进入市场还是有利的，政府采购还可以降低企业的诸多市场风险。另外，因为有政府的支持，企业会更有信心。支持国货是国际上通行的做法，并不违背 GPA 的规则，如果针对所有政府采购项目，跨国公司都能参与的话，这实际上对本国企业是不公平的。

3）重视公共需求，发展需求特色政策

进一步加大采购需求的研究，建设政府采购信息平台，深化采购需求，各个委托代理机构要在整个需求研究中广泛征询全社会的意见。所有与 GPA 谈判有关的内容，都应该按照 WTO 的有关规定执行。对于科技部门而言，应重视对商业化前期创新产品采购的认定工作，或联合财政部门做好远期约定采购工作。如果有政策资金用来作为政府采购工具，就应该用于公共需求，应该发展这种需求特色政策。政府在此的作用不仅仅是扩大市场。对于中小企业，它们确实需要一定的市场份额，也需要政府的资金支持，但它们更需要的是用户需求。

4）学习国外的先进政策工具

上海市科学学研究所提出，要学习英国的远期约定采购经验，学习欧盟提出的一些商业化的前采购等政策工具。

4.4　典型政策与案例分析

4.4.1　江苏省首购"龙芯"电脑

1. 案例背景

2001 年，中国科学院计算技术研究所自行筹资 100 万元资金，组建"龙芯"项目组进行研发，项目组于次年成功发布"龙芯 1 号"处理器。之后，通过中国科学院和科技部的联合支持，"龙芯"技术水平得到显著提升，发布了"龙芯 2 号"处理器并开始"龙芯 2 号"处理器系列产品的研发，于 2007 年实现量产，产品在性能、可靠性等方面实现了提升。2009 年，"龙芯"项目得到了国家"核高基"重大专项的支持，进入"龙芯 3 号"处理器系列产品的研发。中国科学院在江苏省的支持下，建立了梦兰龙芯产业化基地，江苏龙芯梦兰科技股份有限公司成为"龙芯"产业化的核心企业，具有"龙芯"产品的量产设计能力，研究开发了基于"龙芯"处理器的迷你计算机、笔记本等系列产品，同时吸引了大批国内外优秀企业共同壮大"龙芯"产业链（张珩，2010）。

"龙芯"系列是我国第一款自主研发的高性能通用处理芯片，两次入选我国年度十大科技进步项目，成为我国自主创新的重大标志性成果。"龙芯"电脑于 2007年入选江苏省首批自主创新产品，2009 年入选国家级自主创新产品，符合《国务院关于印发实施〈国家中长期科学和技术发展规划纲要（2006—2020 年）〉若干配套政策的通知》《省政府关于鼓励和促进科技创新创业若干政策的通知》中首购产品的要求条件（龚云峰，2010）。

2. 相关政策

江苏省自主创新产品首购有关政策的整理与汇总，如表 4-18 所示。

表 4-18 江苏省自主创新产品首购相关政策汇总

序号	政策名称	发文单位	发布时间	备注
1	《国务院关于印发实施〈国家中长期科学和技术发展规划纲要（2006—2020 年）〉若干配套政策的通知》	国务院	2006 年 2 月	纲领型政策
2	《省政府关于鼓励和促进科技创新创业若干政策的通知》	江苏省人民政府	2006 年 4 月	纲领型政策
3	《关于印发〈江苏省自主创新产品认定管理办法（试行）〉的通知》	江苏省科技厅、财政厅	2006 年 10 月	2011 年 12 月停止执行
4	《关于印发〈国家自主创新产品认定管理办法（试行）〉的通知》	科技部、国家发改委、财政部	2006 年 12 月	2011 年 9 月停止执行
5	《关于印发〈江苏省自主创新产品政府采购实施意见〉的通知》	江苏省财政厅、科技厅	2007 年 3 月	2011 年 12 月停止执行
6	《关于印发〈自主创新产品政府采购合同管理办法〉的通知》	财政部	2007 年 4 月	2011 年 7 月停止执行
7	《关于印发〈自主创新产品政府采购评审办法〉的通知》	财政部	2007 年 4 月	2011 年 7 月停止执行
8	《财政部关于印发〈自主创新产品政府采购预算管理办法〉的通知》	财政部	2007 年 4 月	2011 年 7 月停止执行
9	《关于印发〈自主创新产品政府首购和订购管理办法〉的通知》	财政部	2007 年 12 月	
10	《关于印发〈江苏省自主创新产品政府首购和订购实施办法（试行）〉的通知》	江苏省财政厅、科技厅	2010 年 9 月	2011 年 12 月停止执行

2006 年，国务院颁布了《国家中长期科学和技术发展规划纲要（2006—2020年）》，明确提出实施促进自主创新的政府采购办法。同年，江苏省政府颁发的《省政府关于鼓励和促进科技创新创业若干政策的通知》提出了实施促进自主创新的政府采购政策，具体包含：建立财政性资金采购自主创新产品制度，建立激励自主创新的政府首购和订购制度，在国家规定范围内由生产经营企业自主确定政府定价的自主创新产品价格（江苏省政府办公室，2006）。2007 年，财政部制定了《自主创新产品政府首购和订购管理办法》。随后，江苏省财政厅与科技厅联合出台《江苏省自主创新产品政府采购实施意见》，明确提出"省内企业或科研机构生产或开发的试制品和首次投向市场的产品，且符合国民经济发展要求和先进技术发展方向，具有较大市场潜力并需要重点扶持的，经认定，政府进行首购，

由采购单位直接购买或政府出资购买"。

为了鼓励和扶持自主创新产品的研究与应用,2010年9月,江苏省财政厅联合科技厅制定了《江苏省自主创新产品政府首购和订购实施办法(试行)》。该办法定义了首购、订购的含义。其中,首购指国内企业、科研机构开发生产的,暂时不具备市场竞争力,却符合经济发展要求以及先进技术发展方向,具有市场潜力且需重点扶持的产品,通过政府采购方式首先采购的行为。(江苏省财政厅和江苏省科技厅,2010)

3. 实施过程

江苏省、苏州市、常熟市各级人民政府在一系列主要政策和法规的指导下,开始了对"龙芯"电脑的政府采购。2009年4月,常熟市教育局与江苏龙芯梦兰科技股份有限公司在常熟市签下政府首购订单,这是国内自主创新产品关于政府首购的第一大单,完全拥有自主知识产权的1万台第一代"龙芯"低成本计算机首次以政府首购的形式进入江苏省常熟市中小学课堂。常熟市财政局领导表示,"龙芯"电脑已被列入江苏省政府采购计算机协议供货目录,而且是首批江苏省自主创新产品,市财政已先后投入扶持"龙芯"电脑研发资金1000多万元(陈昂,2009)。

此后,2009年12月,江苏省政府采购中心启动政府首购"龙芯"电脑程序。经过江苏省政府批准,本次政府首购将一次性出资3.5亿元整体打包采购4679套"龙芯"多媒体互动教学系统及相关的系统集成、售后服务等服务,整个项目计划三年时间完成,所有经费由省级财政承担。"龙芯"电脑将以政府首购形式进入江苏省内5000所农村中小学课堂。江苏省政府采购中心在受理此项目后,受到领导的高度重视,指出在不违反政府采购相关规定的前提下,以特事特办为原则,主动与省财政厅、教育厅联系,了解相关政策,核对采购需求,制订采购方案。该中心组织专家与江苏龙芯梦兰科技股份有限公司进行首购谈判,就采购价格、技术需求、交货时间、培训服务等内容达成了一致意见。

采购项目完成后,"龙芯"电脑教室遍布了常熟市的城乡小学。从反馈情况来看,老师和学生们普遍反映,"龙芯"电脑硬件功能齐全、性能稳定、存储空间大。"龙芯"电脑软件涵盖了教育部颁布的《小学信息技术教学大纲》中各项电脑知识点和学生操作能力点,满足了小学信息技术的教育要求,教学实践从信息技术课拓展到语文、英语课等。同时,"龙芯"电脑不支持大型游戏,不易感染病毒,具有低功耗的优势,因此适合机房管理。

4. 支持效果

1)壮大"龙芯"产业链,改善"龙芯"产业环境
江苏龙芯梦兰科技股份有限公司在产业化的初步探索时期遇到了极大的阻

力，而产业化链条长也使江苏龙芯梦兰科技股份有限公司从产品原型到成熟产品
的发展进程较为缓慢。常熟市首购合同签订后，全球最大的笔记本代工厂开始为
"龙芯"提供代工，国内操作系统厂商如中科红旗（北京）信息科技有限公司、共
创实业集团有限公司等企业加强了与江苏龙芯梦兰科技股份有限公司的合作力
度，加快了产品化进程。在试点电脑部署到位后的几个月时间内，江苏龙芯梦兰
科技股份有限公司根据用户的反馈进行优化设计、改良方案，开发了"龙芯多媒
体互动电脑教室"解决方案，得到了教育部和江苏省教育厅的认可，进而促进了
更大政府采购订单的形成。2009 年，在江苏省经信委、科技厅的指导下，江苏龙
芯梦兰科技股份有限公司牵头联合江苏南大苏富特科技股份有限公司等一批国内
软硬件厂商建立了"国产芯片和软件产业联盟"，使"龙芯"产业链进一步发展
壮大。

2）提升了企业的产品研发与生产能力

为了确保政府采购项目的顺利实施，江苏龙芯梦兰科技股份有限公司进行了
结构改组、各部门流程建设、人员培训，通过了 ISO9001 体系认证，建立了 400
个呼叫中心，组建售后服务体系。政府采购订单促使江苏龙芯梦兰科技股份有限
公司从以研发为主的企业开始全面发展，企业能力不断增强。

3）引导产品市场方向

江苏龙芯梦兰科技股份有限公司之前一直在探索市场化的发展道路，尝试在
多个行业领域进行产品研发与推广，但很难形成足以支撑企业良性发展的经济规
模市场。其产品基本成熟后，政府规模采购的支持为其产业化打开了市场，使其
研发团队掌握市场需求，并将研发精力聚焦于客户的需求上，开发了针对行业市
场应用的方案，从容满足用户的切实需求。例如，江苏龙芯梦兰科技股份有限公
司将针对现代化信息教育研发的"龙芯多媒体互动电脑教室"这套解决方案提供
给用户，而不仅仅是"龙芯"电脑。为中国教育信息化提供解决方案成为江苏龙
芯梦兰科技股份有限公司的一个主要业务方向。

4.4.2 广东省远期约定政府购买

1. 政策背景

广东省具有较大的创新需求市场，拥有具有创新精神的企业和科研机构，但
前沿技术研究及创新市场没有有效对接，大量领先的研究成果没有进入用户市场，
导致很多企业或科研机构担心市场不能接受创新产品或服务，不敢进行前沿技术
的创新研发。远期约定政府购买制度可以有效连接基础研究和市场，同时降低创
新风险，进一步激发创新活力（刘毅，2015）。

支持企业创新，要给企业以创新的力量，更要让企业拥有创新的信心。传统的公共政府采购政策主要以加强财政支出管理、规范采购行为、提高资金使用率等为目的。政府部门并非经营实体，缺少经济驱动力，创新的需求不明确，造成传统的政府采购与企业创新过程脱节。

2. 政策简介

为贯彻落实《中共广东省委广东省人民政府关于全面深化科技体制改革加快创新驱动发展的决定》，优化创新创业环境，2015 年 2 月 15 日，广东省人民政府向各地级以上市人民政府、各县（市、区）人民政府、省政府各部门、各直属机构印发了《关于加快科技创新的若干政策意见》。该意见提出，要试行创新产品与服务远期约定政府购买制度，围绕经济社会发展重大战略需求和实际需求，探索创新产品与服务远期约定政府购买制度。省财政、科技部门委托第三方机构发布远期购买需求，确定创新产品与服务提供商，当创新产品与服务达到合同要求时，购买单位按合同约定实施购买。具体实施办法由省财政厅会同省科技厅等部门另行制定。

2015 年 5 月，为落实以上政策，发挥政府购买和公共财政的引导功能，降低创新风险，激发创新活力，广东省财政厅、广东省科技厅制定了《关于创新产品与服务远期约定政府购买的试行办法》，该办法自 2015 年 6 月 1 日起施行，有效期为 3 年。

创新产品与服务远期约定政府购买指政府委托的第三方机构向社会发布现有市场未能满足的产品与服务购买需求，确定供应商并签署远期约定政府购买合同，当创新产品或服务满足要求时，购买单位则按约定实施购买。远期约定政府购买主体包括政府机关、事业单位、团体组织等单位。购买对象单位必须符合一些特定条件，例如在广东省内注册的独立法人等。

具体实施程序中，首先由省级财政管理部门委托第三方机构收集产品和服务需求；第三方机构组织专家对征集的需求进行甄别和筛选并向全社会公布，根据反馈意见，对原需求进行修订，确定购买的各项技术指标；通过省级公共资源交易平台等进行购买，以招标形式确定中标单位；购买单位与中标单位签订购买合同；由第三方机构组织进行验收。同时，整个流程中要加强管理监督，对弄虚作假的追究责任。

2015 年 9 月，广东省科技厅发布了《关于征集创新产品与服务远期约定政府购买需求的通知》，该通知包含了征集目的、征集内容和征集对象三方面内容。

征集目的是择优供应商并商定远期的约定购买合同、购买清单。征集内容包含：①本单位职能管理和运营发展所需；②当前市场未能满足，需经过进一步研发后才能符合需求的产品或者服务；③购买资金纳入政府预算管理的资金、财政管理的其他资金、以财政性资金作为还款来源的资金、省属国有（控股）企业用于基本建设的资金；④产品和服务领域包括但不限于电子信息、节能环保、新材料等产品，以及信息通信、检验检测认证等服务。征集对象包括省直机关、事业单位、团体组织、省属国有（控股）企业以及有相关需求的单位。这与《关于创新产品与服务远期约定政府购买的试行办法》中的规定相同。

在上述政策实施后，广东省科技厅筛选并列出《广东省第一批远期创新产品与服务需求目录》，为面向需求目录所列事项提供方征集解决方案，制定广东省远期创新产品与服务清单，并作为实施广东省政府购买的重要依据。2015 年 10 月，广东省科技厅发布了《关于征集广东省第一批远期创新产品与服务的通知》，该通知对征集内容、征集对象及要求、征集程序做了进一步规定。

其中，征集内容中指出，远期创新产品与服务指当前市场未能提供现成产品或服务，需经过 1 年或者以上时间研发后才能获得的，符合政府公共管理服务需求的创新产品与服务。创新产品与服务的技术领域包括但不限于通信与信息系统、环境保护、新材料、生物医药与医疗器械等。

征集对象（企业或研发机构）的产品和服务范围要求与文件《关于创新产品与服务远期约定政府购买的试行办法》中规定的征集内容相一致，并提出了产品与服务要求：①所提供的产品与服务必须针对性地满足省直政府部门、单位公共管理服务实际需求或省财政投资项目建设运营需要，并在指定技术领域。②符合国家法律法规、产业技术政策和其他相关产业政策，必须在广东省生产。③相关创新产品与服务具有自主知识产权，并且权益状况较为明确，没有知识产权纠纷。④技术性能指标、技术结构、技术方案先进，具有重大突破，且市场前景广阔。⑤质量可靠，在约定的期限前，能通过国家法律法规规定的质量检测、认证和生产许可。⑥鼓励采用产学研协同创新模式完成产品或服务的研发、生产供应，同等条件下中小企业优先。

广东省远期约定政府采购的相关政策见表 4-19。

表 4-19　广东省远期约定政府购买相关政策汇总

序号	政策名称	发文单位	发布时间	备注
1	《关于加快科技创新的若干政策意见》	广东省政府	2015 年 2 月	纲领型政策
2	《关于创新产品与服务远期约定政府购买的试行办法》	广东省财政厅、科技厅	2015 年 5 月	
3	《关于征集创新产品与服务远期约定政府购买需求的通知》	广东省科技厅	2015 年 9 月	
4	《关于征集广东省第一批远期创新产品与服务的通知》	广东省科技厅	2015 年 10 月	

3. 实施现状

远期采购合约实施时间期限定为 1~3 年,主要目的是激励企业能够加大研发,激励用户使用新服务新产品。目前,广东省科技厅已经征集到超过 20 个关于创新产品与服务的远期需求。省科技厅希望先征集需求,并通过专家论证进行遴选,制定第一批次需求目录,并将其提交到省政府,由省政府推动省财政厅、科技厅等相关部门完成后续工作。目前,广东省财政厅政府采购处并没有参与该项工作。

从需求征集工作来看,目前来申报远期需求的单位较多。从申报单位类型来看,各级政府机关本身可支配资金较少,对创新产品与服务的需求也较低,造成申报远期约定政府购买的积极性不高。相对来说,国企和政府机关下属企事业单位对创新产品与服务有一定需求,申报积极性较高。

按照政策文件的规定,政府需委托第三方机构来组织需求发布、专家论证及合同签订。广东省科技厅原打算由广东省政府采购中心来承担本项工作,但由于没有专项工作经费,政府采购中心对该工作积极性不高。因此,广东省科技厅指定广东省技术经济发展研究中心来承担该项工作。

4. 面临问题

1)财政部门对该工作积极性较低

广东省政府的要求是在年内把实施细则落地,由广东省财政厅牵头,广东省科技厅配合。但是在具体实施过程中,由于政府购买比政府采购设计的范围大,广东省财政厅涉及该项工作的部门包括政府采购处、工贸发展处、经济建设处多个科室。由于没有明确负责与科技部门进行该项工作对接或牵头的具体科室,各科室积极性均不高,和广东省科技厅一起推动进行制度建立的意愿不强。广东省财政厅政府采购处只关心政府采购层面的问题,对远期约定政府购买制度的积极性不高。广东省财政厅政府采购处希望广东省科技厅依据之前的自主创新产品制度继续实施创新产品的首购和订购工作,但是广东省科技厅认为,通过远期约定政府购买制度能够更大程度、更有保障地激发创新活力。双方在对政府采购工作思路的理解上存在出入。

2)远期约定政府购买制度与现行的预算制度存在矛盾

根据目前的财政预算制度要求,政府机关、事业单位等仅能对当年支出进行预算,而按照远期约定政府购买相关政策,政府机关、事业单位等若与供应商签订远期购买合同,购买时间需定为合同签订日起 1 年或更长时间,此时需要购买单位对第 2 年甚至更晚时间进行支出做预算,与现行预算制度不符。广东省科技厅希望财政部门能够就远期约定政府购买工作建立专项财政经费预留,以解决这个问题。

广东省财政厅同样认为，远期约定政府购买工作存在与财政预算分配制度相矛盾的问题，预算、税收、保险等各项制度均需要进行优化以与远期约定制度相符。目前，财政部准备建立中长期规划预算制度，即对今后 3～5 年的支出进行预算，与远期约定制度较为符合。

4.4.3 深圳市政府采购进口产品管理

1. 政策背景

深圳市财政委出台的《进一步改进政府采购进口产品管理办法》体现财政部提出的政府采购领域加强内控管理的要求，在政府采购监督管理方面具有示范性，在 2015 年召开的第十届全国政府采购监管峰会上被评为"2015 年度全国政府采购创新制度"。

近年来，深圳市着力创新进口产品采购审批制度。一是全面实行进口产品采购"二合一"专家论证评审机制，深圳市财政委印发了《深圳市财政委员会关于进一步改进政府采购进口产品管理有关事项的通知》，明确各单位在申请政府采购进口产品时，无须再次组织专家论证，由财政部门统一组织独立的第三方专家对项目预算的合理性、需求的公平性等进行论证。二是深圳市财政委联合市卫计委印发了《2014 年深圳市政府采购医疗设备控制类进口产品目录》和《2014 年深圳市政府采购医疗设备允许类进口产品目录》，以正面清单提高行政审批效率，以负面清单控制审批范围。通过清单制度，发挥政府采购政策引导功能，扶持我国特别是深圳市的创新型企业发展。三是深圳市财政委对高等院校以及科研机构等实施政府采购扶持政策，在进口产品审批方面，对预算金额属于 50 万元以下的教学科研设备类项目，由高等院校和科研机构自行决定是否需要购买进口产品，不再需要报财政部门审批。

2. 政策简介

2009 年 3 月，深圳市批准印发《关于印发〈深圳市实施财政部《政府采购进口产品管理办法》若干意见〉的通知》，旨在规范进口产品政府采购行为，推动自主创新政府采购政策的落实。该政策的执行主体为市直各行政事业单位，市政府采购中心，市建设工程交易服务中心，各区财政局、发展改革局等各政府采购代理机构七类。对采购进口产品的单位或事项，实行严格审核管理。其中，进口产品指的是通过中国海关报关验放进入中国境内的产自关境外的产品，其中含已进入中国境内并在国内市场销售的进口产品。纳入集中采购目录的货物含应当严格控制采购进口产品的通用办公设备及用品、通用机电设备等产品。对于纳入政府首购、订购、直接购买清单，以及政府优先采购清单范围的产品，原则上不允许采购同类进口产品。

审核管理具体指：发展改革部门负责对政府投资计划安排的采购项目中涉及的进口产品采购事项进行审核；财政部门负责对除上述范围之外的事项进行审核。有四项情形不纳入进口产品审核管理范围，分别是：①涉及国家安全和秘密的非通用设备项目；②具有固定品牌、在国内市场整机出售的国产商品或国产成套设备中的零部件或组成部件为进口产品的（系统集成、大型专业设施安装等工程或服务类采购项目中的货物类采购需要采购进口产品的除外）；③原已通过审批采购的进口产品，其后续维护服务项目中涉及进口产品采购的；④市政府或其授权部门与外国政府、组织、企业或其他机构签订有关协议或承诺等，针对某个或某类采购项目采购进口产品有约定或有相关条款规定，且在协议或承诺生效期内的。

在具体执行时，采购单位需填报《政府采购进口产品申请表》，并在采购组织实施前得到审核，否则按违规处理，同时要优先采购向我国企业转让技术、与我国企业签订消化吸收再创新方案的供应商的进口产品。

为进一步推进落实政府采购法律法规要求，充分发挥政府采购政策引导功能，扶持创新型企业的发展，同时减少政府采购审批流程，提高效率，2014年2月25日，深圳市财政委、市卫计委向市公立医院管理中心、市政府采购中心、各区财政部门、各区卫生计生行政管理部门、市直有关单位以及各社会采购代理机构发布了《深圳市财政委员会 深圳市卫生和计划生育委员会关于印发〈2014年深圳市政府采购医疗设备控制类进口产品目录〉和〈2014年深圳市政府采购医疗设备允许类进口产品目录〉的通知》，通知规定，对《2014年深圳市政府采购医疗设备允许类进口产品目录》内的产品，视同已取得进口产品审批表，不需要进行审批程序，对《2014年深圳市政府采购医疗设备控制类进口产品目录》内的产品，由深圳市财政委和市卫计委联合组织专家论证，并由深圳市财政委进行审批。上述目录有效期为自该通知印发之日起一年，期满后根据实际情况进行年度调整。

2009年实施的《深圳市实施财政部〈政府采购进口产品管理办法〉若干意见》有效地规范了进口产品政府采购行为，但也存在形式化审核、时间较长等问题。2014年7月，深圳市财政委员会印发的《深圳市财政委员会关于进一步改进政府采购进口产品管理有关事项的通知》规定，各单位在申请政府采购进口产品时，不需组织专家论证，统一由财政部门组织独立的第三方专家对项目预算的合理性、需求的公平性以及进口的替代性等进行论证。各单位填写《政府采购进口产品申请表》时，需要详细列明拟购买的进口设备的技术参数、数量及所含配件，以及国内外产品在性能、价格、技术指标等方面的对比。医疗单位政府采购进口医疗设备时，执行《深圳市财政委员会 深圳市卫生和计划生育委员会关于印发〈2014年深圳市政府采购医疗设备控制类进口产品目录〉和〈2014 年深圳市政府采购医疗设备允许类进口产品目录〉的通知》；符合政府采购扶持条件的高等院校和科研机构采购进口教学科研设备，执行《深圳市财政委员会关于大力支持我市高等院校和科研机构政府采购工作的通知》（深财购〔2014〕23号）等文件（表4-20）。

表 4-20 深圳市政府采购进口产品管理相关政策汇总

序号	政策名称	发文单位	发布时间
1	《关于印发〈深圳市实施财政部《政府采购进口产品管理办法》若干意见〉的通知》（深财购〔2009〕5号）	深圳市财政局、发展改革局	2009年3月
2	《深圳市财政委员会 深圳市卫生和计划生育委员会关于印发〈2014年深圳市政府采购医疗设备控制类进口产品目录〉和〈2014年深圳市政府采购医疗设备允许类进口产品目录〉的通知》	深圳市财政委、卫计委	2014年2月
3	《深圳市财政委员会关于进一步改进政府采购进口产品管理有关事项的通知》	深圳市财政委	2014年7月
4	《深圳市财政委员会关于大力支持我市高等院校和科研机构政府采购工作的通知》（深财购〔2014〕23号）	深圳市财政委	2014年2月

3. 政策实施

1）制定和扩展进口产品清单

2014年，深圳市财政委联合市卫计委研究印发了《2014年深圳市政府采购医疗设备控制类进口产品目录》和《2014年深圳市政府采购医疗设备允许类进口产品目录》，明确规定将不得采购的进口设备纳入控制类目录。通过清单制度和第三方专家独立论证制度，简化审批流程，提升采购效率，并发挥政府采购相关政策引导功能，扶持创新型企业发展。

由于目前医疗器械行业的政府采购99%采购进口产品，深圳市财政委首先做了此领域的正面清单和负面清单。教学科研类设备和环境检测类设备这两个领域同样在政府采购进口产品中所占比例较高，深圳市财政委在完善医疗设备进口产品清单的基础上，研究制定教学科研类设备和环境监测类设备进口产品清单，进一步拓展清单范围。

在制定清单过程中，深圳市财政委加大第三方专家独立论证力度和事前公示、事后公告力度，严格以负面清单来控制采购进口产品，凡是创新产品和国有产品能够满足和基本满足需求的项目，财政部门原则上不予审批采购进口产品。两个进口产品清单是在充分专家论证与充分公示的基础上制定的，该工作由财政部门牵头来做，因为该部门对相关政策的把握较准。如果中外产品的性能参数差别较大，则允许采购进口产品，放入《2014年深圳市政府采购医疗设备允许类进口产品目录》。但是国内产品凡是能满足需求的，即使产品性能差一点，也严格控制该类型产品的进口采购，将其放入《2014年深圳市政府采购医疗设备控制类进口产品目录》。在论证和公示的过程中，国内企业、国内医院、国外企业、国外采购代理商、美国商会、欧盟商会都可以提出建议，国内企业主要针对正面清单，国外企业主要针对负面清单。若建议合理，深圳市财政委会对清单进行修正。

相对而言，《2014年深圳市政府采购医疗设备控制类进口产品清单》的范围划分较为灵活。清单制定主要根据市场形势，只有产品的市场占有率达到80%~90%才会使用。此外，还要参考用户习惯，医院对进口产品的态度，进口产品的本地市场份额、外地市场情况等。为避免部分本地企业在深圳销售不好的情况，主要到三四线城市销售设备。比如深圳迈瑞生物医疗电子股份有限公司在全国的市场份额占到一半，但在深圳市的市场份额却很少。

2）加强采购清单外进口产品审核管理

针对清单范围之外的项目，如需采购进口产品，实行主管部门审核、第三方专家论证、财政部门审批三重把关政策。2009年，深圳市制定了《关于印发〈深圳市实施财政部《政府采购进口产品管理办法》若干意见〉的通知》，2014年印发了《深圳市财政委员会关于进一步改进政府采购进口产品管理有关事项的通知》，明确各单位在申请政府采购进口产品时要求填写《政府采购进口产品申请表》，说明采购项目的立项情况、预算安排、设备用途等，详细列出拟购买进口设备的技术参数及所含配件数量，以及国内外产品在性能、价格等指标方面的对比情况等，由主管部门进行初审，第三方专家对项目预算的合理性、需求的公平性等进行论证，最后由财政部门进行审批。

3）禁止对国内产品实行歧视性待遇

针对国内产品确实与进口产品差距较大的情况，经审核同意后可以采购进口产品，但是，不能对国内产品实行歧视性政策。《深圳市财政委员会关于进一步改进政府采购进口产品管理有关事项的通知》进一步明确，本国产品无法满足需求，确需采购进口产品时，在采购文件及评审活动中不得拒绝国内产品参与采购，不得对国内产品实行歧视性待遇。

据政府采购统计数据，2014年深圳市本国产品的采购比例达98.81%，在一定程度上反映出深圳市相关政府采购进口产品管理政策的执行效果（王少玲，2016）。

4. 政策救济

政府政策制定和执行的效果有赖于社会、企业和个人的积极参与和有效监督。政府采购领域有别于工程采购和国企采购领域，在法规方面明确规定了采取监管和操作分离的管理体制，并制定了规范的质疑投诉程序，赋予了供应商充分的权利提出合理申诉。

依据《深圳经济特区政府采购条例》第四十一条，参与政府采购活动的供应商认为自己的权益在采购活动中受到损害的，应当自知道或者应当知道其权益受到损害之日起七个工作日内向采购人、政府集中采购机构或者社会采购代理机构（以下简称被质疑人）以书面形式提出质疑。被质疑人应当自收到书面质疑材料之日起七个工作日内就质疑事项书面答复质疑供应商。依据《深圳经济特区政府采购条例》第四十二条，如果质疑人对被质疑人的答复不满意或者被质疑人未在规定时间内答复的，提出质疑的供应商还可以自收到答复之日或者答复期满之日起十五日内向主管部门投诉。

如果供应商提出采购文件或者采购过程没有执行国产产品政策或者含有倾向性、排斥性内容，财政部门经核实后可以进行废标，并对相关采购单位负责人、直接负责的主管人员和其他直接责任人员依法处分和通报。

第 5 章

北京市政府采购促进科技创新的现状
与政策分析

5.1　现状及政策分析

分析北京市政府采购发展现状，梳理北京市政府采购促进科技创新政策，并对政策实施过程存在的问题开展调研。

5.1.1　政府采购发展现状

1. 总体现状

北京市政府采购规模从 2002 年的 45.7 亿元增加到了 2012 年的 335.6 亿元，十年间增长了 6.3 倍，年均增长率为 22.1%，累计节约财政资金 61.3 亿元（王东，2015）。根据 2012 年发布的《中国政府采购年鉴》中地方政府采购中心工作概况，2012 年北京市共完成政府采购预算 343.47 亿元，其中公开招标金额为 326.93 亿元，公开招标占政府采购合同金额比重的 97.4%（中国政府采购年鉴编委会，2013）。

2012 年，北京市政府采购中心共完成了 112 个采购项目，比上年增加了 43.59%。同时，尝试引入集中采购、批量议价、共享联合招标结果等多种采购方式，进一步提高了政府采购的效率和质量。2012 年继续加大对节能环保产品的政府采购力度，认真落实促进中小企业发展等相关政策，积极开展信用担保试点工作，使政府采购政策功能发挥得更加充分。

1）政府采购规模

从表5-1和图5-1的统计数据来看，2007～2012年，北京市政府采购规模逐年上涨，增长幅度较大。

表 5-1 2007～2012 年北京市政府采购规模汇总

项目	2007 年	2008 年	2009 年	2010 年	2011 年	2012 年
政府采购预算/亿元	162.83	190.83	205.17	215.97	305.20	343.47
政府采购规模/亿元	156.79	185.29	199.78	207.38	301.6	335.64
节约资金率/%	3.7	2.9	2.6	4.0	1.2	2.3

资料来源：历年《中国政府采购年鉴》。

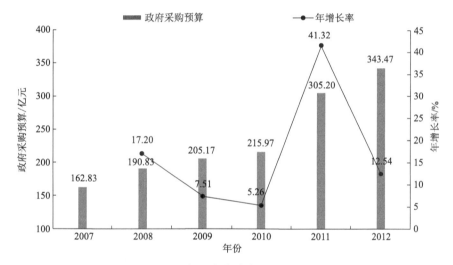

图 5-1 2007～2012 年北京市政府采购预算规模增长情况
资料来源：历年《中国政府采购年鉴》

2）政府采购金额各地区分布

2012 年，北京市市本级完成政府采购预算 229.73 亿元，比上年增长 13.5%，其中公开招标金额为 228.5 亿元，公开招标占政府采购合同金额比重为 99.5%；区县完成政府采购预算 113.74 亿元，采购合同金额为 105.91 亿元，比上年增长 6.8%，其中公开招标金额为 98.42 亿元，公开招标占政府采购合同金额比重为 92.9%。从历史数据上来看，北京市市本级公开招标比例往往要高于区县公开招标比例（图 5-2）。

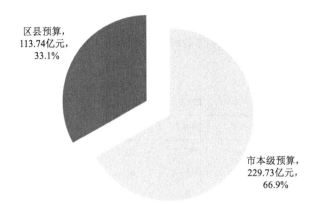

图 5-2 2012 年北京市各地区政府采购预算比重

资料来源：历年《中国政府采购年鉴》

3）政府采购服务金额结构

2012 年，北京市政府采购中心继续围绕"透明促规范，创新求发展"的宗旨，推动各项业务开展。2012 年，北京市完成采购服务金额 21.57 亿元（图 5-3），比上年同期增加 5.03 亿元，增长 30.41%。全年项目节约资金率为 9%。协议采购项目已从 2010 年的 7 项增加到 13 项，采购内容从以货物类为主，向逐步拓宽服务类过渡，采购服务金额已占全年采购规模的 90%。

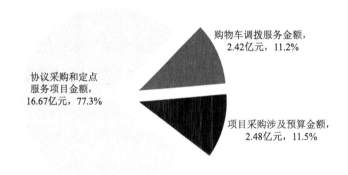

图 5-3 2012 年北京市政府采购服务金额结构

资料来源：历年《中国政府采购年鉴》

4）政府采购方式

在政府采购方式的选择上，2012 年北京市政府采购公开招标比例为 97.40%，仍旧保持压倒性的比例，尽管上升幅度较小，但从 2007~2012 年的比例数据上总体来看，北京市政府采购公开招标比例在原有基础上仍在小幅度上涨（图 5-4）。

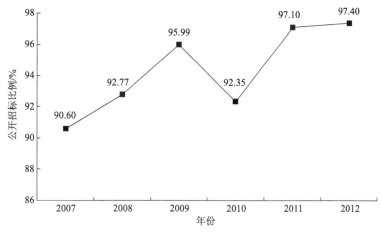

图 5-4　2007～2012 年北京市政府采购公开招标比例
资料来源：历年《中国政府采购年鉴》

5）政府采购投诉处理

2012 年，北京市政府扎实做好项目招标工作，继续保持零投诉。在项目受理环节，从源头上避免"带病"的项目进入采购程序。在招标文件制作环节，加强与采购人的沟通，全面掌握项目情况，组织优秀专家参与论证，确保采购文件编制科学、严谨。在询标环节，为投标商排疑解惑，针对合理建议及时做出更正，减少质疑和废标。在项目评审环节，依法合规操作，发挥监督作用，确保评审结果客观、公正。在质疑处理环节，耐心疏导，依法解答，化解矛盾，避免投诉。通过抓好采购流程的重点环节，提高了项目精细化管理水平，实现了全年零投诉，受到了采购人、供应商和监管部门的认可和好评。

2. 政府采购促进科技创新发展现状

1）政府采购支持中小企业发展现状

北京市大力支持中小企业发展，政策明确要求预算单位给中小企业预留 30% 的政府采购市场份额，对中小企业参与投标给予 6%～10% 的价格扣除，鼓励中小企业与大型企业组成联合体参与投标，2012 年全年 90% 以上的政府采购合同授予中小企业供应商，而该比重在 2010 年仅为 60%（中国政府采购年鉴编委会，2011，2013）。

在政府采购产品中，货物和服务是面向企业开展政府采购的重要领域。2010 年，中小企业供应商的合同占比为 89.0%，在服务领域的合同占比为 72.8%，而在货物领域的合同占比为 38.4%（刘好等，2014）。可见，中小企业是货物和服务采购领域的主要供应商群体（中国政府采购年鉴编委会，2011）。

信用担保方面，2011 年底北京市财政局发布《关于开展政府采购信用担保试点工作的通知》,自 2012 年开展政府采购信用担保试点工作,地点包括市本级及海淀区、朝阳区。2012 年,三家试点专业担保机构——中国投资担保有限公司、首创担保有限公司、中关村投资担保有限公司共为 115 家企业办理政府采购信用担保,十大专业担保机构累计授权额度达 21.2 亿元(王厚全和侯立宏,2016)。与三家担保机构合作的银行共为这些企业发放贷款 10.8 亿元,政府采购信用担保试点工作成效明显,支持和促进了北京市中小企业特别是小微企业的发展。2013年起,北京市将政府采购信用担保政策扩大至全市范围,进一步加强了对中小企业的支持力度(王东,2015)。

2)政府采购支持国货

2010 年,北京市政府采购的进口产品金额占当年全市货物采购总额的 22.4%,为 17.1 亿元,有 93% 的进口产品由市级单位购买;从进口产品种类看,北京市政府采购的进口产品主要集中在医疗设备、教学实验设备、车辆、影视设备等方面,其中占比较高的产品技术含量较高,国内产品的竞争力相对较弱(刘好等,2014),如图 5-5 所示。

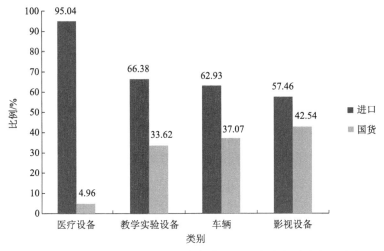

图 5-5　2010 年依靠进口产品比例较高的北京市政府采购产品种类

3)政府采购推动节能环保

北京市认真执行政府优先采购和强制采购节能、环保产品制度,对包括空调机、打印机、显示器等在内的九大类节能产品实施政府强制采购,对节能产品政府采购清单和环境标志产品政府采购清单中的产品实施优先采购(方彬楠等,2012)。2012 年,全市使用财政性资金进行的采购活动中,采购节能产品 3.3 亿元,占同类产品采购总金额的 57.8%;采购环境标志产品 2.3 亿元,占同类产品采购金额的 34.2%(中国政府采购年鉴编委会,2013)。

3. 政府采购新技术新产品（服务）现状

北京市科委及有关部门多次联合发布文件，对新技术新产品（服务）的采购进行规范和支持，在全国率先展开新技术新产品（服务）的试点工作。通过对新技术新产品（服务）采购的支持，促进了中小企业以及战略新兴产业的发展。根据北京市科委提供的资料，2012～2015 年的四年间，北京市依据《北京市新技术新产品（服务）认定管理办法》，共开展了 8 个批次的新技术新产品（服务）认定工作，认定新技术新产品（服务）项目 4197 个。2009～2014 年，政府采购新技术新产品（服务）规模在不断增大（图 5-6）。

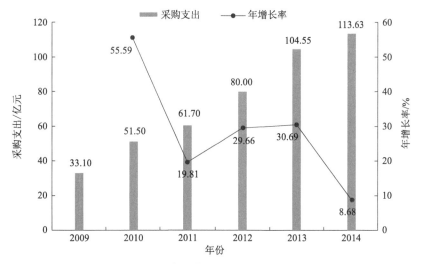

图 5-6　2009～2014 年北京市新技术新产品（服务）政府采购变化情况

资料来源：北京市科委提供

在节能环保领域，北京市组织开展了 2015 年新技术新产品（服务）政府首购产品征集工作，共收到 34 家企业的 45 项经认定新技术新产品（服务）的申报材料，经过细致的形式审查，共有 13 家企业的 16 项产品符合申报要求，其中北京京润环保科技股份有限公司的"三法净水"一体化设备等 10 项产品通过了专家论证。

5.1.2　政府采购促进科技创新的政策体系

1. 相关政策体系

北京市政府采购促进科技创新的相关政策见表 5-2。

表 5-2 北京市政府采购促进科技创新有关政策汇总

序号	政策名称	发文单位	发布时间	备注
1	《关于增强自主创新能力建设创新型城市的意见》（京发〔2006〕5 号）	北京市委、市政府	2006 年 4 月	纲领型政策，部分条款 2011 年底停止执行
2	《北京市自主创新产品认定办法（试行）》（京科高发〔2006〕731 号）	北京市科委、发改委、建设委员会、工业促进局（简称工促局）、中关村科技园区管理委员会（简称中关村管委会）	2006 年 12 月	2011 年底停止执行
3	《关于在中关村科技园区开展政府采购自主创新产品试点工作的意见》（京政发〔2008〕46 号）	北京市政府	2008 年 11 月	地区性法规、部分条款 2011 年底停止执行
4	《北京市自主创新产品认定办法（修订）》（京科高发〔2009〕186 号）	北京市科委、发改委、建设委员会、工促局、中关村管委会	2009 年 2 月	2011 年底停止执行
5	《关于印发〈中关村科技园区首台（套）重大技术装备试验、示范项目实施办法（试行）〉的通知》（京发改〔2009〕208 号）	北京市发改委、科委、工促局、财政局、中关村管委会	2009 年 2 月	地区性法规、2012 年 6 月废止
6	《北京市自主创新产品政府首购和订购实施细则（试行）》（京财采购〔2009〕370 号）	北京市财政局	2009 年 3 月	
7	《关于建设中关村国家自主创新示范区的若干意见》（京发〔2009〕11 号）	北京市委、市政府	2009 年 4 月	纲领型政策
8	《关于我市实施促进自主创新政府采购政策有关问题的通知》（京财采购〔2009〕1021 号）	北京市财政局	2009 年 5 月	2012 年废止
9	《北京市审计局关于中关村科技园区政府采购自主创新产品试点资金审计监督暂行办法》（京审财发〔2009〕51 号）	北京市审计局	2009 年 5 月	2011 年底停止执行
10	《关于印发〈北京市政府采购自主创新产品评审实施细则〉的通知》	中关村国家自主创新示范区领导小组	2010 年 12 月	2011 年底停止执行
11	《关于贯彻〈国务院进一步促进中小企业发展若干意见〉的实施意见》（京政发〔2011〕17 号）	北京市政府	2011 年 4 月	纲领型政策
12	《关于支持中关村国家自主创新示范区新技术新产品推广应用的金融支持若干措施》（中科园发〔2011〕37 号）	中关村管委会	2011 年 10 月	地区性法规
13	《关于停止执行本市创新政策与提供政府采购优惠挂钩相关政策措施的通知》（京政办发〔2011〕75 号）	北京市政府办公厅	2011 年 12 月	
14	《关于开展政府采购信用担保试点工作的通知》（京财采购〔2011〕2882 号）	北京市财政局	2011 年 12 月	

续表

序号	政策名称	发文单位	发布时间	备注
15	《中关村国家自主创新示范区新技术新产品（服务）认定管理办法》（创新平台发〔2012〕3 号）	北京市科委、发改委、经信委、住房和城乡建设委员会、中关村管委会	2012 年 2 月	地区性法规，2014 年 12 月被北京市认定政策取代
16	《中关村国家自主创新示范区新技术新产品（服务）应用推广专项资金管理办法》（中科园发〔2012〕62 号）	中关村管委会	2012 年 6 月	地区性法规，2014 年被新政策取代
17	《关于深化科技体制改革加快首都创新体系建设的意见》（京发〔2012〕12 号）	北京市委、市政府	2012 年 9 月	纲领型政策
18	《关于进一步支持小型微型企业发展的意见》（京政发〔2012〕40 号）	北京市政府	2012 年 11 月	
19	《北京市促进中小企业发展条例》（北京市人民代表大会常务委员会公告第 3 号）	北京市人大常委会	2013 年 12 月	纲领型政策
20	《中关村国家自主创新示范区新技术新产品（服务）应用推广专项资金管理办法》	中关村管委会	2012 年 6 月	地区性法规
21	《北京市示范应用新能源小客车管理办法》（京科发〔2014〕46 号）	北京市科委、发改委、经信委、财政局、交通委员会	2014 年 1 月	
22	《关于在中关村国家自主创新示范区深入开展新技术新产品政府采购和推广应用工作的意见》（京政办发〔2014〕24 号）	北京市政府办公厅	2014 年 4 月	地区性法规、纲领型政策
23	《关于进一步创新体制机制加快全国科技创新中心建设的意见》（京发〔2014〕17 号）	北京市委、市政府	2014 年 9 月	纲领型政策
24	《北京市新技术新产品（服务）认定管理办法》（京科发〔2014〕622 号）	北京市科委、发改委、经信委、住房和城乡建设委员会、质监局、中关村管委会	2014 年 12 月	
25	《中关村国家自主创新示范区新技术新产品政府首购和订购实施细则》（京财采购〔2015〕43 号）	北京市财政局	2015 年 1 月	
26	《关于组织实施国家首台（套）重大技术装备保险补偿试点工作的通知》	北京市经信委	2015 年 3 月	

2. 具体措施

北京市政府采购促进科技创新的具体措施见表 5-3。

表5-3 北京市政府采购促进科技创新具体措施汇总

支持维度	支持措施	支持范围	重点支持领域	支持方式	适用年限	适用地区	政策文件名称	发布时间
促进新技术新产品(服务)推广应用	新技术新产品(服务)认定	①申报单位应在中关村国家自主创新示范区内注册登记并拥有独立法人资格;②产品拥有明晰的知识产权;③产品技术成熟、质量可靠、有一定的市场需求度;④产品应具有较高的创新性和技术先进性等	新一代信息技术、生物、节能环保、新材料、新能源、新能源汽车、航空航天、高端装备制造等	—	1年	中关村	《中关村国家自主创新示范区新技术新产品(服务)认定管理办法》	2012年2月
		①申请单位应为本市行政区域内的企业、高等学校、科研院所或社会组织;②产品(服务)应属于本市重点发展的战略性新兴产业以及现代服务业领域范围,符合构建"高精尖"经济结构的目标要求,生产过程符合节能减排技术标准;③产品(服务)应具有技术先进性,并拥有自主知识产权;④产品(服务)技术成熟、质量可靠,符合国家和本市对产品(服务)生产、销售等产品的相关规定及特殊要求;⑤产品(服务)具有潜在的经济效益和较大的市场前景,或能够显著降低生产成本,比同类产品(服务)有明显的价格优势	大气污染防治、污水处理、垃圾处理、智能交通、城市安全运行应急救援、绿色建筑、住宅产业化及新农村建设,以及文化惠民、健康养老、居民消费等民生领域	—	3年	北京市	《北京市新技术新产品(服务)认定管理办法》	2014年12月

续表

支持维度	支持措施	支持范围	重点支持领域	支持方式	适用年限	适用地区	政策文件名称	发布时间
促进新技术新产品（服务）推广应用	新技术新产品（服务）政府首购	应属于北京市新技术新产品（服务）认定小组认定的新技术新产品（服务），并符合国民经济发展要求，代表先进技术发展方向，首次投向市场，暂不具备市场竞争力，但具有较大的市场潜力，需要重点扶持的产品	—	①采购人采购的产品属于首购产品类别的，采购人及其委托的采购代理机构应邀请首购产品的供应商参加政府采购活动，非首购产品供应商不得参加采购活动。②对同类首购产品只有一种的采购情况，可按单一来源方式采购	—	中关村	《中关村国家自主创新示范区新技术新产品政府首购和订购实施细则》	2015 年 1 月
	新技术新产品（服务）政府订购	采购需求复杂、处于探索阶段或不具备竞争性条件的订购产品	—	①应当以公开招标为主要采购方式。对于特殊情况，经批准后可以采用非公开招标方式，且财政部门实行一揽子批复。②采购人必须在采购文件中明确对订购产品供应商的具体要求，以及相关评分要素和具体分值等。③采购人及其委托的采购代理机构应当根据项目需求标准、合理设定订购产品供应商资格，包括技术水平、业绩、资格和资信等，不得以不合理的要求排斥和限制任何潜在的供应商	—	中关村		
促进科技型中小企业发展	政府采购信用担保	中小企业	农业、教育、文化、社会保障、医疗卫生、科学技术、计划生育、环境保护等领域	由专业担保机构采取投标担保、履约担保、融资担保等中的一种或几种方式，为中小企业参与政府采购活动提供担保服务，对其融资需求给予费率优惠。对同时采用投标、履约和融资担保的中小企业供应商，要免收投标担保费或进一步给予费率优惠	2012～2013 年（试点时间）	由市本级及海淀区、朝阳区逐步扩大	《关于开展政府采购信用担保试点工作的通知》	2011 年 12 月

续表

支持维度	支持措施	支持范围	重点支持领域	支持方式	适用年限	适用地区	政策文件名称	发布时间
促进科技型中小企业发展	组织开展定向采购	小型微型企业	—	①预算金额在300万元（含）以下的政府采购项目，应当从小型微型企业采购；②预算金额超过300万元的政府采购项目，在同等条件下优先从小型微型企业采购	—	北京市	《关于进一步扶持小型微型企业发展的意见》	2012年11月
	预留份额、评审优惠和合同分包等（具体措施待发布）	依法在本市行政区域内设立，并符合国家标准的中型企业、小型企业和微型企业	—	—	—	北京市	《北京市促进中小企业发展条例》	2013年12月
	自主创新产品认定（试行）	①产品的生产单位为依法在北京市行政区域内注册登记的具有独立法人资格的企业、大学、科研单位；②产品符合《政府采购法》的规定和要求；③产品拥有明晰的自主知识产权；④产品成熟并有一定的市场需求度的创新性和技术先进性等	信息技术、生物医药、新材料、光机电一体化、节能与环保、文化创意等	—	有效期3年，技术自主创新产品可延长至5年	北京市	《北京市自主创新产品认定办法（试行）》	2006年12月
	自主创新产品认定（修订）		电子信息、生物医药、先进制造、能源环保、农业技术、高技术服务业等	—		北京市	《北京市自主创新产品认定办法（修订）》	2009年2月
建立支持国货与采购进口产品管理制度	自主创新产品采购试点工作	①已列入国家或北京市自主创新产品目录的产品；②重大技术装备以及国家需要研究开发的重大创新产品、技术	重点支持环保、交通、能源评估以及生物医药领域	①国产设备及产品价值不得低于总价值的60%；②采用最低评标价法评标的项目，对自主创新产品可以在评审时对其技术价格给予5%~10%幅度不等的价格扣除；③采用综合评分法评标的项目，生满足基本技术条件的前提下，在价格评标项中，可以对自主创新产品给予各项评标分值的4%~8%幅度不等的加分；④在技术评标项中，可以对自主创新产品给予技术评标总分值的4%~8%幅度不等的加分	2011年底废止	中关村	《关于在中关村科技园区开展政府采购自主创新产品试点工作的意见》	2008年11月

续表

支持维度	支持措施	支持范围	重点支持领域	支持方式	适用年限	适用地区	政策文件名称	发布时间
建立支持国货与采购进口产品管理制度	自主创新产品首购	财政部公布的《政府采购中列明的自主创新产品首购产品	—	采购人采购的产品属于首购产品类别的，采购人及其委托的采购代理机构应邀请《政府采购产品目录》中列明的首购自主创新产品的供应商参加投标，不属于首购产品供应商参加投标，不能参加投标	2011年底废止	中关村	《北京市自主创新产品政府首购和订购实施细则（试行）》	2009年2月
	自主创新产品订购	北京市需要研究开发的重大创新产品、技术、软科学研究课题等	—	政府订购活动应当以公开招标为主要采购方式。对于特殊情况，经批准后可以采用非公开招标方式	2011年底废止	中关村		
促进节能环保产业发展	新能源小客车产业示范应用	纳入《北京市示范应用新能源小客车生产企业和产品目录》的小型微型纯电驱动载客汽车，包括纯电动汽车及燃料电池汽车	新能源产业	①按照国家和本市1：1的比例确定补助标准。②国家和本市财政补助总额最高不超过车辆销售价格的60%	2014～2017年（试点）	北京市	《北京市示范应用新能源小客车管理办法》	2014年1月
建立"首台（套）购首用"重大技术装备试验风险补偿机制	首台（套）重大技术装备试验风险补助	经试验、示范项目应用成功并经认定的首台（套）重大技术装备产品	国家振兴装备制造业的16个重点领域	本市使用单位可向中关村管委会申请给予风险补助，但补助数额应不高于设备价格的10%	—	中关村	《关于印发〈中关村科技园区首台（套）重大技术装备试验、示范项目实施办法〉的通知》	2009年2月

续表

支持维度	支持措施	支持范围	重点支持领域	支持方式	适用年限	适用地区	政策文件名称	发布时间
	新技术新产品（服务）保险费资助	①经中关村创新平台认定，获得中关村新技术新产品（服务）证书的企业；②经中关村创新平台认定，为中关村首台（套）重大技术装备试验、示范项目的企业；③未经中关村创新平台认定，但其自主研发的新技术新产品（服务）应用在国家、省级重大示范项目中的企业	战略性新兴产业	对投保新技术新产品（服务）质量保证保险、责任保险、专利执行保险三个险种的企业给予保险费资助，资助比例为所投险种保险费的80%，对同一企业在同一年度的资助金额合计不超过100万元	最长2年	中关村	《中关村国家自主创新示范区新技术新产品（服务）应用推广专项资金管理办法》	2012年6月
建立"首购首用"风险补偿机制	首台（套）重大技术装备试验示范项目保险费资助		装备制造业	①首台（套）重大技术装备质量保证保险、首台（套）重大技术装备产品责任保险的保险费资助比例为本险种保险费的90%；②首台（套）重大技术装备机器损坏保险的保险费资助比例为本险种保险费的70%；③首台（套）重大技术装备运输保险、重大技术装备安装工程及第三者责任保险、重大技术知识产权抵押贷款保险、重大技术装备关键技术保险的保险费资助比例为本险种保险费的60%，对同一企业在同一年度的资助金额合计不超过100万元	最长2年	中关村		

资料来源：根据北京市有关政府采购文件整理。

3. 总结

通过以上对北京市政府采购促进科技创新相关政策及具体措施的梳理可以看出，近年来，北京市政府对政府采购促进科技创新给予了高度重视。对促进新技术新产品（服务）推广应用、促进科技型中小企业发展、建立支持国货与采购进口产品管理制度、促进节能环保产业发展、建立"首购首用"风险补偿机制等制定了专项政策予以支持。北京市政府采购政策体系的主要特点如下。

第一，政府采购促进创新政策体系较为全面。如为开展新技术新产品（服务）政府采购和推广应用，北京市本级政府自 2009 年开始先后颁布 8 项政策，明确了支持范围、支持对象和支持方式，并针对新技术新产品（服务）首购、订购和首台（套）重大技术装备保险补偿机制分别颁布实施办法和细则。

第二，对政府采购国货的支持力度不足。现有政策体系中该部分政策多是针对自主创新产品的相关政策，并且由于 GPA 谈判压力，已经于 2011 年底停止执行，只有部分纲领型政策中提及了对国货及自主创新的支持，但并没有出台专门的办法或措施进行推动。

第三，在促进科技型中小企业发展以及促进节能环保产业发展两个部分上出台政策较少。由于国家层面在这两个部分出台了非常细致、具体的支持政策，北京市一级并没有出台专门的办法和措施，均按照国家政策执行。

5.2　政府采购促进科技创新的主要问题

以下从六个方面对北京市政府采购促进科技创新存在的主要问题进行了梳理和总结。

5.2.1　新技术新产品（服务）的采购、首购及订购情况

1. 采购单位采购新技术新产品（服务）的意愿不强

从目前政策实施的情况来看，采购单位进行新技术新产品（服务）政府采购的意愿不够强烈。可以归纳为以下四个原因：①不想因使用新技术新产品（服务）而冒风险。新技术新产品（服务）在一定程度上相当于非成熟产品，如果进行政府采购的话，可能要承担一定的风险，与采购单位的意愿相违背，因此它们往往为了求稳，会倾向于采购较为成熟的、之前已被多次采购过的产品。②因为用户习惯的问题，采购单位对目前使用产品形成依赖，即使与新产品之间的性能差别较小，采购单位也不想尝试新技术新产品（服务）。③由于新技术新产品（服务）

还没有进行深入的市场化生产或运作，其成本较成熟产品没有优势甚至更高。④因为政策宣传力度不够，采购人没有形成通过政府采购新技术新产品（服务）促进科技创新的责任意识，导致采购意愿不强。

2. 新技术新产品（服务）首购易形成垄断，不利于竞争

新技术新产品（服务）首购政策对首购产品和非首购产品的供应商进行了规定：属于首购产品的，供应商应被采购人及其委托的采购代理邀请，参加政府采购活动，反之则不能参加。如果出现同类首购产品只存在一种的情况，按照单一来源方式进行采购。所以，假如某一类型首购产品仅有一种，或均属于同一家企业，会形成政府采购对该企业的定点扶持，而如果仅扶持这一家企业，不注意培育另外的企业以形成有效的市场竞争，该企业就易形成市场垄断。

3. 在新技术新产品（服务）订购活动中对远期需求重视不够

通过对政策实施情况进行调研，该问题可归纳为以下两个方面：①对需求的范围没有进行有效界定。订购活动相当于采购方对未来的需求在现阶段进行约定购买，即订购需求是当前市场产品或者服务未能满足，需经过进一步研发后才能提供的，因此政府可以通过征集需求清单的方式对需求符合条件、需求所在行业等进行明确或鼓励，以更加有效率地降低创新风险，激发创新活力，更加有方向性地促进某新兴产业的发展。②对需求没有进行有效征集、遴选和修订。参考广东省远期约定政府购买需求遴选的方式，应由财政管理部门委托第三方机构征集产品和服务需求，并组织专家进行甄别、筛选和公布，根据社会反馈意见和解决方案，对原需求进行修订，确定购买数量、价格、完成时间和各项技术指标，而目前北京市的政策文件对该项工作没有进行明确规定。

5.2.2 政府采购促进中小企业发展

支持中小企业创新发展具有系统性特征，不仅需要前期的研发投入，而且需要后期的市场支持，同时要求宽松的支持环境，使各个环节有机衔接。政府采购的作用在于后期市场支持，因此仅仅依靠政府采购，无法有效发挥其促进中小企业创新发展的作用。针对这一方面，北京市在政策对接方面还存在以下主要问题。

1. 现有政府采购政策支持中小企业的方式存在问题

通过政策文本分析与实地调研，政府采购促进中小企业发展在支持方式上的问题可分为以下几个方面：①份额预留支持方式的可操作性较差。因为采购方为国家机关、事业单位和团体组织，其需要进行财政预算，在进行预算时并不能确

定需要采购的工程、产品或服务中哪部分可让中小企业提供，造成支持办法不能实施。此外，部分采购项目的工程、产品或服务中小企业无法提供，也给强制份额预留方式造成困难。②价格扣除支持方式与其他支持政策相重合。按照国家有关政策，在政府采购招投标评比中应给予中小企业 6%的价格扣除优惠。但是在其他政策中也提到，在进行政府采购时还应通过一定比例价格扣除的方式扶持科创企业和高新技术企业。对企业既是中小企业又是高新技术企业的情况，应该按照什么样的比例进行价格扣除，扣除比例是简单叠加还是采取其他的方式，政策文件中并没有进行明确规定。③政府采购信用担保支持中小企业的效果较差。究其原因，供应方和采购方对政策实施的积极性都较低：一方面，采购方不想额外多出一笔资金用于支持中小企业；另一方面，供应方更习惯去找民间借贷来解决资金问题。相比之下，美国、英国、德国、法国等国在合同拆分、评审优惠、费用减免方面有相关政策，值得我国借鉴。

2. 中小企业政府采购支持政策实际操作难度较大

通过调研，笔者认为，造成中小企业政府采购支持政策实际操作难度较大的原因可归纳如下：①中小企业对政府采购的政策、程序和文件等内容不清楚或不明白，缺乏关于政府采购方面的专业培训；②中小企业因为自身的从业人员、营业收入、资产总额、声誉等指标情况，在参与招投标的过程中容易受到歧视；③政府采购实际操作漏洞较大，监管不严格也容易导致中小企业的合法利益受损；④中小企业容易因为采购门槛值、履约保证金等因素而不能参与招投标；⑤囿于实力，中小企业获取信息能力较差，从而错失机会，而美国、英国两国建立了派驻专家及免费培训制度，值得我国借鉴。

3. 对中小企业的无差别支持不能有效促进创新

该问题可从两个方面进行阐述：①目前政府采购政策对中小企业的工程、产品和服务进行无差别支持，没有考虑中小企业所提供产品或服务中的科技含量从而进行创新型产品和服务的区分，也没有考虑中小企业所提供产品的质量因素，导致政策支持创新效果较差。②因为中小企业本就是政府采购供应商的主体，目前参与政府采购的大部分供应商都为中小企业，都可以得到政府采购政策的支持，并没有就中型、小型、微型三种类型的企业进行进一步区分，造成支持创新效果不明显。

4. 没有设立专门机构负责政府采购促进中小企业发展，目前多部门协同机制运转不畅

以北京市政府在 2012 年发布的《关于进一步支持小型微型企业发展的意见》为例，政策中提到要加强对小型微型企业产品的政府采购，制定具体的实施方法，并规定该项措施的牵头单位为市财政局、市发改委、各区县政府，参与单位为市

经信委、市科委、市商务委员会，涉及单位众多。在政策的实际实施过程中，由于没有专门机构负责与保障政策的实施，这种多部门协同的工作机制并没有取得预期中的效果。通过对国外典型国家的政策梳理，我们发现，美国、英国、挪威、意大利及韩国均设立了负责政府采购促进中小企业发展的专门机构，值得我国借鉴。

5.2.3 支持国货与采购进口产品管理制度

1. GPA 谈判压力迫使政府采购支持自主创新产品政策被取消

伴随着与 GPA 缔约方谈判的深入，讨价还价不仅是经济问题，还逐渐上升为政治问题，我国面临越来越多的来自欧美等国的压力。迫于压力，无论是协议内还是协议外，我国都需要综合考虑各种政策实施相关问题。当前，北京市已实施的相关政策基本停滞，原来的政府采购支持企业自主创新政策体系受到冲击。例如，国家及地方自主创新产品的认定政策均已于 2011 年停止执行；原"首台（套）政策"也于 2012 年 6 月废止。在这种外在压力下，北京市政府采购国货的工作只能采取一种"少说多做"的策略，在缺乏政策支持和相关指导下，政府采购支持自主创新发展工作陷入困境。但通过对国外典型国家政府采购政策进行调研分析发现，美国、德国、意大利、日本、韩国、澳大利亚等缔约方目前依然采取多种方式出台多项政策措施以促进本国的自主创新，值得我国相关部门借鉴。

2. 进口产品论证和审查作用不明显

经过分析，该问题可归纳为以下两个原因：①在实践中，采购人具有相关产品能否在中国获取的发言权。由于评审专家一般都是技术专家，对市场情况了解得不多，采购人可以以国内产品质量问题为理由，陈述国内产品无法满足需求，使专家签字同意该产品无法在中国境内获取。②一般情况下，评审专家由采购单位自行邀请和支付费用，所以采购进口产品是采购单位已经做出的决定，因此专家组出具的意见几乎都是完全同意，很少出现不同的意见。总而言之，评审专家或不了解市场或受采购人的引导，使相关制度流于形式，无法发挥保护国货的作用。目前，浙江省财政厅和深圳市财政委在政策文件中明确要求，各采购单位在申请采购进口产品时，不需组织专家论证，统一由财政部门组织独立的第三方专家对项目预算的合理性、需求的公平性以及进口的替代性等进行论证，值得北京市借鉴（汪泳，2014）。

综上所述，"走过场"问题确实存在于进口产品审核制度中，此外专家论证机制也使采购单位及相关部门的工作量大大增加，导致实施效果不佳。

5.2.4　促进节能环保产业的采购政策

1. 部分属于强制采购的节能产品定价过高导致采购单位采购意愿较低

通过实地调研，笔者发现，目前出现了强制采购清单内的节能产品与清单外同类型产品相比，价格较高的问题。虽然《关于建立政府强制采购节能产品制度的通知》规定对该部分产品应实行强制采购，但是采购方均不太愿意采购。笔者认为，该问题可归结为以下三个原因：①产品进入清单的成本较高。目前供应商产品想进入强制采购清单需缴纳一笔相当可观的认证费，供应商将此费用算入产品成本中，由此提升了产品价格。②产品认证审核时间较长。根据调研，产品从申请认证到进入清单需要经过一定时间的审核，存在一定的时间滞后性，等审核完成，虽然产品进入清单，但可能已经研发出了更为经济、方便的新技术。经历了技术更新换代，此时清单内产品与市场上新产品相比自然没有价格优势。③产品供应商因为政策规定强制采购故意抬高价格。这可能是最重要的一个原因，毕竟需求不随价格的变化而变化，价格越高，供应商的利益自然越大。

2. 环境标志产品、非强制性节能产品配套细则不健全导致可操作性较差

与政策规定对部分节能效果、性能等达到要求的产品进行强制采购相比，《关于环境标志产品政府采购实施的意见》仅强调优先采购环境标志产品政府采购清单内产品，这也造成环保政府采购政策的可操作性较差。具体来说，政策规定过于笼统，缺乏统一的配套操作细则，属于倡导型政策，采购方不愿意配合实施。这一问题在采购人和集中采购机构按照政策对非强制性节能产品进行优先采购时同样有出现。

3. 在政府采购促进节能环保方面缺乏完善的监督检查机制

《关于环境标志产品政府采购实施的意见》《关于建立政府强制采购节能产品制度的通知》两项政策明确指出，采购人应优先和强制采购节能产品和环境标志产品。然而，对相关部门以及供应商在落实节能、环保产品政府采购的过程中，予以鼓励、奖励或处罚，以及奖惩细节等尚未明确规定，系统的执行、监督、报备、管理、检查、奖惩等细节亦未形成，导致节能、环保采购相关规范制度走向形式化（尹存月等，2010）。

5.2.5　"首购首用"风险补偿机制

1. 政策支持覆盖面较窄

目前来看，虽然很多企业表示认可"首购首用"风险补偿政策，但享受保险

费补偿支持的企业仍比较少。笔者经过实地调研走访，将该问题归纳为以下两个方面。一方面，供应商对购买保险的态度不够积极：①因为推向市场的是新技术新产品（服务），采购方考虑到使用风险、市场份额等因素，会把价格压得较低，此时产品利润率已接近于零甚至出现为负的情况，此时如果再支出费用购买保险，会进一步加大供应商的成本压力；②供应商往往对自己的产品比较自信，认为在使用中不会出现问题，觉得没必要购买保险；③对于供应商的政府采购具体操作团队来说，通常供应商以从政府获得的资金数量作为其业绩考核标准，而若购买首台（套）保险，则需额外支出一笔费用，若不发生理赔，则作用不大，这对团队的考核结果会产生不利的影响，因此供应商内部采购的具体操作人员对该项政策的积极性不高。另一方面，采购方大多不强制供应商购买保险。由于国内保险制度还不够完善，大众的保险意识还没有形成，绝大多数采购单位并没有强制要求供应商为产品购买保险。以上两方面原因造成了目前享受该政策支持的企业较少。

2. 承保风险难以测算，导致保险公司承保的积极性不高

虽然"首购首用"风险补偿机制有利于供应商，但这一新险种对保险公司来说是一个考验。笔者经过实地调研发现，保险公司普遍反映其经营风险较高，承保积极性不高。经营风险较高的原因可归纳为两个方面：①保险行业一般重视大数定律，需要有足够数量的样本才能测算出风险概率，进而设计比较合理的保险费率，以控制自己的利润。但每年投保的新技术新产品（服务）与首台（套）重大技术装备的数量很少，造成保险公司不能准确测算风险概率。②新技术新产品（服务）及首台（套）重大技术装备涉及的行业和领域范围均较广，保险公司需要考虑不同行业的特殊性，导致进行风险概率测算比较困难。因此，如何设计一个更加合理的政策扶持性的承保机制需进一步研究。

5.2.6 政府采购流程

与国外诸项旨在促进科技创新的政府采购政策相比，我国（尤其是北京市）的政策关注点多集中在最终的采购阶段，没有很好地将政府采购和前期 R&D 投入相结合，给拓宽政府采购规模带来了一定难度，应引起有关部门的高度重视。该类问题的解决方案可以参考美国的研发合同制、英国的前商业化政府采购以及意大利伦巴第大区的 A3T 项目等，在方案过程中由政府与企业（或投资人）共同出资进行产品研究、试生产等；随着阶段的推进，根据评估情况逐步减少供应商的数量；最后政府选择成功的供应商所开发的产品或服务进行采购。当然，通过此方案产生的创新产品/技术/服务的知识产权由企业持有，而执行采购的政府部门也可以保留一定的使用权利。

5.3　政　策　建　议

基于上述对北京市政府采购促进科技创新的政策措施、成效及存在问题的分析，我们提出以下六个方面的政策建议。

5.3.1　支持新技术新产品（服务）的政府采购改进建议

建立新技术新产品（服务）成熟度分级制度与后评价制度，建立针对采购人的风险免责机制与考核机制，从根本上激发采购单位的采购动力；扩大新技术新产品（服务）认定地域范围，支持京津冀协同发展；制定新技术新产品（服务）订购具体实施办法，在新技术新产品（服务）政府首购活动中重视市场竞争，细化与完善新技术新产品（服务）政府首购、订购政策。

1）建立新技术新产品（服务）成熟度分级制度与后评价制度

针对目前所认定的新技术新产品（服务）质量良莠不齐、成熟度较低导致采购人采购动力不足的问题，可以通过以下两个方面的工作进行改进：①在对新技术新产品（服务）进行认定时，应综合考虑产品（服务）的技术、性能和使用等情况对产品（服务）成熟度进行分级评价并将评价结果公布，分级评价结果既可给采购方提供更加客观与全面的信息，以决定是否采购，也可以作为保险公司承保时进行担保风险推算的依据。②应建立新技术新产品（服务）的应用推广后评价机制，组织采购方对所采购产品（服务）进行使用后评价，根据后评价结果对新技术新产品（服务）的成熟度分级进行更新，若后评价结果较差，甚至可取消对其认定，进一步提升新技术新产品（服务）质量。

2）建立针对采购人的风险免责机制与考核机制

针对目前采购人对新技术新产品（服务）采购意愿不够强烈的情况，尝试建立针对采购人的风险免责与考核机制。首先，对于采购了新技术新产品（服务）的单位，若所采购的新技术新产品（服务）安装、使用等出现问题，影响正常政府工作，可根据实际情况给予单位领导、具体采购人员一定程度的责任豁免，从轻甚至不追究责任。其次，由主管部门对采购单位就是否采购新技术新产品（服务）进行定期考核，对考核结果较好的单位给予表彰；在上级部门对采购单位进行年度考核或政绩考核时，可以将是否采用新技术新产品（服务）作为一项考核评估内容，若被评估单位采购了新技术新产品（服务），则可在政绩考核评估中进行适当加分。

3）扩大新技术新产品（服务）认定地域范围，支持京津冀协同发展

从 2014 年 2 月习近平总书记听取京津冀协同发展工作汇报并做重要讲话

（张旭东等，2014），到 2015 年 4 月中央政治局会议审议通过《京津冀协同发展规划纲要》，经过一年多时间的准备，京津冀协同发展的顶层设计基本完成，推动实施这一战略的总体方针也已明确。为了服务京津冀协同发展，三地正积极着力构建准入门槛、技术标准、监管方式、信息交换等相对统一的京津冀联合采购大市场，以三地联手组团采购、网上竞价等方式降低成本。但是北京市科委等部门在 2014 年 12 月出台的《北京市新技术新产品（服务）认定管理办法》中明确指出，进行认定的申请单位应为北京市行政区域内的企业、高等学校、科研院所或社会组织，造成新技术新产品（服务）形成仅在北京市生产转由天津市、河北省两地区供应的单向政府采购流动，天津市、河北省两地区产品（服务）向北京市的政府采购供应渠道甚至三地区之间的互相采购供应渠道还远没有构建完成。针对这一问题，建议将现有的新技术新产品（服务）认定范围扩大为北京市、天津市、河北省三个行政区域内的企业、高等学校、科研院所或社会组织，对三地供应商的创新产品和服务进行统一认定。扩大认定地区范围，一方面，有利于提高新技术新产品（服务）的技术先进性和创新性，提高政府采购促进科技创新的效率；另一方面，有利于新技术新产品（服务）更好地进入天津、河北两地区的政府采购市场，为下一步构建京津冀一体化采购协调机制打好基础。

4）制定新技术新产品（服务）订购具体实施办法

随着预算编制开始实行"跨年度"方式，即从"以年度为周期"安排预算支出转为"以三年为周期"编制滚动规划，目前新技术新产品（服务）订购在实施操作层面已基本没有障碍，未来应更加注重通过政府订购活动来促进科技创新。因为政府订购需首先由采购方提出需求，供应商根据特定需求来组织技术研发和市场化生产，符合新技术新产品（服务）具有技术先进性和创新性的特征：一方面，有助于推动供应商依据需求进行更符合实际的科技创新；另一方面，有助于激发采购方提出更具可行性及技术先进性的需求。基于此，笔者建议相关部门制定新技术新产品（服务）订购具体实施办法，具体实施流程为：①由市级财政管理部门委托第三方机构征集新技术新产品（服务）需求；②通过市级公共资源交易平台等进行政府订购，以招标形式确定中标单位；③购买单位与中标单位签订政府订购合同；④在产品或服务达到合同约定的要求时，由第三方机构组织验收（广东省财政厅和广东省科学技术厅，2015）。此外，在实施办法中还应采取以下方式来更加重视需求，从而更好地促进科技创新：①明确需求符合条件，对订购需求的限定能够更大限度地发挥政府订购促进科技创新的作用，更大限度地降低创新风险、激发创新活力；②根据目前北京市的重点发展方向（如新一代信息技术、节能环保、新能源汽车等产业领域），通过规定需求所在领域包括但不限于的方式，更加明确地促进某些优势产业的创新发展。

5）在新技术新产品（服务）政府首购活动中重视市场竞争

在新技术新产品（服务）政府首购活动中，应通过以下方式促进市场竞争，防止垄断现象出现：①在同类型首购产品中，不允许仅存在一件产品或所有产品均属于同一家企业的现象出现，防止对单个企业的定点扶持变相地促使市场垄断的出现；②加大首购产品的更新力度，明确首购产品有效期，开展对所认定首购产品的全周期评估，若该产品已逐步走向市场成熟，在市场中占据了较大的市场份额，或已不符合现有科技创新的发展方向，应逐渐降低对其支持力度，甚至取消对其首购产品认定和支持。

5.3.2　支持中小企业的政府采购改进建议

制定北京市"中小企业创新型产品（服务）目录"；简化采购流程，提高中小企业政府采购支持政策的可操作性；出台符合地方发展特色的具体操作型政策法规，加强本地立法，完善政府采购对中小企业创新发展的促进政策。

1）制定北京市"中小企业创新型产品（服务）目录"

依据工信部等 2011 年出台的中小企业划型标准,组织建立中小企业供应商数据库，对中型、小型、微型三种类型企业按照不同行业标准通过实时数据进行动态更新认定。在已认定的北京市新技术新产品（服务）清单中，结合小型微型企业优先、战略性新兴产业优先、产品（服务）科技含量、产品（服务）质量等因素制定中小企业创新型产品与服务认定标准，并由北京市科委负责定期组织制定和公布北京市"中小企业创新型产品（服务）目录"，通过评审优惠、强制采购等方式［比如在政府采购评审中，应在招标文件或者谈判文件、询价文件中作出规定，对目录内产品（服务）的价格给予10%的扣除，用扣除后的价格参与评审］，在同等条件下鼓励采购人优先采购目录内产品与服务。

2）简化采购流程

简化采购流程，提高中小企业政府采购支持政策的可操作性。该部分工作可归纳为以下四个方面：①简化中小企业政府采购的流程。对参与政府采购的中小企业，应简化流程、缩短周期，建立绿色通道。②加大预算支持。③注意降低部分项目的资质门槛，进而使得中小企业达到进入政府采购供应商范围的要求（陈嘉敏，2014）。④基于建立的中小企业供应商数据库，加强对中小企业的诚信管理。

3）出台符合地方发展特色的具体操作型政策法规

加快落实《北京市促进中小企业发展条例》，出台《北京市政府采购促进中小企业发展的实施条例》，突出政府采购对中小企业发展的支持（石博，2012）。依据北京市自身的发展情况，根据国家政策及上述支持方式，制定相应的政策法规、实施细则，推动北京市扶持中小企业的政府采购政策的规范化进程，使政策更好地贯彻落实并创新，开拓属于自己的发展特色（陈嘉敏，2014）。

5.3.3　政府采购进口产品的改进建议

政府采购主管部门应谨守相关法律规定，借鉴国内外先进经验，加强对进口产品的管理（汪泳，2014）。研究制定政府采购进口产品清单；加强政府采购进口产品的审核，规范审查论证，完善管理政策。

1）研究制定政府采购进口产品清单

借鉴深圳市出台的《2014 年深圳市政府采购医疗设备控制类进口产品目录》和《2014 年深圳市政府采购医疗设备允许类进口产品目录》的相关政策文件，由相关部门组成工作小组，合作制定北京市进口产品清单，将其分为允许采购类、禁止采购类和严控采购类。其中，对于允许采购类，简化程序，直接进入采购程序；对于禁止采购类，无须专家论证，原则上必须购买国内产品，禁止采购类是国内产品可以充分或基本替代，或者是国家重点扶持和保护的自主创新产品；对于严控采购类，并不是完全禁止购买，但需要严格把关，严控采购类是国内可以生产，但是和国外产品差别较大的产品（汪泳，2014）。

特别需要指出的是，深圳市之所以选择首先在医疗器械行业制定进口产品清单，是因为目前深圳市医疗器械行业政府采购份额中的 99%都是采购进口产品，政府采购进口产品所占比例是深圳市选择制定进口产品清单行业的首要因素。北京市也应借鉴该做法，首先选择政府采购进口产品所占比例较高的北京市重点发展行业，如移动互联网、医疗器械、新能源汽车、轨道交通等，制定相应的进口产品清单，支持国货政府采购，以更大限度地支持本土优势产业的科技创新发展。

2）加强政府采购进口产品的审核

清单无法包含所有进口产品，对未包括在内的进口产品尚存在有待落实的审核措施，具体如下所示。

（1）进一步规范论证程序和材料。论证专家必须包括一名法律专家，在人数方面，专家队伍应为单数，且在五人以上（汪泳，2014）。

（2）全面推行网上公示制度。对于采购进口产品，采购单位要完善申请表，包括预算、用途、立项情况和理由等，明确所购置产品的各项参数，提交财政部门审核。在相关论证意见以及论证专家的信息方面若有特殊情况，可延长公示时间。

（3）强化监督管理。要加强政府采购进口产品活动的监督管理，需要财政部门发挥作用，对相关文件如采购清单、专家评审意见、产品验收情况等进行检查，存在违法行为的，依法追究刑事责任。

5.3.4　支持节能环保产品的政府采购改进建议

制定本地操作实施细则，加强宣传推广工作，建立有效监督机制，完善政府强制和优先采购节能环保产品制度。

1）制定关于环境标志产品及非强制性节能产品的详细操作实施细则

应加快配套政策和法规建设，建议相关职能部门结合北京市实际情况，制定实施细则等类似文件，在本地进一步具体和细化政府优先采购制度，指导节能环保政府采购工作的开展（尹存月等，2010）。

2）针对采购人、集中采购机构、供应商建立监督管理机制

为规范政府采购制度，要完善相关管理机制。具体操作措施列举如下：①采购人如发生对政府采购招标文件所注明的"优先采购有节能、环保标志产品"不予确认，对有节能、环保标志产品的中标结果在预中标公示期满不予确认，对确定为中标结果的有节能、环保标志的产品一个月内不与经营该产品的供应商签订合同等行为，将给予不同程度的处罚。②在对集中采购机构进行年终考核时，增加采购有节能、环保标志产品的考核内容，如检查到不符合现有政府强制和优先采购制度的行为，则酌情扣减分值。③针对节能、环保产品供应商建立诚信管理体系，若在参与政府采购过程中出现修改产品数值、隐瞒产品缺陷、恶意抬高价格、买通认证专家等行为，可酌情扣除诚信分值，情节严重的可禁止其进入政府采购市场，甚至追究其刑事责任。

5.3.5　完善政府采购中的保险和风险补偿机制

引入保险中介组织，加强保险公司与相关政府部门、企业间的沟通；设置强制投保险种，扩大风险补偿政策受惠面；督促、帮助保险公司优化完善保险机制，进一步推行和完善"首购首用"风险补偿机制政策。

1）引入保险中介组织

针对投保企业、主管部门、采购单位对保险行业的规则及情况缺乏了解以及保险公司对相关政策、产品缺乏了解等问题，建议引入保险经纪公司、行业协会等第三方机构作为保险中介组织，加强相关机构之间的沟通与认识，以保障风险补偿政策的顺利实施。保险中介组织共行使三部门职能：①帮助保险公司评估投保产品或服务可能产生的风险；②帮助投保企业、采购单位评估保险公司所设置的险种及费率是否合理；③充当保险公司与投保企业、采购单位、政策主管部门之间的交流媒介，这也是其最重要的一项职能。保险中介组织一方面可以帮助投保企业、采购单位、政府主管部门进一步了解保险公司设置的费率、免责条款等术语及方法，另一方面可以帮助保险公司了解投保产品（服务）的技术指标、相

关支持政策等内容。此外，保险中介组织可以代表投保企业使用保险行业术语与保险公司进行沟通，更有助于控制投保的价格成本，这对提高企业投保积极性、政府资助效率都是至关重要的。

2）设置强制投保险种

为了更有效地解决政策覆盖面较窄、供应商投保积极性不高等问题，政策主管部门可向国务院及中国银行保险监督管理委员会申请，在北京市范围内针对新技术新产品（服务）及首台（套）重大技术装备试点设置强制险种，规定当采购单位采购新技术新产品（服务）或首台（套）重大技术装备时，须由供应商对所供应产品或服务进行强制投保，并由政府进行一定比例甚至全额的保险补偿。考虑到各险种类型的重要程度及供应商的成本压力，建议仅对质量保证保险（事关产品能否正常运行）、产品责任保险（事关使用产品时是否会造成财产损失或人身伤害）这两个采购方最为关切的险种设置强制险。通过设置强制险并进行保险补偿，进一步扩大"首购首用"风险补偿政策的受惠面，并且在一定程度上降低使用产品的风险，提升采购单位购买新技术新产品（服务）和首台（套）重大技术装备的意愿。

3）督促、帮助保险公司优化完善保险机制

该部分工作可以归纳为以下两个方面：①加强参与试点的保险公司开展市场调研，实现产品创新，合理制定相关方案，满足社会需求；②促使相关保险公司适当下调保险费率，简化流程，并提高保险补偿的及时性（刘乐平，2015）。

5.3.6 完善政府采购促进科技创新的考核与管理机制

建立政府采购促进科技创新考核机制，加大政策执行监督、管理力度。

应进一步加大创新型政府采购政策执行监督和管理的工作力度。目前，政府采购的主管部门对政府采购促进创新的政策执行监督力度不够。在考核时，建议主管部门应该将政府采购促进科技创新工作作为一个专项进行考核，从促进新技术新产品（服务）推广应用、促进科技型中小企业发展、建立支持国货与采购进口产品管理制度、促进节能环保产业发展、建立"首购首用"风险补偿机制等方面建立评估体系，制定全过程评估机制，包括动态评估、终止机制等内容。

第 6 章

北京市新技术新产品（服务）采购风险补偿政策研究

6.1 新技术新产品（服务）采购风险补偿政策与实施路径

6.1.1 新技术新产品（服务）范围的界定

1. 新技术新产品（服务）

2014 年，北京市科委、市发改委、市财政局、市经信委和中关村管委会联合颁发《北京市新技术新产品（服务）认定管理办法》（京科发〔2014〕622 号），该办法明确指出新技术新产品（服务）的定义：企业、高等学校、科研院所和各类社会组织通过原始创新、集成创新和引进消化吸收再创新等方式，取得技术先进、产权明晰、质量可靠、市场前景广阔的产品（服务）（北京市科学技术委员会等，2014）。

北京市新技术新产品（服务）申请单位明确必须具备的条件是：①申请单位应为北京市行政区域内的企业、高等学校、科研院所或社会组织；②产品（服务）应属于北京市重点发展的战略性新兴产业以及现代服务业领域范围，符合构建"高精尖"经济结构的要求，生产过程符合节能减排技术标准；产品（服务）应具有技术先进性和创新性，并拥有自主知识产权；③产品（服务）技术成熟、质量可靠，符合国家和北京市对产品（服务）生产、销售的相关规定及特殊要求；④产品（服务）具有潜在的经济效益和较大的市场前景，或能够显著降低生产成本，比同类产品（服务）有明显的价格优势。

北京市对大气污染防治、污水处理、垃圾处理、智能交通、城市安全运行和应急救援、绿色建筑、住宅产业化及新农村建设，以及文化惠民、健康养老等民生领域的新技术新产品（服务）优先认定（北京市科学技术委员会等，2014）。

根据《关于印发〈北京市新技术新产品（服务）认定管理办法〉的通知》，经认定的新技术新产品（服务）可享受包括政府采购和推广应用等政策的支持。新技术新产品（服务）的有效期为 3 年，到期后自动失效，申请单位需重新申请认定，若符合条件，则核发新的"北京市新技术新产品（服务）证书"（北京市科学技术委员会等，2014）。

2. 首台（套）重大技术装备及应用项目

关于首台（套）重大技术装备，2008 年国家发改委、工信部联合发布的《首台（套）重大技术装备试验示范项目管理办法》（发改工业〔2008〕224 号）明确规定，重大技术装备是指对国家经济安全和国防建设有重要影响，对促进国民经济可持续发展有显著效果，对结构调整、产业升级和节能减排有积极带动作用的装备产品。该文件也明确指出，首台（套）重大技术装备的适用领域范围为十六大类，随着国民经济的发展和技术进步，工信部不断修改和调整首台（套）重大技术装备的适用领域范围的大类划分及技术条件标准，动态发布《首台（套）重大技术装备推广应用指导目录》。在 2016 年的版本中，重大技术装备范围的适用领域范围划分为十四大类，如表 6-1 所示。

表 6-1　2016 年首台（套）重大技术装备的适用领域范围

序号	装备类别
1	清洁高效发电装备
2	超、特高压输变电装备
3	大型石油、石化及煤化工成套装备
4	大型冶金、矿山装备及港口机械
5	轨道交通装备
6	大型环保及资源综合利用装备
7	大型施工机械
8	新型轻工机械
9	民用航空装备
10	高技术船舶及海洋工程装备
11	成形加工装备

续表

序号	装备类别
12	新型、大马力农业装备
13	电子及医疗专用装备
14	重大技术装备关键配套基础件

首台（套）重大技术装备是指集机、电、自动控制技术为一体的，运用原始创新、集成创新或引进技术消化吸收再创新的，同时拥有自主知识产权的核心技术和自主品牌，呈现出显著的节能和低（零）碳排放的特征，但是尚未取得市场业绩的成套装备或单机设备（李涛和凌维，2013）。其中，首台（套）装备是指用户首次使用的前三台（套）装备产品；首批次装备是指用户首次使用的同品种、同技术规格参数、同批签订合同、同批生产的装备产品。首台（套）重大技术装备价值标准分为中央支持标准和地方支持标准，如表 6-2 所示。

表 6-2　首台（套）重大技术装备价值标准

区域	成套装备	单台设备	总成或核心部件
国家	1000 万元以上	500 万元以上	100 万元以上
地方（北京市）	500 万元以上	250 万元以上	50 万元以上

首台（套）重大技术装备应用项目包括试验项目和示范项目。试验项目是指项目单位在国际上首次应用的重大技术装备；示范项目（含依托项目，下同）是指采用的重大技术装备在国内首次应用，更强调国内首次应用（国家发展改革委等，2008）。国民经济各领域项目单位采购和使用首台（套）重大技术装备的工程项目，可申请列为国家试验项目或示范项目（国家发展改革委等，2008）。

从上述的界定内容，可以分析得出如图 6-1 所示的新技术新产品（服务）的概念框图，新技术新产品（服务）涉及的范围是涵盖了首台（套）重大技术装备及其应用项目。

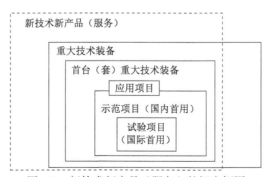

图 6-1　新技术新产品（服务）的概念框图

从国家层面上看，目前只有首台（套）重大技术装备产品的支持政策及相应的风险补偿政策，国家对新技术新产品（服务）的管理范围也不可能规定过细；从北京市地方政府而言，有些新技术新产品（服务）的价值相对比较大，但没有达到重大技术装备产品的价值标准，也需要重点帮助与扶持。作为地方政府，其一定要制定相对完善的价值标准，才能够有效利用风险补偿机制促进新技术新产品（服务）推广应用，进而推动科技型企业的进一步创新发展。

2014 年，北京市人民政府办公厅（2014）颁布了《关于在中关村国家自主创新示范区深入开展新技术新产品政府采购和推广应用工作的意见》，其中指出该文件的实施对象包括"由中关村示范区内的企业、大学、科研院所等单位研制生产的新技术新产品，首台（套）重大技术装备，以及国家和本市需要研究开发的重大创新技术和产品"。本书沿用《关于在中关村国家自主创新示范区深入开展新技术新产品政府采购和推广应用工作的意见》文件的界定，将首台（套）重大技术装备及重大创新技术和产品列入新技术新产品（服务）的范畴，一并进行研究。

3. 新技术新产品（服务）的其他范畴

笔者在梳理国家层面和国内各省级地方层面的政策时发现，关于新技术新产品（服务），还有一些其他相关命名方式。如表 6-3 所示。

表 6-3　国内省级政府采购文件中涉及新技术新产品（服务）及相关产品名称汇总

序号	其他命名名称	省（自治区、直辖市）
1	新技术新产品	河北省、山西省、黑龙江省、江苏省、浙江省、安徽省、山东省、河南省、湖南省、湖北省、四川省、云南省、甘肃省
2	新技术新产品（服务）	北京市
3	高新技术产品	北京市、河北省、吉林省、黑龙江省、上海市、江苏省、浙江省、安徽省、福建省、江西省、山东省、河南省、湖南省、湖北省、广东省、四川省、海南省、重庆市
4	高新技术新产品	云南省
5	创新产品与服务	广东省
6	创新产品	上海市、福建省
7	重大技术装备	北京市、上海市、福建省、广东省
8	高端智能装备	上海市、江西省
9	重大装备	江苏省
10	首台（套）重大技术装备	北京市、河北省、辽宁省、浙江省、安徽省、湖南省、广东省、广西壮族自治区、四川省、云南省
11	重大技术装备首台（套）	四川省

续表

序号	其他命名名称	省（自治区、直辖市）
12	重大技术装备首台	上海市
13	重大技术装备（含智能制造装备）	福建省
14	先进装备制造	29 个省（自治区、直辖市）（不包括海南省、西藏自治区及港澳台地区）
15	高端装备制造	上海市、辽宁省
16	现代装备制造	浙江省、山西省、内蒙古自治区

从表 6-3 可以得出以下结论。

（1）新技术新产品（服务）的命名名称包括两大类，一类是产品类（包括序号 1～6），另外一类是装备类（包括序号 7～16）。

（2）各省级区域对新技术新产品（服务）的命名不一致，有些有区别，如高端智能装备、首台（套）重大技术装备与其他重大技术装备；有些没有区别，如重大装备与重大技术装备，首台（套）重大技术装备与重大技术装备首台（套）等。笔者以表 6-3 中的命名为关键词，检索"中央法规司法解释"时，发现以上名称也均有不同程度的出现频率。这说明各有关部门在制定法律法规时，没有形成统一认识，或没有在制定前由国家相关部门统一。

（3）关于"新技术新产品""高新技术产品""首台（套）重大技术装备"的命名形成多数一致。

（4）由于各省级区域的发展能力和重点不同，出台的政策存在差异。经济条件好的省级区域出台的文件多，还进行了细分，如上海市将高端智能装备从重大技术装备中单列出来，进行政策指导；经济条件差的省级区域出台的政策文件就相对少、力度小，如西藏自治区、宁夏回族自治区等。

4. 关于新技术新产品（服务）的范围界定

综上分析，可以看出，国内各省（自治区、直辖市）关于政府采购科技创新类的产品及服务在名称上尚未统一。北京市强调的是新技术、新产品、新服务，也有一些省强调新技术、新产品，没有包含新服务，而高新技术产品提法在早期的各地文件中较为统一。实际上，各地政府采购政策关注的科技创新类产品和服务的对象主要有两类：一类是新技术、新产品、新服务，另一类是首台（套）重大技术装备。2011 年以来，因为 GPA 谈判的关系，国家层面及地方层面废止了与自主创新产品相关的文件，目前明确对新技术新产品（服务）进行政策支持的文件相对较少，对新技术新产品（服务）采购进行风险补偿的政策就更加稀少。在国家层面或地方层面，对首台（套）重大技术装备的支持政策一直保持了下来，所以在研究新技术新产品（服务）采购的风险补偿问题时，在兼顾新技术新产品（服务）涵盖范围的前提下，以首台（套）重大技术装备作为重点研究对象。

6.1.2 新技术新产品（服务）的"创新性风险"及风险补偿政策

1. 新技术新产品（服务）的"创新性风险"

新技术新产品（服务）[包含首台（套）重大技术装备]应用推广难，主要源于市场对其"创新性风险"的担心。依据生命周期，新技术新产品（服务）的生产经营可分为研发设计、生产、运输、安装、使用等五大环节，各环节都面临着不同的风险。①研发设计过程中，涉及研发人员人身风险、设计风险、产品质量风险等；②生产过程中，涉及自然灾害风险、火灾爆炸意外事故风险、装备财产损失风险、员工意外伤害风险等；③运输过程中，涉及装卸损失风险、自然灾害风险、火灾爆炸意外事故风险等；④安装过程中，涉及安装设备损失及伤亡风险、第三者责任风险等；⑤使用过程中，涉及电气（线路）原因损失风险、产品质量及责任风险等，造成采购方的利润损失等。

采购合同签订之后，新技术新产品（服务）的"创新性风险"主要涉及运输、安装和使用三个环节，这也是采购方所最关心的环节。新技术新产品（服务）的采购方所担心的"创新性风险"包括如下内容。

（1）新技术新产品（服务）的不成熟，与应用、使用新技术新产品（服务）的工作环境有局部冲突或障碍等情况，造成实施单位出现一定的经济损失或工作上的不协调等影响。

（2）大部分单位不愿意使用尚未成熟的新技术新产品（服务），担心承担质量风险和责任风险等各种损失风险。也就是说，新技术新产品（服务）采购可能出现的风险应该是采购活动中的甲乙双方都要面对的问题，一方面，采购方使用的是财政资金，要接受公众的监督和上级部门的绩效考核，一旦采购的新技术新产品（服务）出现问题或事故，需要补偿损失，还有些可能不是资金补偿能够解决的问题，如影响领导干部或部门的绩效考核等；另一方面，一般在采购合同中会明确标注"供应方售出的新技术新产品（服务），如因为设计或质量等问题，造成采购方或第三方出现损失的，由供应方承担所有损失"，那么一旦遇到重大事故，供应方可能承受不来巨大的事故赔偿。

由于上述各个环节可能存在的风险，对于购买和使用方来说，其存在很大的顾虑，所以推广应用过程受到一定阻碍。为了更好地发展我国装备制造业，相关保险被推行起来，主要包括装备制造业相关保险和新技术新产品（服务）相关保险，其目的是更加充分和有效补偿以降低损失，一方面打消市场的顾虑（高家明和熊微观，2015），另一方面减轻研制企业的负担，鼓励企业研制国产化的新技术新产品（服务），加速创新型产业的发展。

同时，新技术新产品（服务）[含首台（套）重大技术装备]风险补偿机制被建立起来，此制度性安排是发挥市场机制决定性作用、推进新技术新产品（服务）发展的重要措施（财政部等，2015）。各级政府和部门出台了一系列的风险补偿政策和措施，推进新技术新产品（服务）的政府采购活动。

2. 新技术新产品（服务）采购的风险补偿政策

就国内的政策而言，新技术新产品（服务）采购的风险补偿政策主要集中在新技术新产品（服务）的"首购首用"方面，其中包含新技术新产品（服务）的前三（或前五等）批次或首台（套）的政府采购行为进行风险补偿，不包括对新技术新产品（服务）的持续性政府采购行为，否则有违促进新技术新产品（服务）领域或行业发展的政策制定的出发点，以及市场经济的公平竞争原则。

新技术新产品（服务）的"首购首用"具体是指对国内企业或科研机构生产或开发的，目前仍不具有市场竞争力，但是符合国民经济发展要求和代表先进技术发展方向的通过政府采购方式首次投向市场的产品。几乎所有技术发明，从雏形到成品到商品化，都是一个不断完善的过程（侯梦军，2011）。将应用机会赋予新技术是改进的必备条件，只有在实际应用过程中，才能解决大量的问题，从而提升产品的竞争力。"首购首用"将在关键时刻成为科技创业的助力，提高科技创业成功率（刘根生，2012）。本书中，新技术新产品（服务）的"首购首用"也适用于"创新产品的首购订购""首台（套）重大技术装备"等。

新技术新产品（服务）风险补偿政策主要包括以下几个方面。

1）风险补偿金

《首台（套）重大技术装备试验、示范项目管理办法》（发改工业〔2008〕224号）中涉及的首台（套）重大技术装备试验、示范项目，属于新技术新产品（服务）政府采购范围之一。该办法的第七条规定：对首台（套）重大技术装备的成套装备、单台设备、核心部件研制或总成过程中可能出现的风险，实施单位可申请国家给予必要的风险补助，但补助数额应不高于设备平均价格的10%（不含国防军工项目）（国家发展改革委等，2008）。

本书使用的"首台（套）"与上文的"首购首用"含义是一致的，只是主体对象有差异而已，"首台（套）"的主体是装备制造方，"首购首用"的主体是装备采购方，实质都是装备的首次使用。

南京市制定的"首购首用"风险补偿机制明确规定：对于"首购首用"产品供应商开发和生产的符合该市新兴产业发展方向的产品，采购人通过政府采购，或在政府投资项目中采用定制采购的方式并首先使用的，政府将按产品实际单件价值的5%～10%予以一次性补贴，风险补偿金最高不超过200万元。

2）加速折旧

《首台（套）重大技术装备试验、示范项目管理办法》（发改工业〔2008〕224号）的第七条规定：项目单位采购的首台（套）自主创新重大技术装备，符合税法规定加速折旧条件的，允许加速折旧。加速折旧在一定程度上可以应对首台（套）重大技术装备或新技术新产品（服务）由技术不是很成熟而导致的产品寿命周期相对较短、国家对固定资产有强制性的折旧管理限制的情况，既推动了装备技术、新技术新产品（服务）的创新发展，又解决了这些产品后期需要更新换代的问题。加速折旧的政策对解决采购方采购首台（套）重大技术装备、新技术新产品（服务）的产品寿命风险是非常有益的。

3）保险补偿

《首台（套）重大技术装备试验、示范项目管理办法》（发改工业〔2008〕224号）的第七条规定：鼓励项目业主、装备制造企业以联合或各自承保方式建立首台（套）重大技术装备试验、示范项目的保险机制。

《关于开展首台（套）重大技术装备保险补偿机制试点工作的通知》（财建〔2015〕19号）的第三条规定：由保险公司针对重大技术装备特殊风险提供定制化的首台（套）重大技术装备综合险（以下简称"综合险"），承保质量风险和责任风险。装备制造企业投保，装备采购方受益。中央财政对符合条件的投保企业进行保费的适当补贴，利用财政资金的杠杆作用，发挥保险风险保障功能，降低用户风险，加快首台（套）重大技术装备推广应用（财政部等，2015）。由此产生的保险补偿分为以下两类。

第一类是补贴给装备制造企业。《关于开展首台（套）重大技术装备保险补偿机制试点工作的通知》（财建〔2015〕19号）的第七条规定："对于制造《目录》内装备，且投保'综合险'选择国际通行保险条款（需为本通知第五条列明的装备）投保的企业，中央财政给予保费补贴。实际投保费率按3%的费率上限及实际投保年度保费的80%给予补贴，补贴时间按保险期限据实核算，原则上不超过3年。"（财政部等，2015）此类补贴表面上是补贴，但实际上是为了应对"首购首用"重大技术装备后出现各种无法预料到的风险。这类似于一个传导机制，只有提供此类补贴，装备制造方才有意愿购买保险（政府采购方面没有强制政策来要求装备制造方购买），采购一旦出现使用损失，可以获得一定的风险补偿，由此推动国家的重大科技战略和技术创新的发展。此类补贴的目的在于补偿，而且国外对国内政府的各种补贴较为敏感，所以笔者建议将其改为补偿较为合适。

第二类是补偿给装备采购方。当装备采购方出现使用损失时，由保险公司按照保险合同赔付给装备采购方一定的金额，以作补偿。《关于开展首台（套）重大技术装备保险补偿机制试点工作的通知》（财建〔2015〕19号）的第三条规定，鼓励保险公司创新险种，扩大保险范围，为促进重大技术装备发展提供保险服务（财政部等，2015）。

6.1.3　新技术新产品（服务）采购风险补偿实施路径

新技术新产品（服务）的风险补偿政策主要包括：风险补偿金、保险补偿和加速折旧。与之对应，新技术新产品（服务）采购风险补偿有三个实施路径。

1. 风险补偿金实施路径

风险补偿金实施路径如图6-2所示。

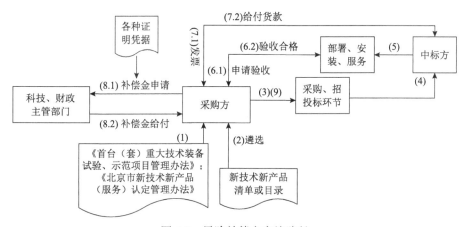

图6-2　风险补偿金实施路径

（1）采购方在确认有风险补偿金支持的情况下，产生采购动力或意向。

（2）审阅经过科技主管部门认定的新技术新产品清单或目录，筛选与采购需求相同或相近的新技术新产品，进而确定采购对象（竞标集合）。

（3）进入采购、招投标环节，中标方胜出。

（4）采购方与中标方签订采购合同。

（5）中标方按照采购合同执行标的物进行部署、安装及其他服务。

（6）申请采购方验收，采购方给出验收意见。

（7）采购方验收合格后，按照合同约定给付货款，中标方开具发票。

（8）采购方凭《新技术新产品采购管理办法（暂定）》要求的凭据（一般是要求验收合格证明、付款发票副本或证明、采购合同等），向科技和财政主管部门申请新技术新产品采购风险补偿金。

（9）采购方获得风险补偿金后，激励或影响自身或其他需求方进行新技术新产品的采购。

2. 保险补偿实施路径

保险补偿实施路径在风险补偿金的实施路径上增加了保险补偿的环节，如图 6-3 所示。

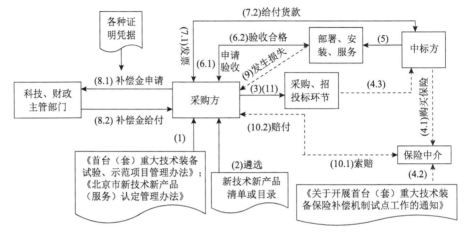

图 6-3　保险补偿的实施路径

主要环节以虚线标识

保险补偿实施路径如下。

（1）采购方在确认有风险补偿金支持的情况下，产生采购动力或意向。

（2）审阅经过科技主管部门认定的新技术新产品清单或目录，筛选与采购需求相同或相近的新技术新产品，进而确定采购对象（竞标集合）。

（3）进入采购、招投标环节，进而中标方胜出。

（4）中标方根据标的额度，向保险中介提出购买保险；保险中介在政策支持的情况下接受购买，并与保险中介签订保险合同；采购方与中标方签订采购合同；

（5）中标方按照采购合同执行标的物进行部署、安装及其他服务。

（6）申请采购方验收，采购方给出验收意见。

（7）采购方验收合格后，按照合同约定给付货款，中标方开具发票。

（8）采购方凭《新技术新产品采购管理办法（暂定）》要求的凭据（一般是要求验收合格证明、付款发票副本或证明、采购合同等），向科技和财政主管部门申请新技术新产品采购风险补偿金。

（9）采购方发生损失。

（10）采购方向保险中介提出索赔；保险公司按合同对其赔付。

（11）采购方获得风险补偿金，以及保险赔付后，激励或影响自身或其他需求方进行新技术新产品的采购。

3. 加速折旧实施路径

加速折旧是指企业为加快折旧速度和减少纳税金额而依照税法采取的缩短折旧年限、提高折旧率的办法，加快折旧速度和减少纳税金额的一种税收优惠措施（计提折旧一般记入管理费用，其属于支出类会计科目，机构单位的当期支出越大，应交所得税的基数就越小）。其目的为：一是可以减少企业所得税，二是可以增强公司未来竞争和融资能力。

加速资产折旧实施路径在风险补偿金的实施路径上增加了加速资产折旧的环节，如图 6-4 所示。

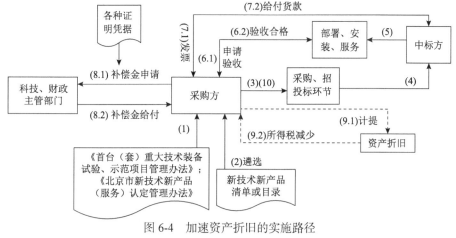

图 6-4 加速资产折旧的实施路径

注：主要环节以虚线标识

加速折旧实施路径如下。

（1）采购方在确认有风险补偿金支持的情况下，产生采购动力或意向。

（2）审阅经过科技主管部门认定的新技术新产品清单或目录，筛选与采购需求相同或相近的新技术新产品，进而确定采购对象（竞标集合）。

（3）进入采购、招投标环节，中标方胜出。

（4）采购方与中标方签订采购合同。

（5）中标方按照采购合同执行标的物进行部署、安装及其他服务。

（6）申请采购方验收，采购方给出验收意见。

（7）采购方验收合格后，按照合同约定给付货款，中标方开具发票。

（8）采购方凭《新技术新产品采购管理办法（暂定）》要求的凭据（一般是要求验收合格证明、付款发票副本或证明、采购合同等），向科技和财政主管部门申请新技术新产品采购风险补偿金。

（9）采购方在新技术新产品的使用期间，加速计提折旧（双倍余额或缩短年限）；分摊折旧费的管理费用增加，所得税的应税基数减少；实际的过程中，对采购方还有一个受惠之处，对采购得到的新技术新产品，可以在原来折旧年限的基础上缩短年限。例如，原来某产品财务规定五年折旧年限，现在折旧年限允许变为三年，则在第四年的时候就可以重新申请采购更新换代的新技术新产品，此政策对更新换代比较快的新技术新产品是非常有利的。

（10）采购方获得风险补偿金和加速折旧收益后，激励或影响自身或其他需求方进行新技术新产品的采购。

6.2　北京市新技术新产品（服务）采购风险补偿政策实施现状

6.2.1　新技术新产品（服务）认定

1. 首台（套）重大技术装备

1）适用领域

《关于印发中关村科技园区首台（套）重大技术装备试验、示范项目实施办法的通知》（京发改〔2010〕1634号）中明确规定，首台（套）重大技术装备认定在支持国家振兴装备制造业的13个重点领域的基础上进行。结合北京市产业特点与发展方向，重点发展领域包括如表6-4所示的13个领域。

表6-4　首台（套）重大技术装备认定重点发展的领域

序号	领域名称
1	大型环保及资源综合利用设备
2	电子专用设备
3	高效节能、新能源关键设备
4	工程机械及轨道交通设备
5	核辐射成像探测装备等领域
6	煤矿机械
7	清洁高效发电技术装备、高压输配电成套设备
8	数字化医疗器械
9	系统整体解决方案
10	新型纺织机械
11	先进数控装备、数控系统及功能部件

序号	领域名称
12	印刷机械
13	自控系统与精密仪器仪表

注：2013年的公示信息中将"清洁高效发电技术装备、高压输配电成套设备"分为两类："清洁高效发电技术装备"和"高压输配电成套设备"。

2）认定情况

2009～2016年，北京市发改委、市科委、市经信委、市财政局、中关村管委会等部门组成政府采购中关村自主创新产品联合工作组，委托北京机电行业协会对首台（套）重大技术装备试验示范项目进行技术评审，共认定了168项首台（套）重大技术装备试验示范项目，如表6-5所示。

表6-5　2009～2016年北京市认定的首台（套）重大技术装备试验示范项目

年份	企业数/家	项目数/项
2009	23	25
2010	18	21
2011	19	20
2012	24	32
2013	31	35
2015	15	18
2016	16	17
合计	125	168

资料来源：中关村国家自主创新示范区的官方网站（http://zgcgw.beijing.gov.cn/）。

注：①2014年暂停认定，故无此年数据；②企业数的合计值125家，是去掉重复企业情况下的数据，包含同一年认定多项，多个年度认定多项的情况。

通过对2009～2016年首台（套）重大技术装备认定的项目进行分领域汇总（表6-6），得出如下结论。

表6-6　2009～2016年首台（套）重大技术装备认定的各领域的项目数（单位：项）

序号	领域	2009年	2010年	2011年	2012年	2013年	2015年	2016年	合计
1	大型环保及资源综合利用设备	3	3	5	6	2	5	6	30
2	电子专用设备	4	2	3	6	3	4	0	22
3	高效节能、新能源关键设备	1	1	5	2	9	2	6	26
4	工程机械及轨道交通设备	7	5	2	4	8	4	0	30
5	核辐射成像探测装备等领域	0	0	0	0	0	0	0	0

续表

序号	领域	2009 年	2010 年	2011 年	2012 年	2013 年	2015 年	2016 年	合计
6	煤矿机械	2	0	1	0	1	0	0	4
7	清洁高效发电技术装备、高压输配电成套设备	2	3	2	0	2	1	0	10
8	数字化医疗器械	0	3	0	3	3	0	3	12
9	系统整体解决方案	2	0	1	3	2	1	1	10
10	新型纺织机械	0	0	1	0	0	0	1	2
11	先进数控装备、数控系统及功能部件	1	1	0	4	1	0	0	7
12	印刷机械	1	0	0	1	0	1	0	3
13	自控系统与精密仪器仪表	2	3	0	3	4	0	0	12
	合计	25	21	20	32	35	18	17	168

资料来源：中关村国家自主创新示范区的官方网站（http://zgcgw.beijing.gov.cn/）。

注：本书依据《关于印发中关村科技园区首台（套）重大技术装备试验、示范项目实施办法的通知》（京发改〔2010〕1634 号）文件划分为 13 个领域，中关村政府采购促进中心的官方数据划分为 14 个领域，其将"清洁高效发电技术装备、高压输配电成套设备"领域分为两个领域来处理。

（1）2009 年，工程机械及轨道交通设备领域认定的项目数最多，有 7 项；核辐射成像探测装备等领域、数字化医疗器械和新型纺织机械等 3 个领域的项目数最少，均为 0 项；其他领域均有涉及。

（2）2010 年，核辐射成像探测装备等领域、煤矿机械、系统整体解决方案、新型纺织机械、印刷机械等 5 个领域没有项目得到认定；工程机械及轨道交通设备领域的项目数最多，为 5 项；其他领域均有涉及。

（3）2011 年，核辐射成像探测装备等领域，数字化医疗器械，先进数控装备、数控系统及功能部件，印刷机械，自控系统与精密仪器仪表 5 个领域没有认定的项目；大型环保及资源综合利用设备及高效节能、新能源关键设备领域项目数最多，均为 5 个；其他领域均有涉及。

（4）2012 年，各领域项目认定存在差异性，体现在：核辐射成像探测装备等领域，煤矿机械，清洁高效发电技术装备、高压输配电成套设备，新型纺织机械等 4 个领域还没有项目得到认定；在大型环保及资源综合利用设备、电子专用设备等 2 个领域的认定项目数最多，为 6 项；其他领域均有涉及，但是数量不多。

（5）2013 年，核辐射成像探测装备等领域、新型纺织机械、印刷机械等 3 个领域没有项目得到认定；高效节能、新能源关键设备，以及工程机械及轨道交通设备等 2 个领域的项目数最多，分别为 9 项、8 项；其他领域均有涉及。

（6）2015 年，核辐射成像探测装备等领域，煤矿机械，数字化医疗器械，新型纺织机械，先进数控装备、数控系统及功能部件，自控系统与精密仪器仪表等

6 个领域没有项目得到认定；大型环保及资源综合利用设备、电子专用设备、工程机械及轨道交通设备等 3 个领域项目数最多，为 4～5 项；其他领域均有涉及。

（7）2016 年，大型环保及资源综合利用设备和高效节能、新能源关键设备等 2 个领域得到认定的项目数最多，为 6 项；其次是数字化医疗器械领域，为 3 个；系统整体解决方案、新型纺织机械领域均为 1 个；其他领域均没有涉及。

总体上看，核辐射成像探测装备等领域在 2009～2016 年的认定中，均没有项目出现，说明此领域的发展有些难度，这也可能与一些保密性因素有关系，而没有出现在认定名单之中；大型环保及资源综合利用设备，电子专用设备，高效节能、新能源关键设备，工程机械及轨道交通设备等 4 个领域得到认定的项目数比较突出，均累计超过 20 个项目；其次是清洁高效发电技术装备、高压输配电成套设备，数字化医疗器械，系统整体解决方案，自控系统与精密仪器仪表等 4 个领域，得到的认定项目数为 10～12 个；其他领域的累计项目数则为个位数。

2. 新技术新产品（服务）

1）适用领域

《关于印发〈中关村国家自主创新示范区新技术新产品（服务）认定管理办法〉的通知》（创新平台发〔2012〕3 号）中明确指出，新技术新产品（服务）认定重点支持战略性新兴产业发展要求的产品（服务），主要涉及八大战略性新兴产业：新一代信息技术、生物、节能环保、新材料、新能源汽车、新能源、航空航天、高端装备制造（中关村创新平台综合办公室，2012）。

2）认定情况

北京市科委联合有关部门多次出台文件，对新技术新产品（服务）的采购进行规范和支持，在全国率先展开新技术新产品（服务）的试点工作。截至 2017 年 6 月底，北京市科委依据《北京市新技术新产品（服务）认定管理办法》共组织开展了 11 批次的新技术新产品（服务）认定工作，共认定新技术新产品（服务）累计为 7166 项，涉及企业 3889 家，如表 6-7 所示，虽增速有所下缓，但总体上政府采购新技术新产品（服务）规模不断增大。

表 6-7　2012～2017 年北京市新技术新产品（服务）认定情况

年份	批次	新技术新产品/项	新服务/项	小计/项	企业数/个	备注
2012	第一批	348	8	356	210	中关村国家自主创新示范区新技术新产品（服务）
	第二批	408	16	424	195	
2013	第一批	251	8	259	172	
	第二批	267	10	277	180	
2014	第一批	458	40	498	281	

续表

年份	批次	新技术新产品/项	新服务/项	小计/项	企业数/个	备注
2015	第一批	773		773	430	北京市新技术新产品（服务）
	第二批	1044		1044	507	
	第三批	566		566	327	
2016	第四批	855		855	471	
2017	第五批	787		787	424	
	第六批	1327		1327	692	
合计				7166	3889	

资料来源：根据北京市科委提供的资料整理。

注：2014年（含）以前，北京市的新技术新产品（服务）认定工作由中关村国家自主创新示范区主导，认定的批次分年度计算。2015年（含）以后，北京市的新技术新产品（服务）认定工作由北京市科学技术委员会主导，按2015年（含）以后的认定次数累计批次。

根据北京市科委提供的资料，截至2012年，北京市共有9批、48家单位的61项产品被认定为首购新技术新产品，其中有38项通过首购方式采购，采购金额达30亿元；在工程机械及轨道交通设备、数字化医疗器械、自控系统与精密仪器仪表等10个领域中，有46项首台（套）重大技术装备实验示范项目，采购金额达67亿元，有效拉动了中关村乃至北京市的技术创新和产业化进程。

根据北京市科委提供的资料，在节能环保领域，北京市组织开展了2015年政府新技术新产品的"首购首用"产品征集工作，共收到34家企业45个经认定新技术新产品的申报材料，经过细致的形式审查，共有13家企业的16个产品符合申报要求，其中北京京润环保科技股份有限公司的"三法净水"一体化设备等10项产品通过了专家论证。

2012年以来，北京市新技术新产品（服务）认定情况中，中关村国家自主创新示范区新技术新产品（服务）认定的有效期为一年，北京市新技术新产品（服务）认定的有效期为三年。2015年以后，北京市新技术新产品（服务）取代了中关村国家自主创新示范区新技术新产品（服务），其认定的牵头单位仍然是北京市科委，具体负责的部门是高新技术产业化处。

6.2.2 风险补偿政策执行情况

1. 首台（套）重大技术装备

2010年，北京市发改委、科委、工促局、财政局、中关村管委会等五部门联合发布了《关于印发中关村科技园区首台（套）重大技术装备试验、示范项目实施办法的通知》（京发改〔2010〕1634号）。该项政策在实施之初，采取的是资金补贴的方式，采购方购买重大技术装备享受风险补偿资金补贴，当时定的标准是不高于合同额10%的补贴（适用的企业是中关村国家自主创新示范区"十百千工程"首批企业名单），实际执行的是对中关村重点支持的企业补贴5%，对其他企业补贴3%。2010年，19家企业共获得了1000多万元的风险补偿金补贴。

经过一年试行之后，2010年北京市发改委会同中关村管委会、市财政局、市金融局等主管部门在中国保监会的支持下引入保险机制，对原有支持政策进行修订，提出对购买首台（套）重大技术装备实施保险补贴政策。2010~2016年，首台（套）重大技术装备保险补贴情况如表6-8所示。

表6-8　2010~2016年首台（套）重大技术装备保险补贴情况汇总表（单位：万元）

序号	投保年份	投保企业名称	投保项目名称	所投保险种	认证年份	项目合同金额	保费	财政补贴	企业负担	赔付金额
1	2010	同方股份有限公司	轨道交通安全屏蔽门	质量保证险、产品责任险、机器损坏险	2010	8 100	63.18	50.54	12.64	106.00
2	2010	北京国科世纪激光技术有限公司	神光-Ⅲ主机装置预放系统	货运险	2010	4 000	3.20	2.56	0.64	—
3	2010	北京爱生科技发展有限公司	环特大规模新药筛选平台	货运险	2010	500	0.50	0.40	0.10	—
4	2011	北京爱生科技发展有限公司	"双核心"直饮水系统	货运险	2011	2 000	2.00	1.60	0.40	—
5	2013	北京荣华恒信开关技术有限公司	高低电压穿越测试设备	货运险	2013	1 185	1.18	0.94	0.24	—
6	2013	北京亿马先锋汽车科技有限公司	纯电动汽车动力电池	质量保证险、产品责任险	2013	2 385	31.00	24.80	6.20	—
		合计				18 170	101.06	80.84	20.22	106.00

注：①中关村政府采购促进中心于2017年9月提供的数据；②2012年、2014~2016年没有公司申请首台（套）保险补贴的情况。

对表6-8中各项目的保险补贴进行分析，得出以下结论。

（1）2010年，同方股份有限公司是保险补偿机制中最成功的一个，其产品——轨道交通安全屏蔽门购买了质量保证险、产品责任险、机器损坏险三种首台（套）保险，保费为63.18万元，同方股份有限公司自己承担12.64万元，财政补贴50.54

万元；在遇到出险情况后，保险公司予以 106.00 万元的保险赔付，有效地减少了企业的风险负担。但从表 6-8 中也可以看出，购买保险的实际装备数非常少，2010 开始，仅 3 台（套）装备申请了保险补贴，其中 2 台（套）装备购买的是货运险，不是核心险种；2011 年，只有 1 台（套）装备申请了首台（套）保险补贴，其购买的是货运险；2012 年、2014~2016 年没有公司申请首台（套）保险补贴的情况；2013 年也仅有 2 台（套）装备申请了首台（套）保险补贴。

（2）从保险资金的杠杆效应而言，累计财政补贴 80.84 万元，带动社会采购 18 170 万元，保险资金的杠杆效应还是很起作用的。

（3）自 2010 年首台（套）重大技术装备试验、示范项目的支持方式改为保险补贴后，共有 5 家企业为认定的首台（套）项目购买首台（套）保险。

（4）总体上而言，有 2 个首台（套）重大技术装备购买了质量保证险和产品责任险等核心保险险种（同方股份有限公司还购买了机器损坏险），其他 4 个首台（套）重大技术装备购买了非核心的险种——货运险，这也与各装备产品的特性有关。

从首台（套）保险补贴政策制定的各方来看，该政策的实际有效性是不显著的，分析后得出主要原因如下。

（1）采购的甲乙双方没有在采购合同中明确要求供应方购买保险，目前供应方企业面临风险赔偿的概率和金额均没有引起各方的重视来倒逼法律法规的强制性规定，而同样的法律条文规定在国外是强制性的，很普遍。

（2）对于采购方而言，购买保险与否对其关系不大，因为合同中已经规定，供应方产品的质量、设计缺陷等造成的采购方或第三方的损失均由供应方承担，所以采购方没有特殊提出供应方须购买保险的要求。

（3）供应方认为，保费的支出（尽管不是 100%）也是一种成本支出，供应方不愿意购买保险。

（4）产品达不到国家级和北京市的首台（套）重大技术装备的技术标准，没有办法申请保险补贴，因而没有购买保险的意愿。

（5）供应方对新技术新产品采购的风险补偿政策知之甚少、了解不够，导致参与度不够。

2. 新技术新产品（服务）

1）补偿政策的制定过程

2012 年 6 月，中关村科技园区管理委员会制定了《中关村国家自主创新示范区新技术新产品（服务）应用推广专项资金管理办法》（中科园发〔2012〕38 号），该文件对新技术新产品的风险补偿作出了明确规定和具体实施办法。该政策将新技术新产品（服务）采购风险补偿对象从首台（套）重大技术装备，扩大到具有重要影响、重要价值的自主创新的新技术新产品（服务），由首台（套）重大技术装备的关注点，扩大到新技术新产品（服务）的重要层面上，推动新技术新产品（服务）集群式发展。

笔者从中关村政府采购促进中心等多家相关主管机构中调查发现，风险补偿政策初期执行的补偿金及加速折旧主要针对的是采购方，用于激励采购方对首台（套）重大技术装备的采购。从各方的反应来看，政策的扶持方向出现偏差（采购方需要的激励不是资金的补偿，而供应方确实急需资金），所以风险补偿金的执行办法后来逐渐被停用，转向使用保险补贴的形式，激励供应方积极开拓政府采购市场，所以北京市新技术新产品（服务）政府采购风险补偿机制的侧重点主要转向了保险补贴方面。

2）补偿政策的内容

相较于其他省（自治区、直辖市），北京市的风险补偿机制在首台（套）重大技术装备的基础上，扩大到新技术新产品（服务）。中关村不仅在全国首先建立了国产首台（套）设备保险机制，同时财政还设立了新技术新产品（服务）应用推广专项资金，对企业购买保险最高可提供90%的资助（赵淑兰，2014）。

3）补偿政策的作用

利用保险手段，控制和转移科技创新风险，降低新技术新产品（服务）的风险，同时增强采购单位购买和使用新技术新产品（服务）的信心。当新技术新产品（服务）在运行中出现问题，通过保险公司赔付维修和退换，能够分担出新技术新产品（服务）应用和实施的部分风险（赵淑兰，2014）。

4）补偿政策的执行

笔者在走访调研长城保险经纪有限公司、中关村民营企业家协会和中关村政府采购促进中心等单位后得知，自《中关村国家自主创新示范区新技术新产品（服务）应用推广专项资金管理办法》（中科园发〔2012〕38号）发布以来，供应方为已经被认定的新技术新产品（服务）购买保险的数据为零，针对"新技术新产品（服务）"采购的保险补偿政策实际上没有执行过。

6.3　北京市新技术新产品（服务）采购风险补偿政策体系

6.3.1　政策体系与具体措施

笔者针对北京市新技术新产品（服务）采购的风险补偿政策体系和具体措施进行了整理，整理的结果见表6-9、表6-10。

表 6-9 北京市新技术新产品（服务）采购的风险补偿政策汇总

序号	政策名称	发文单位	发布时间	备注
1	《关于印发中关村科技园区首台（套）重大技术装备试验、示范项目实施办法的通知》（京发改〔2010〕1634 号）	北京市发改委、科委、工促局、财政局、中关村管委会	2010 年 2 月	核心政策
2	《中关村国家自主创新示范区条例》（北京市人民代表大会常务委员会公告第 12 号）	北京市人大常委会	2010 年 12 月	
3	《北京市人民政府关于进一步促进科技成果转化和产业化的指导意见》（京政发〔2011〕12 号）	北京市政府	2011 年 3 月	
4	《关于支持中关村国家自主创新示范区新技术新产品推广应用的金融支持若干措施》（中科园发〔2011〕37 号）	中关村管委会	2011 年 10 月	
5	《中关村国家自主创新示范区新技术新产品（服务）认定管理办法》（创新平台发〔2012〕3 号）	中关村创新平台综合办公室	2012 年 2 月	
6	《中关村国家自主创新示范区新技术新产品（服务）应用推广专项资金管理办法》（中科园发〔2012〕38 号）	中关村管委会	2012 年 6 月	核心政策
7	《关于中关村国家自主创新示范区建设国家科技金融创新中心的意见》（京政发〔2012〕23 号）	国家发改委等 9 部委及北京市政府	2012 年 8 月	
8	《关于大力推进体制机制创新扎实做好科技金融服务文件的通知》（银管发〔2014〕57 号）	中国人民银行营业管理部与北京市科委、市知识产权局等部门	2014 年 1 月	
9	《北京技术创新行动计划（2014—2017 年）》（京政发〔2014〕11 号）	北京市人民政府	2014 年 4 月	
10	《关于在中关村国家自主创新示范区深入开展新技术新产品政府采购和推广应用工作的意见》（京政办发〔2014〕24 号）	北京市人民政府办公厅	2014 年 4 月	
11	《关于进一步创新体制机制加快全国科技创新中心建设的意见》（京发〔2014〕17 号）	北京市委、市政府	2014 年 9 月	
12	《北京市新技术新产品（服务）认定管理办法》（京科发〔2014〕622 号）	北京市科委、发改委、经信委等	2014 年 12 月	
13	《北京市财政局关于印发〈中关村国家自主创新示范区新技术新产品政府首购和订购实施细则〉的通知》（京财采购〔2015〕43 号）	北京市财政局	2015 年 1 月	
14	《关于开展首台（套）重大技术装备保险补偿机制试点工作的通知》（京财经一〔2015〕584 号）	北京市财政局、经信委、中国保监会北京市监管局	2015 年 3 月	

续表

序号	政策名称	发文单位	发布时间	备注
15	《关于大力推进大众创业万众创新的实施意见》（京政发〔2015〕49号）	北京市政府	2015年10月	
16	《中关村国家自主创新示范区产业发展资金管理办法》（中科园发〔2014〕56号）	中关村管委会	2014年11月	核心政策
17	《关于促进中关村智能机器人产业创新发展的若干措施》（中科园发〔2016〕10号）	中关村管委会	2016年8月	核心政策
18	《北京市进一步完善财政科研项目和经费管理的若干政策措施》（京办发〔2016〕36号）	北京市委、市政府	2016年9月	
19	《关于印发〈中关村国家自主创新示范区提升创新能力优化创新环境支持资金管理办法〉的通知》（中科园发〔2017〕11号）	中关村管委会	2017年4月	
20	《关于印发北京保险业贯彻落实〈中国保险业发展"十三五"规划纲要〉实施意见的通知》（京保监发〔2017〕63号）	中国保监会北京市监管局	2017年4月	

表6-10　北京市新技术新产品采购的风险补偿具体措施汇总

支持维度	支持措施	支持范围	支持方式	来源文号
风险补偿金	采取无偿资助方式	经北京市认定的首台（套）重大技术装备、试验示范项目	对经试验、示范项目应用成功并经认定的首台（套）重大技术装备产品，补助数额应不高于设备价格的10%。支持本市企业采购中关村智能机器人产品和服务，对首次采购并开展数字化车间和智能工厂建设改造的，按照产品和服务实际采购额20%的比例，给予最高不超过200万元的资金支持	京发改〔2010〕1634号
		未经中关村创新平台认定，但其自主研发的新技术新产品（服务）应用在国家、省级重大示范项目中的企业	对承担国家、省级政府立项的应用示范项目以及列为北京市重点应用示范项目的企业，根据其新技术新产品（服务）在项目中应用情况给予资助，资助金额一般不超过项目总投资额的30%且不超过500万元，对具有重大示范意义的项目可适当提高资助金额。支持相关单位采购中关村企业的新技术新产品，采购方为购买中关村企业的新技术新产品而发生的银行贷款……享受中关村管委会相应的贷款贴息支持。享受贴息的贷款金额不超过采购中关村企业新技术新产品金额的80%，年度贴息额不超过30万元，享受贴息的时限不超过两年	中科园发〔2016〕10号
加速折旧	允许加速折旧	经北京市认定的首台（套）重大技术装备、试验示范项目	税法规定加速折旧条件的，允许加速折旧	京发改〔2010〕1634号

续表

支持维度	支持措施	支持范围	支持方式	来源文号
保险补偿	采取保费补贴方式	经北京市认定的首台(套)重大技术装备、试验示范项目	(1)保险的险种分为八种:质量保证险、产品责任险、货运险、安装险、机器损坏险、知识产权抵押贷款险、专利执行险及财产一切险。 (2)保险费资助比例。其中,首台(套)重大技术装备质量保证保险、首台(套)重大技术装备产品责任保险的保险费资助比例为本险种保险费的90%;首台(套)重大技术装备机器损坏保险的保险费资助比例为本险种保险费的70%;首台(套)重大技术装备运输保险、首台(套)重大技术装备安装工程及第三者责任保险、首台(套)重大技术装备关键技术知识产权抵押贷款保证保险、首台(套)重大技术装备专利执行保险的保险费资助比例为本险种保险费的60%,对同一企业在同一年度的资助金额合计不超过100万元。 (3)保险的期限。企业投保的险种属于非一次性投保而需要按年续保的,次年办理续保时,将按照上年度保险费资助比例进行资助。最长资助年限为两年(第一年和第二年)	京发改〔2010〕1634号;中科园发〔2012〕38号
		(1)经中关村创新平台认定的新技术新产品(服务); (2)未经中关村创新平台认定,但其自主研发的新技术新产品(服务)应用在国家、省级重大示范项目中的企业	(1)保险的险种。包括质量保证保险、产品责任保险、专利执行保险。 (2)资助比例。中关村管委会对已投保前款所述3种保险险种的企业给予保险费资助,资助比例为所投险种保险费的80%,对同一企业在同一年度的资助金额合计不超过100万元。 (3)资助期限。企业投保前款所述3种保险险种可按年续保,在次年办理续保时,中关村管委会将按照上年度保险费资助比例进行资助。最长资助年限为两年(第一年和第二年)	中科园发〔2017〕11号

6.3.2 政策措施分析

通过对上述北京市政府采购新技术新产品(服务)相关政策及具体措施的梳理和分析可以看出,近年来北京市政府对政府采购新技术新产品(服务)给予了高度重视。北京市新技术新产品(服务)政府采购风险补偿政策的特点主要有以下几方面。

(1)政府采购新技术新产品(服务)政策体系较为全面。为开展新技术新产品(服务)政府采购和推广应用,自2009年开始,北京市一级政府先后颁布多项政策,明确了支持范围、支持对象和支持方式,并针对新技术新产品(服务)首购、订购和首台(套)重大技术装备保险补偿机制分别颁布了实施办法和细则。

(2)现有政策主要聚焦在首台(套)重大技术装备、示范项目,针对北京市新技术新产品（服务）采购风险补偿对象范围有待进一步扩大。相较于其他省（自治区、直辖市），北京市针对重大技术装备的应用项目制定了明确的风险补偿政策措施，其他省（自治区、直辖市）则没有。

（3）现有的政策主要聚焦在中关村科技园区，针对北京市新技术新产品（服务）采购的风险补偿政策的辖区范围有待进一步扩大及完善。

（4）完善风险补偿的实施细则。例如，当风险补偿三种措施的累计补偿额度不足以弥补采购方实际的损失，与投入有较大差距时，缺乏进一步跟进的补偿措施和办法；风险补偿金的使用方式等细则。

（5）风险补偿适用的战略领域要动态变化，现有政策的制定依据基本上是2010年的政策文件《关于印发中关村科技园区首台（套）重大技术装备试验、示范项目实施办法的通知》（京发改〔2010〕1634号）。随着时代与经济的发展，北京市政府的发展战略与重点均发生了很大的变化，重点支持的产业、疏解首都城市功能的需要等均要求各项政策的制定需随之变化。

（6）企业对加速折旧政策没有动力，因为它们主要是国有企业，不缺使用资金，真要切实执行该项政策，需要采购部门与财政税务部门的对接等。

6.4　新技术新产品（服务）采购风险补偿政策实施存在的问题及改进建议

6.4.1　新技术新产品（服务）采购风险补偿政策实施存在的主要问题

1. 新技术新产品（服务）风险补偿停滞不前

1）风险补偿金措施

近年来，北京市新技术新产品（服务）采购风险补偿金措施处于停滞状态，主要有三个方面的原因：第一，由于财政资金有限，在首台（套）重大技术装备及新技术新产品（服务）大量涌现的情况下，财政资金没有办法完全支持，只能压低补偿金的比例，从而降低了风险补偿金的吸引力；第二，风险补偿金的受惠对象是使用财政资金的大单位，其基本不存在自身受资金限制的情况，风险补偿金在此方面就没有产生较大的作用力；第三，即使拿到这笔风险补偿金，采购单位还要考虑如何按照正常的财政资金的管理办法使用出去，也给本单位增加了工作任务，这就产生了相反的作用力。

中关村政府采购促进中心当年实际的补贴支出总额受当年下拨的财政专项资金的额度限制，是不能超过当年下拨的财政专项资金的，补贴资金发放到采购方。

2009 年，中关村政府采购促进中心采取的是资金补贴的方式，补贴给首台（套）重大技术装备的采购方，当时定的标准是不高于合同额 10% 的补贴（适用的企业是中关村国家自主创新示范区"十百千工程"首批企业名单），实际执行是对中关村重点支持的企业补贴 5%，对剩余其他的企业补贴 3%。作为地方政策，支持的力度应该要比国家层面大，才有较大的吸引力，而实际的情况是支持力度不够，因而影响了风险补偿金的政策实施效果。

2）加速折旧措施

加速折旧措施也处于停滞不前的状况，其原因是：一方面，与风险补偿金的情况类似，采购方不缺资金，所以其所得税的缴纳多少，没有直接的激励作用；另一方面，出于快速淘汰旧设备、更新设备的角度，即使有单位想使用此项政策，但是加速折旧相关的财务管理细则没有具体规定出来，也没有具体操作尺度，所以此项措施停滞不前。

3）保费补贴措施

新技术新产品（服务）采购风险补偿仅靠风险补偿金或供应方完全负责，有时可能无法弥补采购方的损失，需要保险机制的介入，分担供应方应该承担采购方的损失风险。笔者经过实地调研走访获知，供应方大多不愿意购买保险，总结有以下几点原因。

（1）企业对自己的产品有信心。第一，企业生产的新技术新产品（服务）经过了管理部门的认定，同时在上市之前，已经做过大量的实验室的阶段测试和市场验证，它们对产品质量及性能等有非常强的信心，认为自己的产品绝对不会出现问题；很多新技术新产品（服务）在得到认定之前已经接受过市场的检验，因为在认定条件中有个要求，就是需要采购方的意向合同或正式合同。第二，企业对可能发生的风险可以控制，也能够完全承担得起。

（2）企业的风险意识比较差。企业的产品没有出过大的问题，就是没有出现过如国外企业遇到小的质量问题而遭遇天价索赔的情况。与此相反，国内企业在国外进行产品销售之前，往往会购买保险，一方面是国外有强制的要求，另一方面是很多国内企业在国外在这方面吃过亏的教训后，形成了保险意识。

（3）企业认为购买保险的手续烦琐，有些不利于技术保密需要。企业购买保险一般需要向保险公司申报，保险公司再派人调查、评估、测算等。一方面，需要企业提交相关技术资料，企业对产品的技术资料在保险公司的保密保护情况没法控制；另一方面，这个保险购买过程需要专门的人员参与，同时整个处理过程不是一蹴而就，而是需要一个阶段，包含着若干环节，企业觉得自己没有必要耗费这样的时间和精力。

（4）采购方认为自己没有风险。双方一般都会在采购合同中约定，因为供应方的产品出现的所有问题（格式合同规定内容和例外内容），乙方（供应方）承诺承担所有责权利，包括维修、损失赔偿等，所以甲方（采购方）没有在合同中强制要求供应方为产品购买保险。

（5）企业购买保险占用流动资金的问题。企业认为，一旦购买了保险，从购买保险到获得保费补贴要等待一段时间，而且时间还不能够准确把握，可能是 1 个月、几个月或超过 1 年，购买保险使用的是流动资金，对于企业而言，占用流动资金是制约性比较大的事情，企业不愿意冒这个风险。面对这种情况，保险公司一般也有灵活的处理方法，在企业愿意购买保险的情况下，可以不需要企业垫付保险费用，先出保单，在保险公司年度核算之前还清就可以；甚至可以是在管理委员会给出补贴后，再进行支付企业应付的保费。但就是这样，企业还是认为这是负担，不愿意购买保险。

（6）企业认为，负担 20%保费仍然过高。企业认为，在购买保险过程中，需要耗费一定的人力物力，这也是成本的支出，从增强风险意识、推广企业购买保险的角度来看，应该 100%予以补贴。

2. 新技术新产品（服务）采购的意愿不强

从目前政策实施的情况看，采购单位对新技术新产品（服务）政府采购的意愿不强。主要有以下几方面的原因。

（1）不想因使用新技术新产品（服务）而冒风险。因为新技术新产品（服务）在一定程度上相当于非成熟产品，如果进行政府采购，可能要承担一定的风险，这与采购单位的意愿相违背，因此它们往往为了求稳，会倾向于采购较为成熟的、之前已被多次采购过的产品。

（2）因为用户习惯的问题，采购单位对目前使用产品形成依赖，即使与新产品之间的性能差别较小，采购单位也不想尝试新技术新产品（服务）。

（3）由于新技术新产品（服务）还没有进行深入的市场化生产或运作，其成本较成熟产品没有优势甚至更高。

（4）因为政策宣传力度不够，采购人没有形成通过政府采购新技术新产品（服务）促进科技创新的责任意识，导致采购意愿不强。

3. 新技术新产品（服务）采购风险补偿配套政策不健全

北京市的新技术新产品（服务）采购风险补偿政策比较完整，但是仍缺乏明确的操作细则指导，主要体现在以下四个方面。

（1）制定了加速折旧的风险补偿政策，但是没有具体的指导细则及明确的政策执行依据。比如，是否参照国家税务总局发布的《关于固定资产加速折旧税收政策有关问题的公告》（国家税务总局公告 2014 年第 64 号）执行；没有制定相应的折旧年限、折旧比例、折旧方法等的细则。

（2）风险补偿机制在激励采购方时，需要在采购方使用财政性资金的前提下去了解采购方的实际情况：①采购方不缺资金，风险补偿金的政策效应不会显著；②采购方不缺资金，一旦采购的产品出现问题，其不会在意维修或更新的成本，所以保险补贴的政策效应也不显著；③采购方在获得非预算内的资金时（风险补偿金或保险金），需要执行财政资金的政策，增加它们的工作任务；④采购方在执行政府采购时，要接受各种绩效考核，基于此，采购方往往选择成熟、运行稳定的设备，而不用面对风险。

（3）目前没有专门的机构负责政府采购新技术新产品（服务）的风险补偿管理事宜，北京市新技术新产品（服务）认定工作组只是进行新技术新产品（服务）的认定管理工作。多部门协同往往意味着要多方协调、统一意见，工作效率肯定没有单一的部门运转得快，而且存在机制运转不畅的情况。

（4）现行保险补偿流程是企业先行垫付保费，再申请政府补贴，在一定程度上占用了企业的流动资金。

4. 政策执行的奖惩措施不健全

目前为止，只有执行采购风险的保险补偿机制受到激励和支持，不执行采购风险的保险补偿机制而受到处罚的例子没有出现过。实际情况是，虽然制定了一系列配套政策，但是采购方在执行这项政策来采购新技术新产品（服务）时可能会面临风险问题，而采购保守稳妥的产品可能没有任何风险问题，那么采购方就可能不执行既定的政策。目前的执行效果不理想，出现政府采购新技术新产品（服务）政策实施不畅的情况，也与政府采购风险补偿机制执行效果评价方面制度建设不完善有关。

最初的风险补偿机制是从风险补偿金开始的，用于补偿采购方采购没有经过大量市场检验的新技术新产品（服务）而可能发生不可预测的风险情况，用以激励采购方的采购行为，但是这个措施的制定没有考虑采购方的实际需求和顾虑。采购方受财政资金的制约，对预算外资金的刺激不敏感，资金比正常的多了反而要增加其工作任务，需要想办法按财政资金的管理办法使用完毕。采购方的实际需求应该是在出现风险的时候，在合理正常采购新技术新产品（服务）的情况下，至少免责；在使用新技术新产品（服务）的工作或项目出现大众受益、效益明显的情况时，对机构或负责人的绩效考核起到明确的加分作用，这才是采购方真正的需求。

5. 保险公司承保积极性较低

保险行业一般很重视大数定律，需要有足够数量的样本来算出风险概率，进而设置比较合理的保险费率以控制自己的利润。但是，每年投保的新技术新产品

（服务）与首台（套）重大技术装备的数量很少，造成保险公司不能准确测算风险。此外，新技术新产品（服务）及首台（套）重大技术装备涉及的行业和领域范围较广，保险公司需要考虑不同行业的特殊性，导致进行风险概率测算较为困难。

6.4.2 新技术新产品（服务）采购风险补偿政策改进建议

基于上述对北京市新技术新产品（服务）采购风险补偿政策措施及存在问题的分析，笔者从新技术新产品（服务）、采购实施方、政府主管部门、保险机构、进口产品审查论证与管理等五个方面提出了具体的政策改进建议。

1. 加强新技术新产品（服务）采购风险补偿政策的宣传推广

1）主管部门主导的宣传推广

总体来说，很多政策在制定时，出发点和方向都是非常好的，但是在具体实施时，往往会遇到各种问题，其中一个很重要的问题是，政策惠及的主体对政策本身了解得不多或不深入，造成一种政策执行机构热情似火、政策惠及的对象则一片茫然的现象，其中的关键就在于政策的宣传力度不够。所以利用一切有利条件，加强政策宣讲是一个很重要的环节，具体措施可归纳为以下四个方面。

一是加强对各级政府机关、事业单位和社会团体等机构的宣传教育，围绕着新技术新产品（服务）采购的风险补偿政策重要意义和应承担的责任义务进行培训，增强它们的责任感和使命感（刘才丰和李铁男，2005）。

二是对专家评委进行培训，促进专家在评审过程中严格遵守评审指南和准则（刘才丰和李铁男，2005）关于首台（套）重大技术装备、新技术新产品（服务）认证的产品采购的有关规定，使相关政策规定真正落实到位。

三是对所有的供应商开展公益性的展览和宣传活动，推动新产品新技术的推广应用，更好地激励企业改进技术，提高新产品和新技术的科技含量（刘才丰和李铁男，2005），促进装备制造业的创新发展。

四是通过相关媒体机构，宣传新技术新产品（服务）采购风险补偿政策的重要性和意义，同时让政府采购更进一步地推动新产品和新技术的市场化（刘才丰和李铁男，2005），推动企业科技创新加速前进。

2）引入中介机构

针对投保企业、主管部门、采购单位对保险行业的规则及情况缺乏了解以及保险公司对相关政策、产品缺乏了解等问题，建议引入保险经纪公司、行业协会等第三方机构作为中介机构，加强相关各方之间的沟通与认识，以保障风险补偿政策的顺利实施。

事实上，国内有很多中介机构，有些甚至以一些行业协会的性质存在，它们一方面了解相关行业的政策、相关政府部门的运行机制,另一方面又与企业有着紧密的联系,它们对相关行业的政策推动作用是不容小觑的。

2. 完善风险补偿政策的实施细则

1)完善加速折旧实施细则

《关于印发中关村科技园区首台(套)重大技术装备试验、示范项目实施办法的通知》(京发改〔2010〕1634 号)等文件指出,"项目单位采购的首台(套)自主创新重大技术装备,符合税法规定加速折旧条件的,允许加速折旧",但是《中关村国家自主创新示范区新技术新产品(服务)应用推广专项资金管理办法》(中科园发〔2012〕38 号)对新技术新产品(服务)采购的风险补偿政策没有对应的明确规定。即使《关于印发中关村科技园区首台(套)重大技术装备试验、示范项目实施办法的通知》(京发改〔2010〕1634 号)明确了加速折旧的政策,该文件或其他文件也没有具体的指导细则及明确的政策执行依据,导致采购方无从下手。因此,应参照国家税务总局《关于固定资产加速折旧税收政策有关问题的公告》(国家税务总局公告 2014 年第 64 号)执行,并制定相应的折旧年限、折旧比例、折旧方法等细则。

2)完善风险补偿资金使用细则

由于采购方一般是由财政资金供养的各级国家机关、事业单位和团体组织,采购方在获得风险补偿金的情况下,需要考虑按照一定的管理办法充分而方便地使用这笔资金,如果没有明确风险补偿金使用办法的规定,对于采购方而言,会产生如下三个方面的问题。

一是对于采购方而言,风险补偿金不属于本单位的财务预算内的财政资金,所以不属于财政资金的绩效,管理考核上不太好说明。

二是财政要求资金的流向只能是示范区之内,用于支持示范区的企业和各个分园区的发展,但是出现了购买首台(套)重大技术装备的企业是大央企、大国企等非示范区的企业,所以在审计上出现问题,资金流向不符合规定。

三是如果补给央企、国企,就有非正常的财政转移支付的嫌疑。转移支付是政府间利益关系的再调整,若跳出严格、明确的法律制度约束,在转移支付过程中往往会存在暗箱操作、人为干扰、不公平、不公正等问题。

3)完善保费补贴实施细则

一是要调整享受保费补贴的台套(批)次的限制。政策要求参与评审的企业所申报的首台(套)重大技术装备示范项目必须已经签订或意向性签订了项目/产品采购合同,同时又明确只能给获评首台(套)重大技术装备的特定项目/产品提供投保的保费补贴。往往在项目/产品已经签订采购合同的情况下,意味着相应的项目/产品已经成功卖给了使用单位,在使用单位不可能再提出采购顾虑或保险要求的情况下，申报企业主动负担一定保费为项目/产品进行投保的积极性和可能性无疑是很低的。笔者建议：获评首台（套）示范项目的企业为后期尚未销售的同款设备[不限于是第一台（套）或第一批次]或一年内销售或可能销售的所有首台（套）设备[可以限定前三台（套）或前三批次]进行投保并可以享受补贴。

二是要延长补偿期限。一些大型首台（套）或者新技术新产品（服务）项目合同履行的质保期往往不止两年（三年居多），而且企业对前两年的产品质量比较有信心，购买保险意愿不强，反而更担心产品投入使用后第三年往后的质量问题，现有政策政府给予的保费补贴时限为两年，不能满足技术创新企业的需求，无法起到促进技术产品更进一步的市场推广作用。笔者建议：将补偿的期限设置到该首台（套）设备合同履行质保期结束，最长不超过三年，可以设置总补贴金额上限，以控制财政预算支出。

三是要加大保费补贴力度。中关村技术创新企业多为民营中小企业，这类企业处于创业发展初期，资金实力不足，虽然政策已经给予了80%的保费补贴，但是对于自负的20%部分，企业依然不愿负担，因此有保险需求和意向的部分企业最终也由于成本的因素而放弃购买保险。现行的保费补贴政策对全部的申请企业一视同仁，不论企业是否属于国家政策侧重发展的行业领域，也不论风险级别的重要性，均采用"一刀切"的比例方式。笔者建议：可以根据国家重点发展的领域行业，成长性好但处于发展初期的企业，高危、风险重大事故的多发的行业等进行分类，将补贴的比例差异化，重点扶持的企业将补贴比例适当提高至90%，甚至100%。

3. 创新保费缴纳办法

笔者在调研中得到企业的反馈是，现行保险补偿流程是企业先行垫付保费，再申请政府补贴，这在一定程度上占用了企业的流动资金，流动资金是企业，尤其是中小企业的生命线。对于一个支持促进新技术新产品（服务）创新的发展政策，我们应该从实际角度创新设计保费的缴纳办法。

深圳市政府采购中心在政府采购活动中关于开展政府采购订单融资改革试点工作的经验值得借鉴。该项政策一方面有效解决了企业流动资金短缺的问题，是一个一举多赢（供应方、银行、采购方、采购中心共赢）的举措，另一方面提高了金融机构的信用等级，对提升金融机构吸收财政存款发挥了很大的促进作用。

深圳市的经验值得借鉴，北京市可以在此方面进行创新设计，有效解决企业尤其是中小企业缺少流动资金的问题。一方面，可以直接引入订单融资的政策，解决企业流动资金短缺的问题（虽然这不是本书的研究范围）；另一方面，借鉴订单融资方法，修订管理办法，具体操作流程设计如下。

（1）允许参与采购的首台（套）重大技术装备或新技术新产品（服务），在签订采购订单之后（或约定一定期限）、采购方交付的合同资金到账之前购买保险，并且规定保费的支付方式等完整的管理办法。

（2）各主管部门与银行（暂设计为银行，可以为其他金融机构）协商、约定特定的信用资金，供应方可以在银行处，以采购订单抵押融资的形式获得与保费等额的信用资金（只能对保险公司定向转账，不能作其他方式使用），银行获取公益性的利率或无息。

（3）供应方用信用资金支付保费。

（4）供应方在采购活动完成之后（或约定期限），持有财政补贴的保费信用资金（只能对保险公司定向转账，不能作其他方式使用）及供应方应付的保费（扣除财政补贴的保费）。

这样可以使得保费资金只是在银行、保险公司（可不涉及采购方）之间流动。

4. 特殊领域实行强制投保

《国家安全监管总局关于在高危行业推进安全生产责任保险的指导意见》（安监总政法〔2009〕137号）提出，"积极争取通过立法的形式，强制推行""原则上要求煤矿、非煤矿山、危险化学品、烟花爆竹、公共聚集场所等高危及重点行业推进安全生产责任保险"。《中共中央 国务院关于推进安全生产领域改革发展的意见》提出："建立健全安全生产责任保险制度，在矿山、危险化学品、烟花爆竹、交通运输、建筑施工、民用爆炸物品、金属冶炼、渔业生产等高危行业领域强制实施，切实发挥保险机构参与风险评估管控和事故预防功能。"

为了更有效地解决风险补偿政策覆盖面较窄、供应商投保积极性不高等问题，政策主管部门可以向国务院、中国保险监督管理委员会或北京市相关主管部门申请，在北京市范围内的一些特殊行业或领域，如《中共中央 国务院关于推进安全生产领域改革发展的意见》中提及的高危领域，针对新技术新产品（服务）[含首台(套)重大技术装备]试点设置强制险种，规定当采购单位采购新技术新产品（服务）[含首台（套）重大技术装备]时，须由供应商对所供应产品或服务进行强制投保，并由政府进行一定比例甚至全额的保险补偿。考虑到各险种类型的重要程度及供应商的成本压力，建议仅对质量保证险（事关产品能否正常运行）、产品责任险（事关使用产品是否会造成财产损失或人身伤害）这两个采购方最为关切的险种设置强制险。通过设置强制险并进行保险补偿，不仅可进一步扩大"首购首用"风险补偿政策的受惠面，而且在一定程度上可降低使用产品的风险，并提升采购单位购买新技术新产品（服务）[含首台（套）重大技术装备]的意愿。

5. 优化保险机制

在优化保险机制方面，需要重点做好两方面的工作。

一是鼓励承保的保险公司不断加强市场调研，了解市场发展趋势，为创新保险产品制定合理的保险期限和保险费率，同时为满足不同企业个性化的需求，针对不同类型的首台（套）重大技术装备或新技术新产品（服务）设计多元化、差异化的保险方案（刘乐平，2015）。

二是敦促承保的保险公司适当降低保险费率，简化理赔流程，提高保险补偿的及时性。

6. 建立采购方风险免责与奖惩结合的考核机制

针对目前采购人对新技术新产品（服务）采购意愿不够强烈的情况，尝试建立针对采购人的风险免责与考核机制。

一是对采购了新技术新产品（服务）的单位，其若由于所采购新技术新产品（服务）安装、使用等出现问题影响正常的政府工作，可根据实际情况给予单位领导、具体采购人员一定程度的责任豁免，从轻甚至不追究责任。

二是由主管部门对采购单位就是否采购新技术新产品（服务）进行定期考核，对考核结果较好的单位给予表彰；在上级部门对采购单位进行年度考核或政绩考核时，可以将是否采用新技术新产品（服务）作为一项考核评估内容，若被评估单位采购了新技术新产品（服务），则可在政绩考核评估中进行适当加分。

三是对适合政策规定，应执行新技术新产品（服务）采购政策而没有执行的采购单位，应该制定相应的处罚措施，这样才能更好地策应新技术新产品（服务）的政府采购政策。财政部关于《自主创新产品政府首购和订购管理办法》的第二十三条规定："采购人不执行政府首购、订购政策的，责令限期改正，并给予警告。财政部门视情况可以拒付采购资金。对直接负责的主管人员和其他直接责任人员，由其行政主管部门或者有关机关给予处分，并予通报。"（中关村创新平台综合办公室，2012）

笔者建议，主管部门在对政府采购中心、政府采购单位进行考核评估时，应该将新技术新产品（服务）采购工作作为一个专项进行考核，分为新技术新产品（服务）[包含首台（套）重大技术装备]采购、政府采购进口产品管理、促进节能环保产业发展、新技术新产品（服务）[包含首台（套）重大技术装备]采购的风险补偿等四部分建立评估体系，制定全过程评估机制，包括动态评估、终止机制等内容。

7. 并行实施研发补贴与保费补贴措施

1）按比例及限额实施研发补贴

一是实施研发补贴措施。对创新性企业给予确定的实惠，从而促进北京市（含中关村）企业技术创新的发展，是新技术新产品（服务）[含首台（套）重大技术装备]政策的最初立足点。在保险市场不是很活跃的情况下,对无风险或风险比较小的新技术新产品(服务)[含首台(套)重大技术装备],以及现有新技术新产品(服务)[含首台(套)重大技术装备]给予保费补贴的措施实际上起不到作用效果。一方面,该措施增加企业成本,占用流动资金;另一方面,企业在购买保险时,由于手续烦琐和担心技术秘密外泄,最终放弃购买保险。从激励和推动企业技术创新的角度,笔者建议,对政府采购通过认定的新技术新产品(服务)[含首台(套)重大技术装备]予以一定的研发补贴,这样程序更加简单,作用力更加直接。

二是研发补贴措施的计算基数及限定。对经过认定的新技术新产品(服务)[含首台(套)重大技术装备]在被纳入政府采购后,给予研发补贴,如果此措施得以确定,则需要考虑此措施的适应性条件。补贴标准计算基数是按照采购额计算,还是按照研发成本计算,需要进行比较分析。采购额在采购合同中有明确标准,比较好参照。对于研发成本的计算,如果依赖企业提供的成本数据,则可靠性不高;如果需要在企业提出资料、数据的条件下进行评审核对,则执行起来又比较麻烦。因此,对于补贴标准计算基数,采用采购额计算是比较合适的做法。

三是在确定补贴标准计算基数的基础上,需要确定一定比例和额度限制,这样才能使得总体补贴额度不超过年度的财政资金预算。原则上,在财政资金预算的限制条件下,采用制定一定的最高补贴比例和最大补贴额度,可以消除"若合同额度大,按照比例计算,获得补贴额度也会较大"的情况。

2)定额补贴的研发补贴

可以在新技术新产品(服务)[含首台(套)重大技术装备]认定时,由专家对新技术新产品(服务)[含首台(套)重大技术装备]按照一定的评审标准或条件进行产品创新等级的划分。一旦经认定的新技术新产品(服务)[含首台(套)重大技术装备]被纳入政府采购,就要按照等级给予供应方相应的财政补贴。新技术新产品(服务)[含首台(套)重大技术装备]创新等级的区分条件可以包括以下五个方面:设备的先进性、创新的难度、替代进口、市场前景、产业规模。

3)继续实施保费补贴措施

从国内外企业产品对抗不确定性风险的有效途径来看,保险仍然是最好的选择,虽然存在购买保险时手续较为烦琐等问题,保险仍然是一个目前不可或缺的保障途径,可以在简化手续方面进一步完善。因此,笔者建议继续保留保费补贴措施,同时更改细则为不论是否进入政府采购,购买保险也同样给予保费补贴。

8. 有效运用财政专项资金

1)建立风险补偿性质的投资基金

北京市(含中关村国家自主创新示范区)每年均会对新技术新产品(服务)[含

首台（套）重大技术装备]采购进行风险补偿资金的财政预算计划的制定。同时，自目前新技术新产品（服务）及首台（套）重大技术装备的风险补偿政策实施以来，申请获得财政资金补贴的项目很少或几乎没有，而造成财政资金的闲置。因此笔者建议，充分利用每年财政预算中未使用的风险补偿资金，建立新技术新产品（服务）[含首台（套）重大技术装备]采购的风险补偿的投资基金来化解和分担企业的新技术新产品（服务）[含首台（套）重大技术装备]的创新性风险。

新技术新产品（服务）[含首台（套）重大技术装备]的生产企业属于存在一定风险的科技创新企业，由于有意向合同或正式合同做基础，其风险程度要远小于高风险的高科技创新企业。投资基金在一定支持年度内，若出现事故赔偿，予以抵扣；若无事故赔偿，则按企业盈亏核算退出份额，这样同时也解决了部分企业流动性资金不足的问题。

2）帮助企业解决生产资金融资问题

企业在获得首台（套）重大技术装备认定并拿到订单后，需要开展生产，这往往缺乏流动资金的支持。国家和北京市现有的各种扶持政策，如支持中小企业、高科技企业等都有一些政策提供一定融资的帮助，也有相关的实施执行部门。目前，现有的政策支持力度不足以解决企业的生产资金短缺问题。在此情况下，中关村管委会可以利用风险补偿的预算资金，对获得首台（套）重大技术装备认定的企业予以资金融资需求方面的帮助。

参 考 文 献

艾冰. 2012a. 日韩政府采购促进自主创新特色研究. 湖南科技大学学报(社会科学版), (1):
　　94-98.

艾冰. 2012b. 欧美国家政府采购促进自主创新的经验与启示. 宏观经济研究, (1): 13-20.

艾冰, 陈晓红. 2008. 政府采购与自主创新的关系. 管理世界, (3): 169-170.

北京市科学技术委员会, 北京市发展和改革委员会, 北京市经济和信息化委员会, 等. 2014. 关
　　于印发《北京市新技术新产品(服务)认定管理办法》的通知. 京科发〔2014〕622 号,
　　2014-12-23.

北京市人民政府. 2011. 北京市人民政府关于进一步促进科技成果转化和产业化的指导意见.
　　京政发〔2011〕12 号, 2011-03-15.

北京市人民政府办公厅. 2014. 印发《关于在中关村国家自主创新示范区深入开展新技术新产品
　　政府采购和推广应用工作的意见》的通知. 京政办发〔2014〕24 号, 2014-04-18.

本刊采编部. 2013. 加大节能专项预算 完善能效标准 开创节能采购新局面: 访江苏省省级行
　　政机关政府采购中心. 中国政府采购, (3): 22-24.

才凤敏. 2010. 引导低碳消费的政策分析及工具选择. 南京工业大学学报(社会科学版), (1):
　　15-18.

财政部. 2007. 关于印发《自主创新产品政府首购和订购管理办法》的通知. 财库〔2007〕120
　　号, 2007-12-27.

财政部. 2015a. "节能产品政府采购清单"(第十八期)公示通知. http://www.ccgp.gov.cn/gzdt/
　　201506/t20150626_5474188.htm[2018-08-30].

财政部. 2015b. 环境保护部关于调整公布第十六期环境标志产品政府采购清单的通知.
　　http://www.ccgp.gov.cn/zcfg/mof/201508/t20150803_5649191.htm[2018-08-30].

财政部. 2019a. 2018 年全国政府采购简要情况. http://www.gov.cn/xinwen/2019-09/06/content_
　　5427829.htm[2019-09-06].

财政部. 2019b. 财政部公布 2018 年全国政府采购数据 采购规模达 35861.4 亿元 较上年增长 11.7%.
　　http://www.ccgp.gov.cn/specialtopic/cj2020/cgdsj/202001/t20200107_13716973.htm[2019-09-04].

财政部, 工业和信息化部. 2011. 关于印发《政府采购促进中小企业发展暂行办法》的通知. 财
　　库〔2011〕181 号, 2011-12-29.

财政部, 工业和信息化部, 中国保险监督管理委员会. 2015. 关于开展首台(套)重大技术装备保
　　险补偿机制试点工作的通知. 财建〔2015〕19 号, 2015-02-02.

财政部国库司. 2015a. 2014 年全国政府采购简要情况. http://www.mof.gov.cn/gp/xxgkml/gks/
　　201507/t20150730_2511334.htm[2018-12-05].

财政部国库司. 2015b. 《中华人民共和国政府采购法实施条例》释义. 北京: 中国财政经济出版社.

蔡王俊. 2016. 我国招投标法律制度研究. 沈阳工业大学硕士学位论文.

曹富国. 2012. 谈政府采购促进中小企业发展法律政策的实施问题. 中国政府采购, (5): 72-77.

常超, 王铁山, 王昭. 2008. 政府采购促进企业自主创新的经验借鉴. 经济纵横, (8): 100-103.

陈昂. 2009. 常熟政府首购1万台龙芯计算机. http://finance.sina.com.cn/roll/20090506/09096187930. shtml[2019-09-04].

陈昶彧. 2013. 规模增长 功能完善 机制规范: 财政部发布2012年全国政府采购信息统计分析报告. 中国政府采购, (8): 38-39.

陈嘉敏. 2014. 扶持中小企业的政府采购政策的现状与完善: 以广东省为例. 现代经济信息, (13): 45-46.

程红琳. 2013. 广东: 公开招标规模占比首次超九成. http://finance.sina.com.cn/leadership/mroll/20130808/220216390623. shtml?from=wap[2019-09-04].

程亚萍, 胡伟. 2005. 完善我国政府采购法之探讨. 行政与法(吉林省行政学院学报), (8): 71-74.

程永明. 2013. 日本的绿色采购及其对中国的启示. 日本问题研究, (2): 45-50.

杜明军. 2009. 使用国产首台(套)装备风险补偿机制探讨. 产业与科技论坛, 8(2): 147-149.

方彬楠, 江林湘, 王鲁. 2012-08-27. 海淀打造国家低碳经济示范基地. 北京商报, 第C1版.

冯君. 2012. 将注册资本金作为评分因素是否合理? 中国招标, (34): 47-48.

冯君. 2019. 一表看懂全国政府采购4年规模成绩单. 中国招标, (37): 9-10.

高家明, 熊微观. 2015. 保险助力首台(套)重大技术装备推广应用. 装备制造, (10): 42-45.

公宁. 2014. 完善自主创新产品政府采购政策研究: 以广东省为例. 华南理工大学硕士学位论文.

《公共财政与中小企业》编委会. 2005. 公共财政与中小企业. 北京: 经济科学出版社.

龚云峰. 2010. 江苏政府首购"龙芯"电脑. 经济, (1): 134.

贡凌飞. 2013. 论加强政府采购预算制度抑制腐败. 经济研究导刊, (12): 15-16.

广东省财政厅, 广东省科学技术厅. 2015. 广东省财政厅 广东省科学技术厅关于创新产品与服务远期约定政府购买的试行办法. 广东省人民政府公报, (17): 26-28.

郭爱芳, 周建中. 2003. 美国政府采购支持技术创新的做法及其借鉴意义. 科学学与科学技术管理, 1: 49-51.

郭宝, 卓翔芝, 宫兵. 2014. 政府采购扶持企业创新的机理研究. 淮北师范大学学报(哲学社会科学版), (3): 66-70.

郭成龙, 萨楚拉. 2015. 政府如何通过公共采购支持创新: 来自11个国家的证据比较. http://intl. ce.cn/specials/zxgjzh/201511/05/t20151105_6916087.shtml[2015-11-05].

郭雯, 程郁, 任中保. 2011. 国外政府采购激励创新的政策研究及启示. 中国科技论坛, (9), 146-151.

国家发展改革委, 科学技术部, 财政部, 等. 2008. 首台(套)重大技术装备试验、示范项目管理办法. 发改工业〔2008〕224号, 2008-01-22.

国家统计局. 2017. 关于印发《统计上大中小微型企业划分办法(2017)》的通知. 国统字〔2017〕213号, 2017-12-28.

国务院办公厅. 2014. 国务院办公厅关于加快新能源汽车推广应用的指导意见. 辽宁省人民政府公报, (16): 17-22.

何雨欣. 2005. 我国拥有自主知识产权品牌的出口产品不到 10%. http://www.gov.cn/jrzg/2005-11/06/content_92221.htm[2018-10-30].

何悦, 苏瑞波. 2017. 英国"远期约定采购"的做法及其对广东的启示. 广东科技, (8): 57-60.

侯梦军. 2011. 发挥政府采购政策功能 促进经济社会健康发展. 西部财会, (1): 70-73.

胡丽君. 2020. 绿色政府采购的国际经验及对我国的启示. 行政事业资产与财务, (2): 1-2, 5.

胡卫. 2004. 作为创新政策工具的公共技术采购. 科学学研究, 22(1): 43-46.

黄河. 2006. 西方政府采购政策的功能定位及其启示. 南京师大学报(社会科学版), (6): 63-67.

黄河. 2007. 美国政府采购中的中小企业政策及其启示. 当代经济管理, (6): 19-22.

霍强. 2014-08-16. 意大利发展中小企业的经验及启示. 中国工商报, 第 3 版.

贾璐. 2014-08-06. 采购数据"说"出了什么. 中国财经报, 第 4 版.

江苏省财政厅, 江苏省科技厅. 2007. 江苏省财政厅 江苏省科技厅关于印发《江苏省自主创新产品政府采购实施意见》的通知. http://www.bidcenter.com.cn/Statute-15209-1.html[2007-03-30].

江苏省财政厅, 江苏省科技厅. 2010. 江苏省自主创新产品政府首购和订购实施办法(试行). 苏财规〔2010〕29 号, 2010-09-30.

江苏省财政厅政府采购管理处. 2015. 江苏 2014 年全省政采数据大看点. http://www.caigou2003.com/shouye/shouyeyaowen/2015-04-09/141478. html[2015-04-09].

江苏省科技厅, 江苏省财政厅. 2006. 关于印发《江苏省自主创新产品认定管理办法(试行)》的通知. 苏科高〔2006〕407 号, 2006-10-17.

江苏省政府办公室. 2006. 省政府关于鼓励和促进科技创新创业若干政策的通知. 江苏科技信息, (11): 46-50.

江苏省中小企业参与政府采购情况课题组. 2010. 江苏省中小企业参与政府采购情况调研报告. 中国政府采购, (2): 38-41.

姜爱华, 王斐. 2011. 典型国家和地区利用政府采购政策促进科技创新的实践及经验. 中国政府采购, (6): 52-55.

姜晖. 2003. WTO《政府采购协议》与我国《政府采购法》比较研究. 当代法学, (7): 138-141.

康前. 2019. 我国合宪性审查程序研究. 郑州大学硕士学位论文.

柯坚. 2006. 我国绿色政府采购法的立法构想. 四川师范大学学报(社会科学版), (3): 65-70.

科学技术部, 国家发展改革和委员会, 财政部. 2006. 关于印发《国家自主创新产品认定管理办法(试行)》. 国科发计字〔2006〕539 号, 2006-12-26.

乐佳超. 2019-09-06. 政采增速放缓彰显政府过起紧日子. 中国政府采购报, 第 1 版.

黎娴. 2015-08-03. 优化法制环境 促进充分竞争. 政府采购信息报, 第 24 版.

李建军, 朱春奎. 2015. 促进自主创新的政府采购政策. 中国科技论坛, (2): 15-19.

李奎, 张宏丽, 廖晓东. 2015. GPA 规则下中国政府采购制度如何支持企业创新. 财会研究, (7): 69-71.

李涛, 凌维. 2013. 发布表彰国产"首台套"大力推进自主创新. 装备制造, (6): 34-35.

梁玉萍, 宇宪法, 张爱权. 2006. 在借鉴国际经验中完善政府采购制度. 理论探索, (2): 130-132.

廖晓东. 2015. 完善财政政策与支持机制加快实施创新驱动发展战略: 基于广东改革创新实践.

决策咨询, (6): 23-27, 31.

林颖. 2007. 科技税收优惠创新点何在: 解读《国家中长期科学和技术发展纲要》配套政策. 科技进步与对策, (4): 10-12.

刘才丰, 李铁男. 2005. 加强节能产品政府采购 推进节约型社会建设. 中国政府采购, (12): 8-10.

刘根生. 2012-02-15. "首购首用"促科技创业. 南京日报, 第 A02 版.

刘好, 张士运, 倪莉. 2014. 《政府采购协议》背景下政府采购对企业创新的影响: 以北京地区为例. 中国流通经济, (8): 43-48.

刘慧, 时光. 2001. 日本政府采购制度与实践. 中国政府采购, (5): 54-58.

刘军民. 2012-12-03. 扶持中小企业 促进技术创新. 政府采购信息报, 第 4 版.

刘乐平. 2015-05-07. 我省力推首台(套)保险补偿. 浙江日报, 第 9 版.

刘伟. 2016. 广东深圳: 启动政府采购订单融资试点工作. 中国招标, (49): 49.

刘小川. 2008. 美国政府采购政策透视. 中国政府采购, (2): 66-68.

刘毅. 2015. 远期订购政策: 比黄金更珍贵的是创新信心. 广东科技, (7): 41-42.

刘勇. 2009. 发达国家政府采购促进高新技术产业发展的经验. 经济纵横, (6): 110-112.

龙珺. 2008. 履行国际承诺: 从监督的角度看完善政府采购法. 审计与理财, (8): 25-26.

吕敏, 谢峰. 2012. 促进中小企业发展的税收优惠制度改革探讨. 税务研究, (12): 26-30.

吕无瑕. 2009. 完善我国政府采购法律制度的构想. 中共山西省委党校学报, (1): 62-64.

马晓雪. 2015. WTO《政府采购协议》框架下中国政府采购市场开放策略研究. 东北财经大学博士学位论文.

潘超. 2014. 政府采购法律体系化研究. 华中师范大学硕士学位论文.

潘宇, 孟凌声. 2009-07-20. 沈阳市建立使用国产首台(套)重大装备风险补偿机制. 人民政协报, 第 3 版 .

裴鸿翔, 殷朝刚. 2015. 扬州 "第一单" 重大技术装备综合险助力 "邮谊创造". http://epaper.gytoday.cn/html/2015-12/09/content_1_1.htm[2015-12-09].

彭国华, 谢庆裕, 卢轶. 2010. 政府采购 "有形之手" 引领广东经济发展方式转变. http://epaper.southcn.com/nfdaily/html/2010-09/17/content_6880691.htm[2018-08-30].

擎天. 2013a-05-24. 总统关注下的法国中小企业发展. 政府采购信息报, 第 4 版.

擎天. 2013b-06-07. 挪威 多方参与 全方位扶持中小企业. 政府采购信息报, 第 4 版.

擎天. 2013c-06-28. 日本 结合产业政策 强化扶持效果. 政府采购信息报, 第 4 版.

擎天. 2013d-08-30. 德国: 没有列入中小企业例外的需要. 政府采购信息报, 第 4 版.

邱竞. 2008. 企业科技创新中存在问题及其法律解决. 南昌大学硕士学位论文.

邱泰如. 2010-02-02. 政府采购该有所倾斜. 中国经济导报, 第 B05 版 .

全国人民代表大会. 2003. 中华人民共和国政府采购法. 中华人民共和国主席令第 68 号, 2002-06-29.

任胜钢, 李丽. 2008. 发达国家政府采购促进高新技术产业发展的政策比较及启示. 中国科技论坛, (3): 135-139.

山东省财政厅政府采购监督管理处. 2010. 政府采购法规制度汇编. 济南: 山东人民出版社.

单忠献. 2012. 高科技园区投融资环境的国际比较与借鉴. 中国经贸导刊, (24): 46-48.

韶关市财政局政府采购监管科. 2014. 政府采购法律规章制度政策汇编(2013年9月版). http://shaoguan.gdgpo.com/show/id/297e55e8492e190c014931a7abef374f.html[2014-10-21].

深圳市财政委员会办公室. 2014. 深圳: 改革创新促进政府采购提质提效. http://www.ccgp.gov.cn/df/shenzhen/201410/t20141030_4678707.htm[2018-08-30].

石博. 2012. 中小型科技企业参与政府采购市场策略分析. 吉林省教育学院学报(下旬), 28(3): 33-36.

宋河发, 穆荣平, 任中保. 2011. 促进自主创新的政府采购政策与实施细则关联性研究. 科学学研究, 29(2): 291-299.

宋河发, 张思重. 2014. 自主创新政府采购政策系统构建与发展研究. 科学学研究, 32(11): 1639-1645.

宋亭婷. 2015. 中美政府采购的比较研究. 商, (31): 246-247.

苏敏. 2012. 创新型中小企业股权融资浅析. 现代营销, (12): 68-70.

苏明, 傅志华, 牟岩. 2006. 支持节能的财政税收政策建议. 经济研究参考, (14): 42-52.

孙磊超. 2014. 我国政府采购对高新技术产业发展影响的实证研究. 东华大学硕士学位论文.

孙亚男. 2013. 我国政府采购国货法律制度研究. 东北财经大学硕士学位论文.

唐敏. 2008. 外国政府绿色采购制度及其对我国的启示. 商场现代化, (26): 9-10.

田仪顺. 2009. 扶持自主创新产品的政府采购制度研究. 武汉理工大学硕士学位论文.

汪泳. 2014-09-15. 进口产品审核怎样避免走过场. 中国政府采购报, 第3版.

王宝荣, 祖兆林. 2015-06-30. 江苏首单首台(套)重大技术装备保险花落盐城. 中国保险报, 第2版.

王东. 2015. 政府采购促进中小企业发展的政策研究. 中央财经大学博士学位论文

王帆. 2014. GPA框架下开放广东政府采购市场的策略研究. 暨南大学硕士学位论文.

王厚全, 侯立宏. 2016. 北京市政府采购促进中小企业创新发展模式研究. 科技管理研究, 36(6): 85-87.

王娟. 2009. 政府采购促进自主创新的作用机理及瓶颈研究. 天津大学硕士学位论文.

王丽英. 2007. 中小企业 支持中成长: 国外政府采购实施支持中小企业发展政策目标之措施. 中国招标, (10): 13-14.

王利丹. 2009. 中美政府采购法比较研究. 北京交通大学硕士学位论文.

王平. 2015. GPA谈判十字路口的中国选择. http://www.ccgp.gov.cn/dfcg/llsw/201506/t20150602_5364396.htm[2018-08-30].

王强. 2014. 欧盟政府采购限制措施及启示. 人民论坛, (36): 247-249.

王少玲. 2014-07-21. 解读16381.1亿元背后的四大特点. 政府采购信息报, 第2版.

王少玲. 2016. 进口产品审批程序繁琐? 看深圳如何破解. https://www.caigou2003.com/jdgl/jgxdz/1904580.html[2018-09-30].

王淑云. 2007. 政府采购政策与自主创新研究. 郑州大学硕士学位论文.

王铁山, 冯宗宪. 2008. 政府采购对产品自主创新的激励机制研究. 科学学与科学技术管理, 29(8): 126-130.

王文庚. 2012. 政府采购政策功能研究. 财政部财政科学研究所博士学位论文.

王文涛, 郭铁成, 邸晓燕. 2013-09-05. 英国"约定采购"让创新贴紧市场. 经济参考报, 第

A05 版.

王振宏, 姜敏, 蔡拥军. 2009. 释放装备制造业潜能. 瞭望, (5): 84.

王志福. 2012. 财政给力中小企业持续健康发展. 中国财政, (6): 24-25.

王中山. 2013. 优秀学子心系新农村发展. 决策探索(上半月), (7): 15-18.

魏祁. 2006. 浅议政府采购几个问题. 中国招标, (C2): 70-72.

魏天飞. 2014. 用好用活科技政策为包装企业发展服务. 中国包装工业, (5): 18-28.

肖军. 2011. 德国政府采购法促进中小企业发展规则之嬗变与启示. 法学评论, (2): 71-76.

熊英, 张超, 别智. 2013. 浅谈我国绿色专利推广应用面对的问题与对策. 中国发明与专利, (3): 14-17.

闫继斌. 2015. 政府采购评审中的问题及其对策研究: 以辽宁省政府采购为例. 沈阳师范大学硕士学位论文.

杨红英. 2010. 风险补偿将有利于首台套设备推广应用. http://www.machine35.com/news-2010-9835. html[2019-02-11].

杨鹏, 李强, 刘玉玺. 2011. GPA 参加方运用政府采购扶持中小企业的经验和启示. 标准科学, (6): 82-85.

杨卓娅, 杨宜. 2015. 解决中小企业融资问题的新思路. 商场现代化, (6): 153-155.

易鹤. 2015. 首批 "浙江制造精品" 宁波 35 个 "高大上" 产品入列. http://www.anhuinews.com/zhuyeguanli/system/2015/04/20/006763242. shtml[2018-08-30].

佚名. 2010. 解读 36 号文件: 李毅中就进一步促进中小企业发展答记者问. 农业机械, (S1): 23-25.

尹存月, 张文怡, 赵国文, 等. 2010-06-07. 加快清单更新速度 扩大强采产品目录. 政府采购信息报, 第 4 版.

余淼. 2009. 基于企业生命周期理论的竞争情报研究. 黑龙江大学硕士学位论文.

俞崇武. 2012. 近期政策关注. 华东科技, (1): 16-18.

岳德亮. 2012. 浙江启动政府采购支持中小企业信用融资试点. http://news.xinhua08.com/a/20120910/1018196. shtml[2018-11-30].

昝妍. 2019-09-10. 政采数据透露出什么: 专家解析 2018 年全国政府采购信息统计数据. 中国政府采购报, 第 4 版.

张珩. 2010. 政府采购怎么改变 "龙芯". 新理财(政府理财), (10): 86-87.

张静远. 2015. ocp 还有多大含金量 2014 年政采大数据 "含金量" 到底有多大. http://www.prcfe.com/web/cjb/2015-08/12/content_1209613.htm[2015-08-12].

张婧. 2014. 我国政府采购法律问题研究. 法制与经济(中旬刊), (1): 22-23.

张静中, 曹文红, 黄芬. 2007. 发达国家政府采购扶持自主创新的经验借鉴. 中国政府采购, (9): 50-53.

张素伦. 2007. 走向 "阳光下的交易": 论我国政府采购法的完善. 商场现代化, (26): 285-286.

张堂云. 2019. 中国加入 GPA: 历程回眸与未来展望. 中国政府采购, (10): 28-36.

张旭东, 王敏, 安蓓, 等. 2017. 以习近平同志为核心的党中央谋划指导京津冀协同发展三周年纪实. http://www.xinhuanet.com/politics/2017-02/26/c_1120531566.htm[2017-02-26].

张尹聪. 2008. 国外政府采购精选案例//中国物流与采购联合会. 中国采购发展报告 2008. 北京:

中国物资出版社.

赵会平. 2010. 江苏省人大督办组: 优先采购自主知识产权高新技术产品. 中国政府采购, (7): 39.

赵淑兰. 2014-05-15. 智慧发力 产业"微笑". 经济日报, 第 2 版.

赵勇, 史丁莎. 2014. 我国加入 GPA 的机遇与挑战. 国际商务(对外经济贸易大学学报), (3): 72-81.

浙江省财政厅. 2012. 浙江省举行政府采购支持中小企业信用融资试点签约仪式. http://czt.zj. gov.cn/art/2012/8/27/art_1164173_709462.html[2018-08-30].

郑予凡. 2014. 中日政府采购法律制度比较研究. 北京外国语大学硕士学位论文.

郑璋鑫. 2004. 为中小企业争取市场机会 促进中小企业发展: 美国政府采购扶持中小企业的措施及其对我国的启示. 理论导刊, (2): 19-20.

中关村创新平台综合办公室. 2012. 关于印发《中关村国家自主创新示范区新技术新产品(服务)认定管理办法》的通知. 创新平台发〔2012〕3 号, 2012-02-24.

中关村管委会. 2009. 关于印发《中关村科技园区首台(套)重大技术装备试验、示范项目实施办法(试行)》的通知. 京发改〔2009〕208 号, 2009-02-19.

中国纺织机械器材工业协会. 2011. 纺织业: 销售收入 5 年翻番. 纺织服装周刊, (5): 18-19.

中国政府采购年鉴编委会. 2011. 中国政府采购年鉴 2010. 北京: 中国财政经济出版社.

中国政府采购年鉴编委会. 2012. 中国政府采购年鉴 2011. 北京: 中国财政经济出版社.

中国政府采购年鉴编委会. 2013. 中国政府采购年鉴 2012. 北京: 中国财政经济出版社.

中国政府采购年鉴编委会. 2014. 中国政府采购年鉴 2013. 北京: 中国财政经济出版社.

钟采. 2015-12-04. 中船集团首台(套)重大技术装备保险取得突破. 中国船舶报, 第 2 版.

周夫荣. 2010. 环保装备业万米跑. 中国经济和信息化, (24): 52-53.

朱春奎. 2014a. 中国的政府采购与技术创新. https://epaper.gmw.cn/gmrb/html/2014-08/09/nw. D110000gmrb_20140809_7-06.htm[2014-08-09].

朱春奎. 2014b-12-29. 五阶段入手 构建创新促进型政采体系. 政府采购信息报, 第 12 版.

Aschhoff B, Sofka W. 2009, Innovation on demand: Can public procurement drive market success of innovations? Research Policy, 38(8): 1235-1247.

Audet D. 2002. Government procurement: A synthesis report. OECD Journal on Budgeting, 2(3): 149-194.

Correia F, Howard M, Hawkins B, et al. 2013. Low carbon procurement: An emerging agenda. Journal of Purchasing & Supply Management, 19(1): 58-64.

Dalpé R, DeBresson C, Hu X P. 1992. The public sector as first user of innovations. Research Policy, 21(3): 251-263.

Dey-Chowdhury S, Tily G. 2007. The measurement and role of government procurement in macroeconomic statistics. Economic and Labour Market Review, 1(3): 32-38.

Edler J, Georghiou L. 2007. Public procurement and innovation-resurrecting the demand side. Research Policy, 36(7): 949-963.

Edler J, Ruhland S, Hafner S, et al. 2005. Innovation and public procurement. Review of Issues at Stake. European Commission Report.

Edquist C, Zabala-Iturriagagoitia J M. 2012. Public procurement for innovation as mission-oriented innovation policy. Research Policy, 41 (10): 1757-1769.

European Commission. 2003. Research Investment Action Plan. Brussels.

European Commission. 2004. Research Investment Action Plan. Brussels.

European Commission. 2007. Pre-Commercial Procurement: Driving Innovation to Ensure Sustainable High Quality Public Services in Europe.

European Commission. 2014a. Best Practice Examples: Green Public Procurement.

European Commission. 2014b. Directive 2014/23/EU of the European Parliament and of the Council of 26 February 2014 on the Award of Concession Contracts.

European Commission. 2014c. Directive 2014/24/EU of the European Parliament and of the Council of 26 February 2014 on Public Procurement and Repealing Directive 2004/18/EC.

European Commission. 2014d. Directive 2014/25/EU of the European Parliament and of the Council of 26 February 2014 on Procurement by Entities Operating in The Water, Energy, Transport and Postal Services Sectors and Repealing Directive 2004/17/EC.

European Commission. 2017. Making Public Procurement Work in and for Europe.

Gavigan J P, Scapolo F. 2001. A Practical Guide to Regional Foresight. European Commission.

Georghiou L. 2007. Demanding Innovation, Lead Markets, Public Procurement and Innovation. London: A NESTA Publication.

Georghiou L, Rigby J, Amanatidou E, et al. 2003. Raising EU R&D Intensity: Improving the Effectiveness of Public Support Mechanisms for Private Sector Research and Development: Direct Measures. European Commission.

Geroski P A. 1990. Procurement policy as a tool of industrial policy. International Review of Applied Economics, 4 (2): 182-198.

HM Treasury. 2010. Public Expenditure Statistical Analysis 2010. https://www.gov.uk/government/statistics/public-expenditure-statistical-analyses-2010[2010-07-01].

HM Treasury. 2012. Public Expenditure Statistical Analyses 2012. https://www.gov.uk/government/statistics/public-expenditure-statistical-analyses-2012[2012-07-13].

Julius D. 2008. Understanding the Public Services Industry: How Big, How Good, Where Next? Department for Business Enterprise and Regulatory Reform (BERR). http://www.berr.gov.uk/files/file46965. pdf[2018-08-30].

Kestenbaum M I, Straight R L. 1995. Procurement performance: Measuring quality, effectiveness, and efficiency. Public Productivity & Management Review, 19 (2): 200-215.

Lember V, Kattel R, Kalvet T. 2014. Public Procurement, Innovation and Policy International Perspectives. Berlin Heidelberg: Springer-Verlag.

National Audit Office. 2010. Short Guide: Reorganising Arm's Length Bodies. https://www.nao.org.uk/report/short-guide-reorganising-arms-length-bodies-2-2/[2018-08-30].

Porter M E. 1998. Clusters and the new economics of competition. Harvard Business Review, 76 (6): 77-90.

Rothwell R, Gardiner P. 1989. The strategic management of re-innovation. R&D Management, 19 (2): 147-160.

Siemiatycki M. 2006. Implications of private-public partnerships on the development of urban public transit infrastructure: The case of Vancouver. Journal of Planning Education & Research, 26(2): 137-151.

Uyarra E, Edler J, Garcia-estevez J, et al. 2014. Barriers to innovation through public procurement: A supplier perspective. Technovation, 34(10): 631-645.

Vecchiato R, Roveda C. 2014. Foresight for public procurement and regional innovation policy: The case of Lombardy. Research Policy, 43(2): 438-450.

Wessner C W. 2008. Converting Research Into Innovation and Growth. http://www.unece.org/fileadmin/DAM/ceci/ppt_presentations/2008/fid/Charles%20Wessner. pdf[2008-04-10].

WTO. 1996. Agreement on Government Procurement.